兰州大学"双一流"建设资金人文社科类图书出版经费资助

# 甘肃革命老区县域经济社会发展研究

郭爱君 龚霄侠 毛锦凰 著

中国社会科学出版社

# 图书在版编目（CIP）数据

甘肃革命老区县域经济社会发展研究／郭爱君，龚宵侠，毛锦凰著．—北京：中国社会科学出版社，2019.8

ISBN 978-7-5203-4804-1

Ⅰ.①甘⋯　Ⅱ.①郭⋯②龚⋯③毛⋯　Ⅲ.①县级经济—区域经济发展—研究—甘肃②社会发展—研究—甘肃　Ⅳ.①F127.42

中国版本图书馆 CIP 数据核字（2019）第 161672 号

| 出版人 | 赵剑英 |
|---|---|
| 责任编辑 | 孔继萍 |
| 责任校对 | 李　莉 |
| 责任印制 | 郝美娜 |

| 出　　版 | 中国社会科学出版社 |
|---|---|
| 社　　址 | 北京鼓楼西大街甲 158 号 |
| 邮　　编 | 100720 |
| 网　　址 | http://www.csspw.cn |
| 发 行 部 | 010-84083685 |
| 门 市 部 | 010-84029450 |
| 经　　销 | 新华书店及其他书店 |

| 印刷装订 | 环球东方(北京)印务有限公司 |
|---|---|
| 版　　次 | 2019 年 8 月第 1 版 |
| 印　　次 | 2019 年 8 月第 1 次印刷 |
| 开　　本 | 710×1000 1/16 |
| 印　　张 | 15.5 |
| 插　　页 | 2 |
| 字　　数 | 209 千字 |
| 定　　价 | 88.00 元 |

凡购买中国社会科学出版社图书，如有质量问题请与本社营销中心联系调换

电话：010-84083683

**版权所有　侵权必究**

# 序

革命老区苏区孕育了中国革命，是中国共产党的初心之源。新中国成立70年特别是改革开放40多年来，在党中央、国务院的关心支持下，革命老区面貌发生了翻天覆地的变化，人民生活水平得到了显著改善。但是，由于历史、自然等诸多因素影响，部分革命老区发展相对滞后、基础设施薄弱、人民生活水平不高的矛盾依然比较突出，区域性整体贫困问题尚未解决，经济社会持续发展的后劲不足，成为全面建成小康社会的短板，也成为扶贫攻坚的硬骨头。正如习近平总书记所说：我们实现第一个百年奋斗目标、全面建成小康社会，没有老区的全面小康，特别是没有老区贫困人口脱贫致富，那是不完整的。

对于地处陕甘宁边区的甘肃革命老区来说，其经济社会发展水平相较于全国大部分地区明显落后，脱贫攻坚任务更为艰巨。因此，甘肃革命老区县经济社会需要跨越式发展，才能同全国人民一道如期实现脱贫、共享全面小康。

以兰州大学经济学院院长郭爱君教授为主的科研团队长期以来一直从事县域经济和乡村振兴方面的相关研究，该团队依托区域经济学国家级重点学科以及区域、产业经济学博士点的建设和发展，集中精干科研力量对甘肃革命老区各县区经济社会发展状况进行实地调查，随后针对甘肃革命老区县域发展的实际提出了16个"一县一策"报告，以及4个分别针对财政弱县、资源大县实行差异化去产能、县域专项配套资金改革、赋予县级政府精准扶贫专项资金整合使用权、县域精准扶贫对象动态调整的政策建议案，最终形成了本书。

全书以实地调查研究资料为依据，以经济学基本理论和研究方法为指导，充分吸纳了国内革命老区经济社会建设与乡村振兴的最新理论研究成果，以问题为导向，系统阐释了甘肃革命老区县域经济社会振兴过程中存在的主要问题，同时结合各革命老区县经济社会发展的实际，科学系统地提出了甘肃革命老区县域经济社会跨越式发展的战略构想与发展对策。

纵观全书，主要有以下三个方面的典型特征：

一是调研充分，分析准确。为了更好地把脉甘肃革命老区县域经济社会发展过程中存在的问题，郭爱君教授团队于2017年盛夏，一行共20余人，进行了为期半个多月的实地集中调查研究，后期又深入各重点区县进行了专项调研，由此，对甘肃革命老区各区县经济社会发展过程中所存在的问题，基本上达到了全方位多角度的掌握，使得本书在分析问题过程中，做到了详实且切中要害，也为有的放矢地提出助推甘肃革命老区县域经济社会振兴的政策建议打下了坚实基础。

二是方法科学，结论合理。通过构建甘肃革命老区县域经济社会发展水平评价指标体系，全面分析了甘肃革命老区总体经济社会发展状况和各县区经济社会现状，在此基础上，采用灰色关联度模型从经济、社会、资源及生态环境等方面对甘肃革命老区经济社会发展状况进行了深入分析，并通过实证分析得出了甘肃革命老区16个县区经济社会发展的动能与制约因素，为实现革命老区县域经济社会振兴与跨越式发展奠定了基础。

三是因地制宜，因地提策。全书首先对甘肃革命老区的发展特点进行了分析，在此基础上，进一步从经济、社会、资源及生态环境等方面对甘肃革命老区经济社会发展状况进行了分析评价，并通过构建模型得出了目前甘肃革命老区16个县区经济社会发展的状况和在全省的所处水平，一方面较好地切合了甘肃革命老区县的实际；另一方面从系统性、协同性、精准性和开放性四个方面，提出甘肃革命老区县域经济社会振兴与跨越式发展思路；以及从经济、社会、生态环境三个方面提出促进甘肃革命老区县域经济社会振兴与跨越式发展的政策建议，并对甘肃16个革命老区县提出了针对性的发展政策建议。

目前，学界和政界对县域经济社会发展问题已进行了较为系统的研究，并取得了一定的研究成果，然而，关于革命老区县域经济社会发展问题的研究还较为薄弱，尤其针对甘肃革命老区县域经济社会发展的问题研究更是鲜有涉及，郭爱君教授团队的研究成果正好有效地弥补了这一缺憾。本书的出版，将是县域经济发展理论与甘肃革命老区研究的有机结合，将在推动甘肃革命老区县域经济社会振兴与跨越式发展的政策实践中起到十分重要的促进作用，也将为推动区域经济学、产业经济学在革命老区县域经济社会发展建设中的应用性研究做出颇有建树的理论贡献。

**河南财经政法大学校长、教授**

# 前　言

革命老区是我国老一辈无产阶级革命家带领中国人民进行无产阶级革命和斗争过程中所建立起来的一个个后方政权所在地，遍布我国除新疆、青海、西藏外的28个省市自治区。新中国成立70年特别是改革开放40年来，在党中央、国务院的关心支持下，革命老区面貌发生了深刻变化，人民生活水平显著改善。但是，由于历史、自然等诸多因素影响，部分革命老区发展相对滞后、基础设施薄弱、人民生活水平不高的矛盾仍然比较突出，区域性整体贫困问题尚未解决，经济社会持续发展的后劲不足。

十八大以来，习近平总书记先后到河北阜平、西柏坡、沂蒙、遵义、延安等革命老区考察，并针对革命老区扶贫开发和全面小康建设提出了许多新观点、新论断和新要求，这些论述是党在当前阶段推进革命老区扶贫开发和小康建设的战略指引和行动纲领。十八大以来的历年政府工作报告也将"加大对革命老区、民族地区、边疆地区、贫困地区支持力度"作为国家区域发展的战略重点之一，尤其是2012年3月2日经国务院批准的《陕甘宁革命老区振兴规划》更是十八大以来首个针对革命老区振兴与可持续发展的国家级战略规划，随后国务院又分别于2014年3月11日、2015年2月9日、2015年6月1日和2016年7月10日批准了《赣闽粤原中央苏区振兴发展规划》《左右江革命老区振兴发展规划》《大别山革命老区振兴发展规划》和《川陕革命老区振兴发展规划》，至此，革命老区的发展也提升至国家发展战略。对于革命老区未来的发展方向和发展目标也有详细的战略设计，《中华人民共和国国民经济和社会发展第十三个五年规划纲要》中就提出了"加大对革命老区、民族地区、边疆地区和困难地区的支持力度，完善革命老区振兴发展支持政策"等一系列战略举措，尤其是2015年12月23日中央办公厅、国务院办公厅以中办发〔2015〕64号文件印发的《关于加大脱贫攻坚力度支持革命老区开发建设的指导意见》，是十八大以来以中共中央、国务院名义专门针对支持和开发建设革命老区的第一个文件，充分体现了以习近平总书记为核心的党中央对革命老区的高度重视，是指导革命老区脱贫攻坚开发建设的纲领性文件，通篇文件，提到对革命老区"优先""倾斜"有10处，"支持""大力支持"有28处，"加大""加快"有29处等，而且在2016年11月23日国务院印发的《"十三五"脱贫攻坚规划》中有关革命老区扶贫与发展的政策措施出现了20余次，由此可见，革命老区脱贫攻坚与跨越式发展已成为我国新时期的战略重点。

结合党和国家对革命老区发展的战略举措，甘肃省也积极出台了一系列支持甘肃革命老区发展的战略措施，包括在《陕甘宁革命老区振兴规划》发布之后制定的《关于贯彻落实陕甘宁革命老区振兴规划的实施意见》中明确了甘肃庆阳市、平凉市和会宁县革命老区的发展任务、发展目标、战略举措等，并根据习近平总书记在陕甘宁革命老区脱贫致富座谈会上的重要讲话精神制定了《关于进一步支持革命老区加快全面建成小康社会进程的若干意见》，提出了7大领域共31个方面的支持措施，明确了未来革命老区的工作重点，支持范围涉及经济社会发展的方方面面，而且在甘肃省《"1+17"精准扶贫实施方案》和《关于打赢脱贫攻坚战的实施意见》中都将革命老区作为精准扶贫和脱贫攻坚的重点，并就制约甘肃革命老区发展的薄弱环节出台了专门解决措施与方案。由此可见，加大对革命老区的支持力度，不仅是实现革命老区经济社会振兴发展的必然要求，也是实现与全国同步进入全面小康社会的基础保障。

"十二五"期间，面对错综复杂的宏观经济形势和艰巨繁重的改革发展任务，甘肃革命老区深入贯彻党的十八大、十八届三中、四中、五中、六中全会和习近平总书记系列重要讲话精神，紧紧围绕协调推进"四个全面"战略布局，牢固树立创新、协调、绿色、开放、共享的发展理念，积极适应经济发展新常态，经济发展稳中有进，经济规模不断壮大，经济发展质量明显提升，经济结构趋于合理，就业稳步提升，城乡居民生活水平不断提高，城乡发展差距逐步缩小，基础设施建设不断夯实，社会事业全面发展，为革命老区脱贫攻坚和可持续发展奠定了基础。

但由于受自然环境、能源资源等多种因素影响，甘肃革命老区经济发展水平比全国大多数地区明显落后，农业在产业发展中处于主导地位；工业基础薄弱，发展后劲不足；第三产业发展层次低；财政收入远远低于财政支出，财政自给率低，可用于经济发展的财力有限；贫困面广，贫困程度较深，脱贫攻坚任务相当艰巨。虽然有比较丰富的能源资源和比较优势的产业，但由于相对落后的工业技术和基础设施建设，加上仅追求短期经济效益而缺乏长期战略意识，区域内产业结构趋同、要素流通不畅、各自为政、市场分割严重，落后的开发开采技术不但不利于革命老区脆弱生态环境的保护，还严重制约了革命老区资源能源优势的发挥，难以形成产业集群与品牌效应，对革命老区经济社会的促进带动作用有限。

为此，中共中央办公厅、国务院办公厅《关于加大脱贫攻坚力度支持革命老区开发建设的指导意见》中明确指出，针对老区发展相对滞后、基础设施薄弱、人民生活水平不高、脱贫攻坚任务艰巨等问题和难题，全面贯彻落实党的十八大和十八届三中、四中、五中全会精神，以邓小平理论、"三个代表"重要思想、科学发展观为指导，深入贯彻习近平总书记系列重要讲话精神，坚持"四个全面"战略布局，按照党中央、国务院决策部署，以改变老区发展面貌为目标，以贫困老区为重点，更加注重改革创新、更加注重统筹协调、更加注重生态文明建设、更加注重开发开放、更加注重共建共享发展，进一步加大扶持力度，实施精准扶贫、精准脱贫，着力破解区域发展瓶颈制约，着力解决民生领域突出困难和问题，着力增强自我发展能力，着力提升对内对外开放水平，推动老区全面建成小康社会，让老区人民共享改革发展成果。到2020年，老区基础设施建设取得积极进展，特色优势产业发展壮大，生态环境质量明显改善，城乡居民人均可支配收入增长幅度高于全国平均水平，基本公共服务主要领域指标接近全国平均水平，确保我国现行标准下农村贫困人口实现脱贫，贫困县全部摘帽，解决区域性整体贫困。

目前对革命老区发展的讨论都集中在老区自身优劣势和发展方面，所得结论大致相同，自然环境恶劣、经济发展落后、贫困严重等是革命老区的共同劣势，在优势方面几乎都有资源优势、能源优势、红色旅游资源等优势，在发展模式选择与发展规划的制定方面具有很多相似性而缺乏针对性和适用性，甚至出现重复建设和资源浪费。革命老区的发展最终还是要落脚在县域经济发展上，只有县域经济社会得到较快发展，革命老区的资源优势和产业优势才能得到发挥。为此本课题从甘肃革命老区的县域层面入手，打破以往对革命老区整体宏观的研究思路，实地调研甘肃革命老区县域发展现状和面临的具体问题，将研究视角精准到每一个县、乡镇、村，甚至一家一户的发展上来，通过对革命老区县域经济社会发展状况调查，明确县域、乡镇、村域之间及内部的发展优势与劣势所在，找准切入点，以县域为核心、乡镇为纽带、农村为腹地的新兴发展格局，实现村域转型、乡镇联动、城乡整合和县域协同的发展新模式。

基于此，本书在内容安排上，从对甘肃革命老区经济社会发展的基本认识出发，第一章就甘肃革命老区的发展特点和特征进行了分析；第二章和第三章从经济、社会、资源环境、产业等方面对甘肃革命老区经济社会发展状况进行了分析评价，并通过构建模型得出了目前甘肃革命老区16个县区经济社会发展的状况和在全省的水平，为实现革命老区县域经济社会振兴与跨越式发展奠定基础；第四章在对革命老区县域经济社会发展现状的基础上，分析了县域经济社会发展的动能与制约因素；第五章和第六章分别探讨了甘肃革命老区县域经济社会振兴与跨越式发展的基础与条件，未来发展面临的机遇与挑战，对于制订促进甘肃革命老区县域经济社会振兴与跨越式发展计划具有重要的参考价值；第七章从系统性、协同性、精准性和开放性四个方面，提出甘肃革命老区县域经济社会振兴与跨越式发展思路；第八章从经济、社会、生态环境三个方面提出促进甘肃革命老区经济社会振兴与跨越式发展的政策建议。

# 目　　录

**第一章　甘肃革命老区特征** …………………………………………（1）
　第一节　经济发展速度较快,但扶贫攻坚任务依然艰巨 ……（1）
　第二节　区位优势独特,但交通基础设施建设仍然滞后 ……（2）
　第三节　产业特色突出,但发展模式依然落后 ………………（2）
　第四节　文化旅游资源丰富,但开发利用不足 ………………（3）
　第五节　生态地位重要,但生态环境较为脆弱 ………………（3）

**第二章　甘肃革命老区县域经济社会发展状况** ……………………（4）
　第一节　甘肃革命老区县域经济发展状况 ……………………（4）
　　一　经济总量规模偏小,人均水平较低 ……………………（4）
　　二　经济增速略有波动,能源利用效率大幅提升 …………（5）
　　三　新旧动能转换不断加快,经济增长动力
　　　　稳步提升 …………………………………………………（5）
　　四　产业结构持续优化,服务业占比快速增长 ……………（6）
　第二节　甘肃革命老区县域社会与民生发展状况 ……………（7）
　　一　城镇就业稳步增加,就业结构亟待优化 ………………（7）
　　二　城乡居民生活水平不断提高,但城乡差距大 …………（9）
　　三　社会保险投入加大,保障水平不断提高 ………………（9）
　　四　文教卫生蓬勃发展,社会事业全面进步 ………………（9）
　　五　基础设施不断完善,县域经济发展基础得到夯实……（10）

### 第三节 甘肃革命老区县域资源与环境状况 …………… (11)
 一 矿产资源丰富,开发潜力大 ……………………… (11)
 二 文化旅游资源丰富,空间分布广泛 ……………… (12)
 三 水资源匮乏,降水分布不均衡 …………………… (12)
 四 生态功能地位显著,生态环境恶化得到遏制 …… (13)

### 第四节 甘肃革命老区县域产业发展状况 …………… (13)
 一 第一产业发展优于全省,但现代化水平不高 …… (13)
 二 第二产业以资源型产业为主,现代工业产业体系
  不完善 ………………………………………………… (19)
 三 第三产业以传统服务业为主,发展水平差距明显 …… (20)

## 第三章 甘肃革命老区县域经济社会发展评价分析 …………… (24)
### 第一节 甘肃革命老区县域经济发展分析 …………… (24)
 一 甘肃革命老区各县区经济发展总体情况 ………… (24)
 二 甘肃革命老区各县区经济发展分析 ……………… (26)
 三 甘肃革命老区县域经济发展水平分析 …………… (28)

### 第二节 甘肃革命老区县域社会发展评价分析 ………… (30)
 一 甘肃革命老区县域社会发展总体情况 …………… (30)
 二 甘肃革命老区县域社会发展水平分析 …………… (31)
 三 甘肃革命老区县域社会发展水平梯度
  划分及动态变化 …………………………………… (33)

### 第三节 甘肃革命老区县域经济社会综合评价 ………… (35)
 一 经济整体发展水平显著提升,区域差距明显 …… (35)
 二 社会发展取得显著进步,发展不平衡问题依然突出 …… (36)
 三 县域社会发展保持一定程度稳定性,梯队内部发展
  水平有所波动 ……………………………………… (36)

## 第四章 甘肃革命老区县域经济发展动因分析 (37)

### 第一节 甘肃革命老区县域经济动因分析 (37)
一 分析方法 (38)
二 甘肃革命老区县域经济总体动因分析 (39)
三 甘肃革命老区各县(区)域经济动因分析 (41)

### 第二节 甘肃革命老区县域经济发展的影响因素 (43)
一 经济发展依靠投资拉动,消费和进出口带动作用较弱 (43)
二 城镇居民储蓄是经济发展最大动因,但作用呈下降趋势 (44)
三 第二、第三产业经济贡献低,产业结构不合理 (44)
四 基础设施投资逐年增大,推动经济发展作用显著 (44)

## 第五章 甘肃革命老区县域经济社会发展基础与条件分析 (46)

### 第一节 发展基础不断夯实,发展优势不断凸显 (46)
一 发展重要性凸显,政策支持力度增强 (47)
二 区位优势突出,战略地位重要 (48)
三 历史文化底蕴深厚,红色旅游资源丰富 (49)
四 生态地位重要,经济资源丰富 (50)

### 第二节 发展短板依然存在,发展障碍亟待消除 (50)
一 基础设施落后,公共服务水平较低 (50)
二 农业基础薄弱,产业化水平低 (51)
三 自然条件严酷,生态环境脆弱 (52)
四 劳动力素质低,科技投入不足 (52)
五 财政收入低,经济发展缺乏后劲 (53)

## 第六章　甘肃革命老区县域经济社会振兴与跨越式发展的机遇与挑战 ……………………………………………………（55）

### 第一节　甘肃革命老区县域振兴与跨越式发展的机遇 ……（55）
一　实施革命老区振兴战略,形成协调发展新格局…………（55）
二　推进国家新型城镇化进程,加快革命老区
　　跨越式发展 ……………………………………………（56）
三　深度融入"一带一路",实现老区发展新跨越 …………（57）
四　实施精准扶贫战略,支持革命老区加快振兴……………（58）
五　实施区域协同发展战略,促进革命老区均衡发展………（59）
六　实施县域创新驱动发展战略,提升革命老区
　　增长活力 ………………………………………………（60）

### 第二节　甘肃革命老区县域经济社会振兴与跨越式
发展的挑战 ……………………………………………（61）
一　资源富集与整体贫困的矛盾突出 ………………………（61）
二　资源开发贡献与地方收益的矛盾突出 …………………（62）
三　产业开发与基础保障滞后的矛盾突出 …………………（62）
四　资源开发与生态环境保护的矛盾突出 …………………（64）
五　财政收入少与公共服务开支大的矛盾突出 ……………（65）

## 第七章　甘肃革命老区县域经济社会振兴与跨越式
发展思路 ………………………………………………（66）

### 第一节　甘肃革命老区县域经济社会振兴与跨越式
发展的指导思想 ………………………………………（66）
一　优化要素结构,实现系统协调发展………………………（67）
二　突破行政区划,实现区域合作协同发展…………………（68）
三　精准识别制约因素,加快培育龙头企业…………………（68）
四　转变发展方式,推动产业结构优化升级…………………（69）
五　补齐民生短板,促进基本公共服务均等化………………（70）

六　抢抓战略机遇,提高对内对外开放水平……………………(70)

第二节　甘肃革命老区县域经济社会振兴与跨越式
　　　　发展思路 …………………………………………………(71)
　　一　深化区域联动,点线面协同发展…………………………(72)
　　二　实现共赢发展,提升县域产业合作层次…………………(73)
　　三　强化特色产业,提高市场竞争能力………………………(74)
　　四　培育龙头企业,发展壮大民营经济………………………(75)
　　五　统筹城乡发展,聚集发展要素……………………………(76)
　　六　三产融合发展,寻求经济发展新动能……………………(76)

第八章　甘肃革命老区县域经济社会振兴与跨越式
　　　　发展的政策建议 …………………………………………(77)
第一节　推进协调发展,激活经济新动能…………………………(77)
　　一　加快基础设施建设,增强发展保障能力…………………(77)
　　二　持续推进旱作农业,统筹发展优势特色农业……………(78)
　　三　加大支持农业产业组织,稳步推进特色富民产业………(79)
　　四　加快供给侧结构性改革,延伸工业产业链………………(81)
　　五　加快文化旅游深度融合,打造特色旅游产业……………(82)
　　六　完善商贸物流体系,加快对内对外开放…………………(83)
第二节　改善社会民生,共享发展成果……………………………(85)
　　一　优化结构布局,协调发展教育事业………………………(85)
　　二　完善科技合作机制,加快科技成果转化…………………(88)
　　三　积极培育文化产业,促进公共体育事业发展……………(89)
　　四　完善医疗卫生体系,显著提升服务能力…………………(91)
　　五　扶贫扶志两手抓,提升社会保障效用……………………(94)
　　六　优化人口结构,提升就业能力……………………………(95)
第三节　加大环保项目推进力度,提升生态环境
　　　　治理能力 …………………………………………………(98)

一　加强宣传和教育,增强生态文明意识……………………(98)
　　二　加大执法力度,严肃考核问责………………………………(98)
　　三　加强基础设施建设,加大环保项目扶持力度………………(99)
　　四　加大资金支持,加强生态脆弱区环境改善工程 ……………(100)
　　五　科学开发利用资源,大力发展循环经济 ……………………(100)
　　六　转变招商引资工作思路,加强环境评估和
　　　　审查力度……………………………………………………(101)
　　七　科学划分资源,完善生态补偿机制 …………………………(101)
　　八　加强区域环境保护协调机制建设,推动区域
　　　　环保合作……………………………………………………(102)

## 第九章　一县一策系列·平凉篇……………………………………(103)
### 第一节　崆峒区……………………………………………………(103)
　　一　崆峒区县域经济社会发展中存在的问题……………………(103)
　　二　促进崆峒区县域经济社会发展的对策建议…………………(106)
### 第二节　静宁县……………………………………………………(108)
　　一　静宁县县域经济社会发展过程中积累的经验………………(109)
　　二　静宁县县域经济社会发展中存在的问题……………………(110)
　　三　促进静宁县县域经济社会发展的对策建议…………………(112)
### 第三节　泾川县……………………………………………………(115)
　　一　泾川县县域经济社会发展中存在的问题……………………(116)
　　二　促进泾川县县域经济社会发展的对策建议…………………(118)
### 第四节　华亭县……………………………………………………(121)
　　一　华亭县县域经济社会发展中存在的问题……………………(122)
　　二　促进华亭县县域经济社会发展的对策建议…………………(125)
### 第五节　崇信县……………………………………………………(127)
　　一　崇信县县域经济社会发展中存在的问题……………………(127)
　　二　促进崇信县县域经济社会发展的对策建议…………………(130)

第六节　灵台县…………………………………………（132）
　　一　灵台县县域经济社会发展中存在的问题……………（132）
　　二　促进灵台县县域经济社会发展的对策建议…………（135）
第七节　庄浪县…………………………………………（136）
　　一　庄浪县县域经济社会发展中存在的问题……………（137）
　　二　促进庄浪县县域经济社会发展的对策建议…………（139）

## 第十章　一县一策系列·庆阳篇……………………（144）
第一节　西峰区…………………………………………（144）
　　一　西峰区县域经济社会发展中存在的问题……………（144）
　　二　促进西峰区县域经济社会发展的对策建议…………（147）
第二节　庆城县…………………………………………（150）
　　一　庆城县县域经济社会发展中存在的问题……………（151）
　　二　促进庆城县县域经济社会发展的对策建议…………（153）
第三节　镇原县…………………………………………（156）
　　一　镇原县县域经济社会发展中存在的问题……………（156）
　　二　促进镇原县县域经济社会发展的对策建议…………（159）
第四节　正宁县…………………………………………（163）
　　一　正宁县县域经济社会发展中存在的问题……………（163）
　　二　促进正宁县县域经济社会发展的对策建议…………（166）
第五节　宁县……………………………………………（169）
　　一　宁县县域经济社会发展中存在的问题………………（169）
　　二　促进宁县县域经济社会发展的对策建议……………（171）
第六节　合水县…………………………………………（173）
　　一　合水县县域经济社会发展中存在的突出问题………（174）
　　二　促进合水县县域经济社会发展的对策建议…………（177）
第七节　华池县…………………………………………（179）
　　一　华池县县域经济社会发展中存在的问题……………（180）

二　促进华池县县域经济社会发展的对策建议………… (183)
　第八节　环县……………………………………………………… (189)
　　一　环县县域经济社会发展中存在的问题………………… (190)
　　二　促进环县县域经济社会发展的对策建议……………… (192)

**第十一章　一县一策系列·会宁篇**………………………… (195)
　第一节　会宁县县域经济社会发展中存在的问题………… (195)
　　一　经济新动能形成较为迟缓………………………………… (195)
　　二　富民产业与周边县市重合较多，特色不突出………… (196)
　　三　农村低保发放容易引发社会矛盾，农民"等、
　　　　靠、要"思想严重………………………………………… (196)
　　四　科技服务不能满足经济社会发展的需要……………… (197)
　　五　非公经济发展制约因素较多，缺乏龙头企业………… (197)
　　六　基本公共服务历史欠账严重……………………………… (197)
　第二节　促进会宁县县域经济社会发展的对策建议……… (198)
　　一　延长产业链条注重产业融合，强化特色产业的
　　　　富民效应…………………………………………………… (198)
　　二　以红色旅游资源统领整合旅游资源，与周边区县
　　　　合作打造会师长征旅游通道…………………………… (199)
　　三　积极与高校等科研机构对接，提升产业发展
　　　　科技水平…………………………………………………… (199)
　　四　加大非公经济龙头企业的培育，做大做强
　　　　富民产业…………………………………………………… (200)
　　五　精准扶贫过程中将"思想扶贫"提高到产业
　　　　扶贫的同等地位…………………………………………… (200)
　　六　补齐民生短板，促进基本公共服务均等化…………… (201)

## 第十二章　县域经济社会发展·政策建议篇 (202)

### 第一节　关于财政弱县、资源大县实行差异化去产能政策的建议 (202)
- 一　资源大县财政弱县去产能前后财政情况对比 (202)
- 二　差异化去产能对资源大县财政弱县的作用 (204)
- 三　经济欠发达地区实行差异化去产能的政策建议 (205)

### 第二节　关于县域财政和专项配套资金改革方案的政策建议 (208)
- 一　甘肃省革命老区县域财政收支现状 (208)
- 二　甘肃省革命老区财政运行中存在的问题 (209)
- 三　甘肃省革命老区财政建设的政策建议 (211)

### 第三节　关于赋予县域精准扶贫专项资金整合使用权的政策建议 (213)
- 一　加强财政扶贫专项资金整合的目的及意义 (213)
- 二　财政扶贫专项资金管理存在的问题 (214)
- 三　县域经济扶贫专项资金整合办法 (216)

### 第四节　关于精准扶贫对象动态调整的政策建议 (219)
- 一　精准扶贫对象动态调整的目的及意义 (219)
- 二　精准扶贫对象分类存在的问题 (220)
- 三　精准扶贫对象动态调整的政策建议 (222)

**参考文献** (224)

**后　记** (226)

# 第一章

# 甘肃革命老区特征

改革开放以来,国家大力实施西部大开发,甘肃革命老区经济社会发展取得了很大成绩。特别是党的十八大以来,甘肃革命老区经济社会面貌发生了巨大变化。但由于自然、环境及区位等原因,经济社会发展仍然较为落后,攻坚扶贫任务仍然较重,生态依然比较脆弱。

## 第一节 经济发展速度较快,但扶贫攻坚任务依然艰巨

2011—2015年,甘肃革命老区地区生产总值保持年均近8%的增长速度,2015年城镇居民人均可支配收入和农村农民人均纯收入分别是2011的1.8倍和1.9倍,新型工业化、城镇化和农业现代化加快推进,经济发展速度较快。但由于起点较低,总体发展仍然滞后,2015年人均地区生产总值仅为全国平均水平的42%,全省平均水平的80%。根据国家确定的最新扶贫开发工作重点县名单,庆阳市的华池县、环县、合水县、宁县、镇原县,平凉市的庄浪县、静宁县和白银市的会宁县列入其中。目前,虽然各贫困户温饱问题已基本解决,但由于大多数贫困户缺乏稳固持续的增收渠道,收入低且不稳,一旦遭遇天灾人祸,极易返贫,扶贫攻坚任务依然

艰巨。

## 第二节 区位优势独特，但交通基础设施建设仍然滞后

甘肃革命老区位于陕甘宁三省交界处，是甘肃省的东大门，距离西安、宝鸡等经济发达城市较近，是甘肃省向东部地区联系的窗口，通道作用突出。国道211纵贯南北、国道309、312横穿东西，区内有福银高速、平定高速、西长凤高速、福银高速等多条高速，以及银西高速铁路、宝中铁路、天平铁路和西平铁路。同时，也是西煤东运、西气东输、西电东送的重要通道。但受地理条件限制，内联外通的路网结构尚未全面形成，铁路和公路网密度均低于西部地区平均水平，多个县尚未通高速，交通运输能力不足，物流成本高，制约了老区经济社会发展。

## 第三节 产业特色突出，但发展模式依然落后

受自然条件、历史、区位等因素影响，甘肃革命老区大部分地区主要依靠农业产业作为当地发展的主力，且农业生产基本上停留在传统小农经济时代，农业专业化、规模化、标准化、集约化程度不高。农产品以初级加工为主，生产条件差、产量低，生态农业和特色农业发展严重滞后，深度开发不足，产业链短，产品单一，农产品品质和商品化程度较低，缺乏市场竞争力。虽然区域内苹果种植业较为发达，但是产业链短，附加值低，深加工不足。

区域内拥有丰富的石油、煤炭等能源矿产资源，是我国重要的能源基地。然而目前国内资源的开发仍旧是以某个专门的专管部门

为中心成立的开发总公司来承担。这种开发管理模式，往往只注意本系统的利益而忽视地方的利益，达不到促进资源开发、拉动地区经济发展的目的，反而对地方生态环境产生了一定的破坏作用。

## 第四节　文化旅游资源丰富，但开发利用不足

甘肃革命老区红色文化和生态旅游资源丰富，历史古迹和文化名城众多，是中华文明的重要发祥地之一。皇甫谧开创的中医药文化、环县道情皮影等非遗产文化、南梁等红色革命文化、黄河文明与黄土文明、农耕文化与游牧文化交会交融。老区还有众多的国家级风景名胜区、自然保护区和历史文化名城，特色民俗文化丰富。但由于开发不足，尚未形成规模，仍处于零星分散状态，文化旅游资源优势尚未转化为产业优势，对老区经济社会发展的带动作用不明显。

## 第五节　生态地位重要，但生态环境较为脆弱

甘肃革命老区地处蒙古高原和黄土高原的交界地带，大部分地区属于典型的黄土高原丘陵沟壑区，山、川、塬兼有，沟、峁、梁相间，地貌类型多样，拥有子午岭大片原始次生林，是国家重要生态屏障。但是由于老区自然条件严酷，低温冻害、冰雹等多种自然灾害频发，且降水量小而蒸发量大，水资源匮乏，生态整体脆弱，生态环境保护和建设任务繁重。

# 第 二 章

# 甘肃革命老区县域经济
# 社会发展状况

总体来看，甘肃革命老区经济发展水平、经济运行质量、经济结构、城乡人民生活水平等方面与全省相比，还存在一定的差距。

## 第一节 甘肃革命老区县域经济发展状况

"十二五"以来，面对错综复杂的宏观经济形势和艰巨繁重的改革发展任务，甘肃革命老区深入贯彻党的十八大、十八届三中、四中、五中、六中全会和习近平总书记系列重要讲话精神，紧紧围绕协调推进"四个全面"战略布局，牢固树立创新、协调、绿色、开放、共享的发展理念，积极适应经济发展新常态。经济发展稳中有进，产业结构有效改善，经济增长动力稳步提升，但人均水平低和收入水平不高等问题依然突出。

### 一 经济总量规模偏小，人均水平较低

从经济发展水平来看，2015年甘肃革命老区县域经济生产总值1010亿元，年增速7.86%，低于全省0.24个百分比，经济总量占全省14.88%，人均生产总值23710元，低于全省人均生产总值

（26165元）。GDP超过100亿元县区两个，分别是庆阳西峰区（154.8亿元）和平凉崆峒区（104.8亿元）。

## 二 经济增速略有波动，能源利用效率大幅提升

从经济运行质量来看，2015年革命老区地方财政一般预算收入达82.5亿元，较2014年呈现负增长，增速低于全省18个百分点。规模以上工业增加值345.1亿元，较2014年下降21.5%。与此同时，随着技术水平的提高、产业结构的优化调整，经济增长的能源消耗水平不断降低，2015年单位GDP能耗0.9吨标煤/万元，较2011年下降16.5%。

## 三 新旧动能转换不断加快，经济增长动力稳步提升

表2—1　2011—2015年甘肃革命老区县域经济基本情况

| 年份 | 2011 | 2013 | 2015 |
| --- | --- | --- | --- |
| 地区生产总值（亿元） | 770.3 | 999.0 | 1014.2 |
| 人均生产总值（元） | 15930.8 | 20597.8 | 20842.6 |
| GDP增长率（%） | 14.6 | 12.2 | 7.9 |
| 地方财政一般预算收入（亿元） | 73.5 | 87.8 | 82.5 |
| 城镇居民人均可支配收入（元） | 12347.3 | 15728.3 | 22077.0 |
| 农民人均纯收入（元） | 3413.0 | 4556.3 | 6426.0 |
| 社会消费品零售总额（亿元） | 232.0 | 305.6 | 405.2 |
| 固定资产投资额（亿元） | 821.5 | 1289.2 | 1787.3 |
| 规模以上工业增加值（亿元） | 327.9 | 439.4 | 345.1 |
| 单位GDP能耗（吨标煤/万元） | 1.0 | 1.4 | 0.9 |

资料来源：根据2012—2016年各市县统计年鉴数据整理得到。

从经济增长动力来看，2015年甘肃革命老区实现社会消费品零售总额405.2亿元，增长率为8.77%，人均社会消费品零售总额

8326元，全社会固定资产投资额增加至1787.3亿元，占全省总额的20.7%，较上年增长3.56%，低于全省7.61个百分点，500万元以上投资项目总计5381个，完成投资额1322.56亿元。近年来，甘肃革命老区尤其平凉、庆阳两市在新能源、新材料、新型煤化工、现代装备制造、生物产业、信息技术等方面组织实施了一批重大支撑项目，战略新兴产业发展步伐逐年加快。

### 四 产业结构持续优化，服务业占比快速增长

从经济结构调整来看，2011年，甘肃革命老区第一产业增加值127.51亿元，第二产业增加值434.37亿元，第三产业增加值208.78亿元，三次产业结构为16.5∶56.3∶27.2；2013年，全区第一产业增加值168.23亿元，第二产业增加值523.60亿元，第三产业增加值307.21亿元，三次产业结构为16.8∶52.4∶30.8，呈现出了以工业为主导的产业结构布局；2015年，全区第一产业增加值193.93亿元，较2011年提高52%，第二产业增加值431.61亿元，较2011年下降27567万元，第三产业增加值388.66亿元，较2011年提高86.2%，三次产业结构调整19.1∶42.6∶38.3，第三产业比重较2013年提高了7.5个百分点，甘肃革命老区县域经济明显地表现出第三产业领先增长的特征。

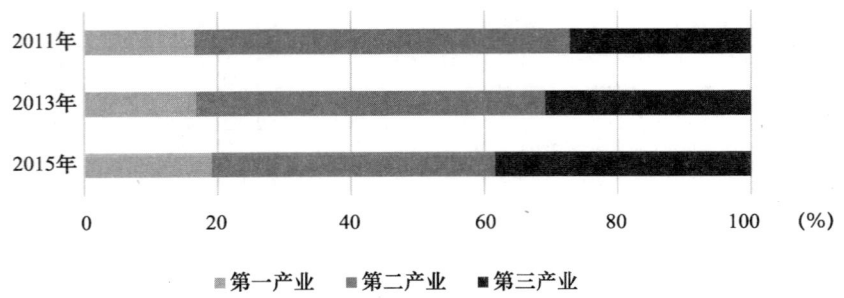

图2—1 2011—2015年甘肃革命老区县域经济产业结构状况

## 第二节 甘肃革命老区县域社会与民生发展状况

截至 2015 年年底，甘肃革命老区全区总面积约 4.44 万平方公里，下辖 246 个乡镇（平凉市辖 102 个乡镇，庆阳市辖 116 个乡镇，会宁县辖 28 个乡镇），常住人口 486.6 万人。人口自然增长率为 6.47‰，城镇人口 156.3 万人，城镇化水平逐年提高，2015 年城镇化率为 32.1%，较 2011 年提高 2.1 个百分点，全区包括汉、回、东乡、藏、满、哈萨克、朝鲜、蒙古族等 20 多个民族。

### 一 城镇就业稳步增加，就业结构亟待优化

从人口与就业来看，2015 年甘肃革命老区全区在岗职工人数为 34.82 万人，其中国有单位在岗职工 23.4 万人。城镇新增就业人数 11.94 万人，较去年增加近 2 万人，城镇登记失业人数 24945 人次，登记失业率 3.05%。

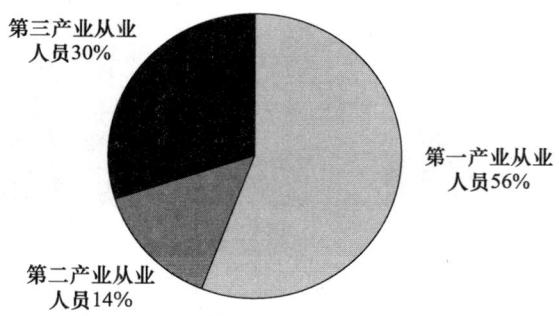

图 2—2 2015 年甘肃革命老区三次产业就业人员结构

从三次产业就业人员数构成来看，如图 2—2 所示，2015 年甘肃革命老区第一产业就业人员数为 161.01 万人，占三次产业从业

总人数的56%，略低于全省57%的平均水平，远高于国家29.5%的第一产业从业人员比重。2015年甘肃革命老区第一产业增加值在GDP中的比重为19%，就业比重却高达56%，这反映了本区域第一产业劳动生产率较低，产业结构不合理，农业从业人员占绝对数额。第二产业从业人员为39.74万人，占第三产从业总人数的14%，低于全省2.2个百分点，远低于全国29.9%的第二产业从业人员比重。第三产业从业人员84.98万人，较2014年增长30.78%，占第三产业从业总人数的30%，高于全省26.84%的平均水平，低于全国40.6%，占比近14个百分点。

可以看出，甘肃革命老区在经济放缓背景下，就业形势能够保持稳定，得益于产业结构的逐步优化，并且第三产业从业人员已有较大幅度提升，但产业结构仍存在不合理的方面，还需要继续发展第二、第三产业，提高劳动生产率，进一步优化产业结构，同时促进农村劳动力从第一产业向第二、第三产业转移。

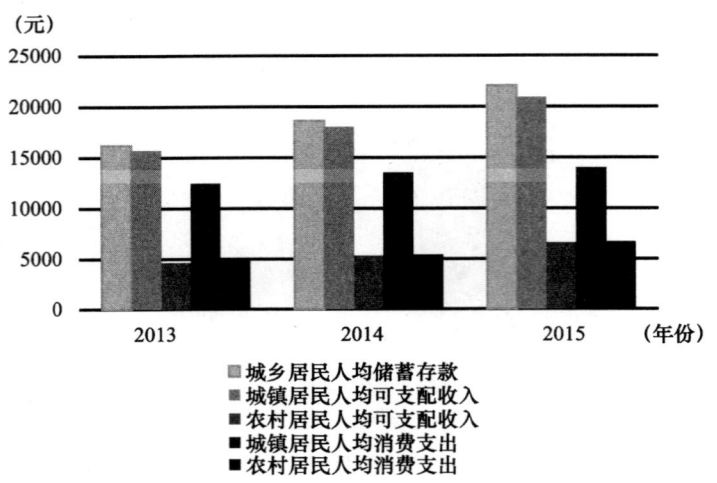

图2—3 2013—2015年甘肃革命老区城乡居民生活水平

## 二 城乡居民生活水平不断提高，但城乡差距大

如图2—3所示，2015年甘肃革命老区全区城乡居民人均储蓄存款22004元，低于全省平均水平62701元；城镇居民人均可支配收入21874元，低于全省23767元的平均水平；农村居民人均可支配收入6777元，略低于全省平均水平；城镇居民人均消费支出13993元，低于全省平均水平17451元；农村居民人均消费支出6717元，与全省平均水平基本持平。总体来看，甘肃革命老区城乡居民生活水平逐年提高，但城乡差距大且主要指标均低于全省平均水平，处于全省中下游位置。

## 三 社会保险投入加大，保障水平不断提高

2015年年末，甘肃革命老区共有295.6万余人参加城乡居民基本养老保险，其中城镇居民参加养老保险18.3万人，城镇职工参加基本医疗保险18万人。农村居民参加新型农村合作医疗436万人，参合率约98%，筹集资金20.24万元，补偿受益783万余人次；城镇居民参加医疗保险59.8万人，参加失业保险18.5万人，参加工伤保险16.8万人，参加生育保险17.3万人。城市低保对象10.8万人，农村低保对象67.9万人。

## 四 文教卫生蓬勃发展，社会事业全面进步

截至2015年，甘肃革命老区全区共有各类学校3326所，其中普通中学383所，小学2155所，幼儿园785所，高等学校3所，各类学校在校学生88.89万人，专任教师2.43万人，适龄儿童入学率100%，九年义务教育巩固率约90%。全区共有公共图书馆18个，博物馆28个，广播电台17个，公共图书馆总藏书量155万册，电视综合覆盖率约97%。2015年甘肃革命老区全区共争取国

家、省、市科技项目178项，共投入科技经费2800余万元，各类专业技术人员3000余人；共有医疗卫生机构4733所，医院、卫生院拥有床位22912张，较2013年增加16.9%，卫生技术人员21862人。

### 五 基础设施不断完善，县域经济发展基础得到夯实

2015年甘肃革命老区全区境内公路里程2.88万公里，基本实现了村村通公路，镇镇通油路，民用汽车拥有量40余万辆；2015年邮电业务总量为51.28万元，其中移动电话用户348万户，移动电话普及率约78部/百人，互联网用户33.15万户，热点区域无线网络覆盖率超过80%，基本实现了乡乡通网、通电话。基础设施的不断完善为革命老区县域经济发展奠定了基础。

表2—2　　2011—2015年甘肃革命老区县域社会主要指标

| 年份<br>指标 | 2011 | 2013 | 2015 |
| --- | --- | --- | --- |
| 年末常住人口（万人） | 484 | 485 | 487 |
| 城镇人口（万人） | 126 | 140 | 156 |
| 城镇化率（%） | 25.98 | 28.96 | 32.12 |
| 城镇登记失业人数（人） | 19046 | 26250 | 24945 |
| 城乡居民储蓄年末余额（亿元） | 553 | 789 | 1069 |
| 城镇居民人均消费支出（元） | 9545 | 12472 | 14004 |
| 普通中学专任教师数（人） | 26891 | 27305 | 27251 |
| 普通中学在校学生数（人） | 422751 | 360371 | 315703 |
| 公共图书馆总藏书量（万册） | 110 | 142 | 155 |
| 医院、卫生院床位数（张） | 15363 | 19598 | 22912 |
| 公路里程（公里） | 25229 | 27370 | 28812 |
| 邮电业务总量（亿元） | 24 | 30 | 51 |
| 参加新农合人数（万人） | 450 | 290 | 436 |

资料来源：根据各市县统计年鉴数据整理得到。

## 第三节 甘肃革命老区县域资源与环境状况

### 一 矿产资源丰富，开发潜力大

甘肃革命老区境内矿产资源分布广、储量大，同时也是甘肃乃至全国重要的石油天然气化工基地。

（一）煤炭等矿产资源丰富，开发条件好

平凉地区属鄂尔多斯聚煤盆地中煤层最厚段，境内煤炭资源储量丰富，开发条件较好，是全国重点产煤基地、全国五大优质煤化工基地之一。已探明煤炭地质储量97.26亿吨，主要分布在华亭、崇信、泾川、灵台和崆峒区"四县一区"，2015年生产原煤2135.56万吨，约占全省的50%。

庆阳市境内煤炭资源丰富，目前累计探明煤炭储量180亿吨，主要分布在环县西北部、正宁县西南部、宁县全境、合水县南部、庆城县南部、镇原县东部。此外，庆阳还拥有白云岩、石英砂、石灰岩等10多种矿产资源。

会宁县境内的坡缕石（凹凸棒石）是甘肃省新发现的世界稀有的非金属矿产资源，现已初步探明储量6000多万吨，分布面积40平方公里，会宁将成为世界上最大的凹凸棒石出产地。

（二）油气资源丰富，但带动区域发展效应不明显

庆阳市是仅次于陕西省榆林市的中国第二大能源资源大市，是甘肃最大的原油生产基地、长庆油田的主产区。目前已探明油气总资源量40亿吨，占鄂尔多斯盆地总资源量的41%。平凉市石油资源主要分布在泾川、崇信、崆峒区。已探明储量1.05亿吨，潜在资源量4.3亿吨，远景资源量5.7亿吨。目前已布设石油探井、评价井、参数井和注水井500多口，原油产量累计达26.9万吨，实

现产值 24.46 亿元，上缴税金 1.32 亿元。但石油等能源资源的开发利用，不可避免地会造成地表生态环境的破坏，导致地表土壤和水源环境的严重污染。另外，庆阳虽是长庆油田的主产区，但绝大部分税收都是国税，上缴中央，给地方留成很少，被称作"黑色血液"的石油并没有给当地人民带来多大的福祉。

### 二 文化旅游资源丰富，空间分布广泛

甘肃革命老区"两市一县"旅游资源丰富、历史内涵厚重、类型多样、空间分布广泛且重点资源较为集中。2015 年，甘肃省旅游局出台了《关于支持革命老区加快旅游业发展的意见》，意见提出，要以华夏文明传承创新区建设和陇东南国家中医药养生保健旅游创新区建设为契机，努力把庆阳市、平凉市、会宁县等革命老区建成集红色文化、民俗文化和休闲度假、研学、养生保健为一体的旅游目的地。2015 年，全区共接待游客 2249.66 万人次，同比增长 28%，占全省旅游人次的 14.4%，旅游综合收入 70.53 亿元，较 2014 年同比增长 40%。

### 三 水资源匮乏，降水分布不均衡

甘肃革命老区在气候上属于温带半湿润区和半干旱区，常年年平均气温 7℃—10℃，大部分地区干旱少雨，多年平均降水只有 200—500 毫米，人均水资源总量仅为全国平均水平的 15%，水资源不足是制约老区经济发展的重要因素。同时，降水少而不均，70% 的降水集中在 6—9 月，且多以暴雨形式出现，大部分降水以地表径流白白流走，地下水补给严重不足，干旱出现机会增多，十年九旱。如表 2—3 所示，老区"两市一县"水资源状况差异较大，平凉、庆阳两市水资源相对充裕，会宁县水资源严重短缺，全区人均水资源量远低于甘肃省平均水平。

表 2—3　　　　　　　　甘肃革命老区水资源情况

|  | 平凉 | 庆阳 | 会宁 | 全省 |
| --- | --- | --- | --- | --- |
| 地表水资源量（亿立方米） | 6.47 | 13.72 | 0.73 | 191.5 |
| 地下水资源量（亿立方米） | 2.9 | 3.87 | 0.1 | 100.7 |
| 可利用水资源（亿立方米） | 6.5 | 10.45 | 0.74 | 157.4 |
| 人均水资源量（立方米） | 340 | 317 | 120 | 765 |
| 总用水量（亿立方米） | 3.11 | 2.56 | 0.8 | 120.63 |

资料来源：根据省、市、县统计年鉴数据整理得到。

### 四　生态功能地位显著，生态环境恶化得到遏制

甘肃革命老区处于陇东和陇中地区，是国家重点生态功能区和重要的生态屏障。西部大开发战略实施以来，甘肃革命老区已经采取了一系列生态保护和建设措施，并取得了一定成效，部分地区生态恶化趋势得到抑制和改善。但是革命老区自然环境先天不足、生态系统脆弱，加之承载人口过多、开发过度、生态保护与建设的历史欠账过多，生态环境状况总体呈现出"局部改善，整体恶化，形势严峻"的状况。全区基本处于黄土高原生态最脆弱的地区，水土流失面积大、可用土地少。由于生态系统脆弱，造成自然灾害频发，旱灾是老区自然灾害之首，同时常伴有冰雹、暴洪、霜冻、泥石流等多种灾害，危害程度从东南向西北方向递增，频率有上升之势。生态系统脆弱与自然灾害频发相互影响，更加重了甘肃革命老区生态脆弱程度。

## 第四节　甘肃革命老区县域产业发展状况

### 一　第一产业发展优于全省，但现代化水平不高

（一）革命老区农业整体实力优势明显

如表 2—4 所示，2015 年甘肃革命老区地区生产总值1010.4 亿

元，其中第一产业增加值193.9亿元，占全省生产总值的15%。全区农业从业人员145万人。其中崆峒区、泾川县、灵台县、庄浪县、静宁县、西峰区、宁县、镇原县、会宁县都是第一产业增加值超过10亿元的农业生产大县。

表2—4　　　　　2015年甘肃革命老区第一产业基本情况

| 地区 | GDP（亿元） | 第一产业增加值（亿元） | 农业增加值（亿元） | 牧业增加值（亿元） | 农业增加值占GDP比重（%） | 农村农业从业人员（万人） | 农村人均农业增加值（元） |
|---|---|---|---|---|---|---|---|
| 崆峒区 | 120.0 | 17.2 | 12.9 | 4.1 | 11 | 9 | 13944 |
| 泾川县 | 47.4 | 19.6 | 15.5 | 3.5 | 33 | 9 | 16751 |
| 灵台县 | 29.1 | 12.4 | 9.5 | 2.0 | 33 | 6 | 15062 |
| 崇信县 | 25.4 | 6.6 | 4.5 | 1.9 | 18 | 2 | 18556 |
| 华亭县 | 40.3 | 7.8 | 5.1 | 2.7 | 13 | 3 | 16519 |
| 庄浪县 | 36.1 | 14.3 | 12.2 | 2.0 | 34 | 12 | 10563 |
| 静宁县 | 45.2 | 16.4 | 14.4 | 1.8 | 32 | 15 | 9629 |
| 西峰区 | 154.8 | 10.2 | 9.0 | 1.0 | 6 | 8 | 11764 |
| 庆城县 | 88.2 | 9.4 | 8.3 | 0.9 | 9 | 8 | 9939 |
| 环县 | 77.1 | 9.0 | 5.9 | 2.9 | 8 | 9 | 6952 |
| 华池县 | 83.3 | 5.5 | 4.0 | 1.1 | 5 | 5 | 7920 |
| 合水县 | 53.4 | 7.7 | 6.4 | 0.9 | 12 | 5 | 12451 |
| 正宁县 | 25.9 | 9.1 | 8.5 | 0.5 | 33 | 7 | 11786 |
| 宁县 | 63.5 | 15.1 | 12.6 | 2.4 | 20 | 14 | 8668 |
| 镇原县 | 63.6 | 16.2 | 13.5 | 2.6 | 21 | 12 | 11425 |
| 会宁县 | 57.1 | 17.5 | 7.0 | 10.1 | 12 | 21 | 3433 |
| 全区合计 | 1010.4 | 193.9 | 149.4 | 40.6 | 15 | 145 | 10259 |

续表

| 地区 | GDP（亿元） | 第一产业增加值（亿元） | 农业增加值（亿元） | 牧业增加值（亿元） | 农业增加值占GDP比重（%） | 农村农业从业人员（万人） | 农村人均农业增加值（元） |
|---|---|---|---|---|---|---|---|
| 甘肃省 | 6790.3 | 954.1 | 753.8 | 185.8 | 11 | 668 | 11284 |
| 全区占全省比重（%） | 15 | 20 | 20 | 22 | | 22 | |

资料来源：2016年相关县（区）统计年鉴。

甘肃革命老区盛产油料、荞麦、小米、燕麦、黄豆等特色小杂粮，是甘肃省优质农畜产品生产基地，是全国苹果生产最佳纬度区，具有比较有优势的特色农产品繁多。以庆阳市为例，庆阳市是全省优质农畜产品生产基地之一，红富士苹果、曹杏、黄柑桃、金枣等有机绿色食品和宁县早胜牛、环县滩羊、陇东黑山羊、羊毛绒等大宗优质农产品享誉国内外，是中国特产之乡组委会命名的"中国优质苹果之乡""中国小杂粮之乡"。

（二）农业现代化发展制约因素较多

（1）农业基础薄弱，现代化水平低

甘肃革命老区农田水利设施落后，道路交通设施有待完善，电力设施有待加强，农业现代化水平亟待提高。2015年，全区耕地面积97.51万公顷，占甘肃省的27.44%，机收面积26.75万公顷，机收面积仅占耕地面积的27.43%，远低于全省平均水平（72.67%），有效灌溉面积11.7万公顷，仅占全省的10%。同年，农业机械总动力、农村用电量、化肥使用量分别为675.10万千瓦时、87633万千瓦小时、18.96万吨，仅占全省的14.34%、16.21%和5.9%。

（2）农业劳动生产率低，耕地产出率低

2015年，全区农村农业从业人员人均农业增加值10258元，低于甘肃省 11283 元的平均水平，16 个县区中有 10 个县高于全省平均值，由高到低分别是崇信县、泾川县、华亭县、灵台县、崆峒区、合水县、正宁县、西峰区、镇原县、庄浪县，水平最高的崇信县（18555 元）是水平最低的会宁县（3433 元）的 4 倍。

2015 年，全区耕地面积 97.51 万公顷，农业总产值 250.76 亿元，仅占全省农业总产值的 20%，耕地产出率 25714 元/公顷，比全省平均水平（35248 元/公顷）低 9534 元。

表 2—5　　2015 年甘肃革命老区农业生产条件情况

| 地区 | 耕地面积（公顷） | 机收面积（公顷） | 机收面积占比（%） | 农业机械总动力（千瓦时） | 农村用电量（万千瓦小时） | 化肥施用折纯量（吨） | 有效灌溉面积（千公顷） | 农业总产值（亿元） | 耕地产出率（元/公顷） |
|---|---|---|---|---|---|---|---|---|---|
| 崆峒区 | 62901 | 16470 | 26 | 331239 | 4848 | 12527 | 13 | 20.4 | 32462 |
| 泾川县 | 45283 | 27060 | 60 | 196429 | 5056 | 19157 | 8 | 23.3 | 51497 |
| 灵台县 | 51128 | 20030 | 39 | 220140 | 3838 | 10394 | 3 | 13.9 | 27311 |
| 崇信县 | 24285 | 5370 | 22 | 78632 | 1013 | 7391 | 2 | 6.9 | 28241 |
| 华亭县 | 27610 | 4240 | 15 | 97951 | 2118 | 4657 | 3 | 7.9 | 28661 |
| 庄浪县 | 61103 | 8530 | 14 | 301881 | 6592 | 21085 | 4 | 19.7 | 32214 |
| 静宁县 | 98059 | 8540 | 9 | 321792 | 9003 | 26128 | 11 | 29.3 | 29926 |
| 西峰区 | 38720 | 36000 | 93 | 312211 | 4430 | 8377 | 14 | 13.1 | 33906 |
| 庆城县 | 54378 | 26333 | 48 | 245100 | 8083 | 14767 | 4 | 14.0 | 25559 |
| 环　县 | 93017 | 26886 | 29 | 237814 | 19648 | 21989 | 4 | 12.5 | 13380 |
| 华池县 | 34294 | 11333 | 33 | 176000 | 1756 | 5221 | 5 | 6.7 | 19501 |
| 合水县 | 23385 | 6722 | 29 | 175364 | 3650 | 4947 | 3 | 11.5 | 49147 |
| 正宁县 | 28629 | 8789 | 31 | 183021 | 3982 | 12094 | 3 | 13.6 | 47402 |

续表

| 地区 | 耕地面积（公顷） | 机收面积（公顷） | 机收面积占比（%） | 农业机械总动力（千瓦时） | 农村用电量（万千瓦小时） | 化肥施用折纯量（吨） | 有效灌溉面积（千公顷） | 农业总产值（亿元） | 耕地产出率（元/公顷） |
|---|---|---|---|---|---|---|---|---|---|
| 宁　县 | 64189 | 3980 | 6 | 290100 | 10624 | 14248 | 8 | 21.2 | 33103 |
| 镇原县 | 117501 | 43530 | 37 | 330144 | 7595 | 20359 | 11 | 21.6 | 18343 |
| 会宁县 | 150708 | 13726 | 9 | 675100 | 4400 | 12396 | 21 | 15.2 | 10108 |
| 全区合计 | 975191 | 267539 | 27 | 4172918 | 96636 | 215736 | 116 | 250.8 | 25714 |
| 甘肃省 | 3553344 | 2582150 | 73 | 26849500 | 540417 | 3210200 | 1166 | 1252.5 | 35248 |
| 全区占全省比重（%） | 27 |  |  | 16 | 18 | 7 | 10 | 20 |  |

资料来源：2016 年相关县（区）统计年鉴。

## （3）农业结构不合理，农业服务业发展滞后

表 2—6　　　　2015 年甘肃革命老区第一产业结构情况

| 地区 | 农林牧渔业总产值（亿元） | 农业总产值（亿元） | 农业占比（%） | 林业总产值（亿元） | 林业占比（%） | 牧业总产值（亿元） | 牧业占比（%） | 渔业总产值（亿元） | 农林牧渔服务业总产值（亿元） | 服务业占比 |
|---|---|---|---|---|---|---|---|---|---|---|
| 崆峒区 | 27.84 | 20.42 | 73 | 0.36 | 1 | 6.81 | 24 | 0.06 | 0.19 | 1 |
| 泾川县 | 29.09 | 23.32 | 80 | 0.89 | 3 | 4.61 | 16 | 0.07 | 0.20 | 1 |
| 灵台县 | 17.48 | 13.96 | 80 | 0.21 | 1 | 3.10 | 18 | 0.02 | 0.19 | 1 |
| 崇信县 | 10.09 | 6.86 | 68 | 0.22 | 2 | 2.69 | 27 | 0.02 | 0.30 | 3 |
| 华亭县 | 12.24 | 7.91 | 65 | 0.14 | 1 | 4.03 | 33 | 0.00 | 0.16 | 1 |
| 庄浪县 | 23.74 | 19.68 | 83 | 0.27 | 1 | 3.69 | 16 | 0.02 | 0.08 | 0 |
| 静宁县 | 32.78 | 29.35 | 90 | 0.30 | 1 | 2.67 | 8 | 0.00 | 0.47 | 1 |
| 西峰区 | 21.78 | 13.13 | 60 | 0.17 | 1 | 1.50 | 7 | 0.01 | 6.96 | 32 |

续表

| 地区 | 农林牧渔业总产值（亿元） | 农业总产值（亿元） | 农业占比（%） | 林业总产值（亿元） | 林业占比（%） | 牧业总产值（亿元） | 牧业占比（%） | 渔业总产值（亿元） | 农林牧渔服务业总产值（亿元） | 服务业占比 |
|---|---|---|---|---|---|---|---|---|---|---|
| 庆城县 | 16.92 | 13.90 | 82% | 0.50 | 3% | 1.68 | 10% | 0.01 | 0.84 | 5% |
| 环县 | 16.84 | 12.45 | 74% | 0.46 | 3% | 3.85 | 23% | 0.01 | 0.08 | 0% |
| 华池县 | 8.96 | 6.69 | 75% | 0.73 | 8% | 1.49 | 17% | 0.01 | 0.04 | 0% |
| 合水县 | 13.60 | 11.49 | 84% | 0.49 | 4% | 1.51 | 11% | 0.02 | 0.09 | 1% |
| 正宁县 | 15.76 | 13.57 | 86% | 0.28 | 2% | 0.86 | 5% | 0.02 | 1.03 | 7% |
| 宁县 | 26.09 | 21.25 | 81% | 0.43 | 2% | 3.61 | 14% | 0.01 | 0.80 | 3% |
| 镇原县 | 28.29 | 21.55 | 76% | 0.44 | 2% | 4.00 | 14% | 0.04 | 2.26 | 8% |
| 会宁县 | 29.34 | 15.23 | 52% | 0.62 | 2% | 12.97 | 44% | 0.00 | 0.51 | 2% |
| 全区合计 | 330.86 | 250.76 | 76% | 6.51 | 2% | 59.07 | 18% | 0.32 | 14.20 | 4% |
| 甘肃省 | 1722.09 | 1252.51 | 73% | 28.65 | 2% | 279.42 | 16% | 2.18 | 159.33 | 9% |

资料来源：根据2016年相关县（区）统计年鉴整理得出。

如表2—6所示，当前甘肃革命老区农林牧渔结构不尽合理。从2015年的数据来看，全区农业总产值250.76亿元，占第一产业总产值的76%，高于全省占比（73%）；林业总产值6.51亿元，占总产值的2%；牧业总产值59.07亿元，占总值的18%，农林牧渔服务业总产值14.20亿元，占总值的4%，低于全省5个百分点。可见，革命老区农业产值比重相对全省偏高，农业在经济中所占比重偏高。但从现实条件来看，老区地理条件又不具备现代农业的平原支撑，过度依赖种植业，农业服务业发展十分落后。短期看，农业服务业发展相对滞后的局面不会根本改变，农业结构的不合理致使农产品供给总量无法满足工业化需求，更难以满足城乡居民消费结构升级后对农产品提出的需要。

（4）农业产业化水平低，特色农业产业布局分散

甘肃革命老区农业产业化发展总体上还处在起步阶段，主要表现在特色农业产业布局分散，农产品基地规模普遍偏小，龙头企业带动能力不足，专业合作经济组织发展滞后，产业化经营体系还未完全形成，与产业化经营相关的技术和信息服务体系的建设、标准化生产和品牌化开发等尚处在较低层次，农民从特色产业发展中的收益较低，特色产业投融资难，农民的市场意识和风险意识缺乏等。这些问题的存在，影响和制约了甘肃革命老区特色农业产业化的进一步发展。

## 二 第二产业以资源型产业为主，现代工业产业体系不完善

2015 年，甘肃革命老区全区第二产业增加值 422.57 亿元，占全省总量 16.94%，第二产从业人员 29.26 万人。规模以上工业总产值 636.42 亿元，规模以上工业增加值 344.3 亿元，占全省总量的 20.72%，规模以上工业企业合计 244 家，原煤产量 2200 万吨，天然原油产量 776 万吨，原油加工量 257 万吨。建筑业总产值 191.88 亿元，建筑业从业总人数 20.52 万人。如表 2—7 所示，2015 年革命老区第二产业增加值排名前十位的县区依次是：华池县、西峰区、庆城县、环县、合水县、崆峒区、镇原县、宁县、华亭县、会宁县，其中产值最高的华池县是产值最低的正宁县的 35 倍。

表 2—7　　　　2015 年甘肃革命老区第二产业主要指标

| 地区 | 第二产业增加值（亿元） | 第二产业从业人员（万人） | 规模以上工业总产值（亿元） | 规模以上工业企业单位数（家） | 建筑业总产值（亿元） | 建筑业从业人员（万人） |
| --- | --- | --- | --- | --- | --- | --- |
| 崆峒区 | 29.88 | 5.83 | 83.41 | 46 | 23.08 | 4.21 |
| 泾川县 | 9.69 | 2.84 | 14.19 | 10 | 2.83 | 0.43 |
| 灵台县 | 6.54 | 0.07 | 3.52 | 6 | 6.23 | 0.41 |

续表

| 地区 | 第二产业增加值（亿元） | 第二产业从业人员（万人） | 规模以上工业总产值（亿元） | 规模以上工业企业单位数（家） | 建筑业总产值（亿元） | 建筑业从业人员（万人） |
|---|---|---|---|---|---|---|
| 崇信县 | 11.06 | 0.47 | 37.84 | 9 | 3.89 | 0.31 |
| 华亭县 | 17.96 | 2.57 | 80.73 | 21 | 6.66 | 0.44 |
| 庄浪县 | 5.81 | 1.68 | 12.78 | 13 | 17.21 | 1.24 |
| 静宁县 | 11.1 | 1.24 | 23.33 | 12 | 20.48 | 0.79 |
| 西峰区 | 64.38 | 4.99 | 255.82 | 26 | 46.03 | 4.44 |
| 庆城县 | 58.64 | 0.81 | 30.03 | 25 | 15.59 | 2.17 |
| 环　县 | 43.71 | 1.05 | 13.01 | 10 | 1.91 | 0.15 |
| 华池县 | 66.49 | 0.23 | 3.06 | 6 | 10.33 | 1.48 |
| 合水县 | 34.44 | 0.71 | 5.38 | 5 | 0.10 | 0.07 |
| 正宁县 | 1.81 | 0.56 | 2.98 | 9 | 1.57 | 0.37 |
| 宁　县 | 22.53 | 1.63 | 17.03 | 11 | 28.47 | 3.52 |
| 镇原县 | 25.14 | 2.34 | 17.96 | 14 | 0.70 | 0.05 |
| 会宁县 | 13.39 | 2.23 | 35.36 | 21 | 6.79 | 0.45 |
| 全区合计 | 422.57 | 29.26 | 636.42 | 244 | 191.88 | 20.52 |

资料来源：2016年相关县（区）统计年鉴。

总体来看，甘肃革命老区工业产业以资源型产业为主导，地方工业数量偏少、规模偏小、制造业明显不足，尚未形成自己的工业体系，现有工业体系表现出重型化、畸形化。

### 三　第三产业以传统服务业为主，发展水平差距明显

（一）总量规模扩大，比重仍然偏低

"十二五"以来，甘肃革命老区第三产业经历了一个较快发展时期，截至2015年全区第三产业增加值394.89亿元，占全省第三产业增加值的11.82%，较上年增长了11.51%，高于同期生产总值增速将近3个百分点。第三产业从业人员52.53万人，服务业增加值占比从2011年的27.2%调整为2015年的38.3%，第二、第三产业占比差距由2011年的29.1个百分点缩小到2015年的4.3个百

分点。第三产业在经济增长中的地位和作用日益突出，已成为GDP的重要支撑和劳动就业的主要渠道，在优化产业结构、实现产业协调发展等方面发挥着越来越重要的作用。

纵向来看，全区第三产业的总量规模不断扩大，但与全省及其他市州相比，比重仍然偏低。2015年，革命老区第三产业增加值占GDP比重为39%，低于全省10个百分点，与占比较高的兰州、天水、酒泉相比有很大的差距。而且近年来第三产业的发展大多属于增量变革，主要通过增量进入的方式推动服务业量化发展，没有从根本上有效实现质化发展水平的改善。服务业量化的发展快于质化发展，在少数领域出现了某种程度上的过剩以及产生了类似工业的去库存去产能等问题。

（二）现代服务业发展加快，传统服务业仍是主体

近年来，以金融、房地产等为代表的现代服务业迅速崛起，虽然服务业各行业都有不同程度的发展，但从内部结构看，服务业发展层次偏低、传统服务业仍占主导地位。如图2—4所示，交通运输、信息软件、批发零售、住宿餐饮、金融、房地产、科学技术、水利环境、教育、文化卫生分别占全区第三产业增加值的8%、7%、19%、11%、19%、12%、2%、1%、17%、5%，可以看出交通运输仓储邮政业、批零住餐业增加值占第三产业增加值的比重仍然较大，新兴行业发展相对不足，尤其是对技术密集型产业发展影响较大的信息传输、软件和信息技术服务业、科研技术服务业占服务业增加值的比重较低。

（三）服务业发展水平差距大

如表2—8所示，2015年甘肃革命老区第三产业增加值前十的县区分别是西峰区、崆峒区、会宁县、宁县、环县、镇原县、庆城县、泾川县、静宁县、庄浪县。其中产值最高的西峰区第三产业增加值已经超过80亿元，是产值最低的崇信县的10倍，第三产从业

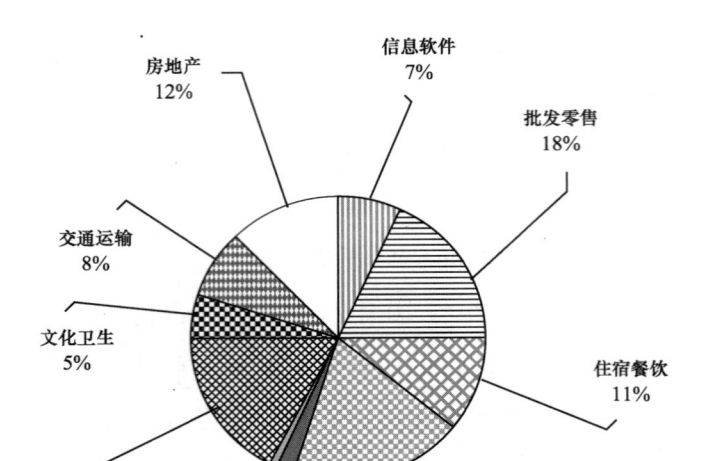

图 2—4　甘肃革命老区第三产业内部结构

人员也超过了 10 万人，服务业发展水平处于全省领先位置。其中华池县第三产业增加值占比最低，仅占 GDP 的 13.66%，这与华池县油田工业占主导的经济特征密不可分。近年来，华池县高举"南梁精神"大旗，打造南梁品牌，大力发展红色旅游产业，三次产业结构已由 2011 年的 5.3∶82.6∶12.1 调为 2015 年的 6.5∶79.8∶13.7，但仍存在巨大差距。

表 2—8　　2015 年甘肃革命老区县域第三产业主要指标

| 地区 | GDP（亿元） | 第三产业增加值（亿元） | 第三产业占 GDP 比重（%） | 第三产业从业人员（万人） |
| --- | --- | --- | --- | --- |
| 崇信县 | 25.43 | 7.80 | 30.69 | 1.25 |
| 合水县 | 53.37 | 11.23 | 21.03 | 1.80 |
| 灵台县 | 29.14 | 11.25 | 38.60 | 0.86 |
| 华池县 | 83.34 | 11.39 | 13.66 | 0.84 |

续表

| 地区 | GDP（亿元） | 第三产业增加值（亿元） | 第三产业占GDP比重（%） | 第三产业从业人员（万人） |
| --- | --- | --- | --- | --- |
| 华亭县 | 40.29 | 14.53 | 36.07 | 1.82 |
| 正宁县 | 25.89 | 14.95 | 57.73 | 3.94 |
| 庄浪县 | 36.09 | 16.02 | 44.38 | 5.33 |
| 静宁县 | 45.15 | 17.67 | 39.13 | 1.72 |
| 泾川县 | 47.44 | 18.11 | 38.17 | 4.89 |
| 庆城县 | 88.24 | 20.20 | 22.89 | 1.13 |
| 镇原县 | 63.57 | 22.18 | 34.89 | 4.95 |
| 环县 | 77.08 | 24.36 | 31.61 | 2.34 |
| 宁县 | 63.48 | 25.84 | 40.70 | 2.31 |
| 会宁县 | 57.07 | 26.21 | 45.92 | 4.30 |
| 崆峒区 | 120.01 | 72.98 | 60.81 | 11.72 |
| 西峰区 | 154.76 | 80.18 | 51.81 | 3.33 |
| 全区合计 | 1010.36 | 394.89 | 39.08 | 52.53 |

资料来源：2016年相关县（区）统计年鉴。

### （四）服务业有效供给不足

从供给侧看，甘肃革命老区服务行业的问题不仅是需求不足，更是供给不足，尤其是高端的生产性服务业和生活性服务业较为落后，无法满足生产发展和人民消费升级的需要。以庆阳市为例，在生活服务方面，有许多生活性服务业随着居民需求的上升存在明显的供不应求的局面。但就全市来讲缺少有影响力的商贸集聚区、特色园区、街区及龙头企业，而科技创业园、商务服务区、会展博览园等现代服务业重点园区更是空白，市民经常去周边的西安、银川以及省会城市兰州消费。伴随着城镇化的不断推进以及二孩政策的放开，为了应对将来出现的大量的旅游、教育、医疗、养老等服务需求，如何抓住这些契机，在电子商务、现代服务业、文化旅游方面做出一些推动提升第三产业健康发展的举措是值得深思的问题。

# 第 三 章

# 甘肃革命老区县域经济社会发展评价分析

甘肃革命老区共包括 16 个县区，分属平凉市、庆阳市和白银市。由于经济发展水平和要素禀赋的差异，各所属县区的带动和辐射作用也存在较大差异，县域经济社会发展存在一定差距。

## 第一节 甘肃革命老区县域经济发展分析

### 一 甘肃革命老区各县区经济发展总体情况

甘肃省是我国西部重要的工业基地与资源大省，经济发展在全国却一直处于较为落后的地位。西部大开发战略的实施，使得甘肃省经济保持了稳定快速增长，但发展水平仍然落后于全国平均水平。甘肃革命老区自然条件恶劣、基础设施落后等问题大大制约了当地经济社会发展。

表 3—1　　2011—2015 年甘肃革命老区各县区国内生产总值　（单位：亿元）

| 地区 | 2011 年 | 2012 年 | 2013 年 | 2014 年 | 2015 年 |
|---|---|---|---|---|---|
| 西峰区 | 144.92 | 161.37 | 173.61 | 173.57 | 154.76 |
| 庆城县 | 65.29 | 77.97 | 93.43 | 103.27 | 88.24 |

续表

| 地 区 | 2011 年 | 2012 年 | 2013 年 | 2014 年 | 2015 年 |
|---|---|---|---|---|---|
| 环　县 | 35.76 | 54.96 | 66.42 | 82.41 | 77.08 |
| 华池县 | 65.87 | 79.70 | 91.95 | 99.40 | 83.34 |
| 合水县 | 30.32 | 37.44 | 43.39 | 55.44 | 53.37 |
| 正宁县 | 18.20 | 21.34 | 24.54 | 24.96 | 25.89 |
| 宁　县 | 37.24 | 47.54 | 58.42 | 65.69 | 63.48 |
| 镇原县 | 36.43 | 45.69 | 54.48 | 62.70 | 63.57 |
| 崆峒区 | 86.01 | 101.06 | 99.33 | 117.58 | 120.01 |
| 泾川县 | 36.70 | 42.42 | 45.43 | 47.06 | 47.44 |
| 灵台县 | 21.10 | 25.93 | 30.32 | 29.53 | 29.14 |
| 崇信县 | 25.64 | 31.62 | 32.59 | 28.93 | 25.43 |
| 华亭县 | 60.09 | 72.58 | 66.81 | 50.26 | 40.29 |
| 庄浪县 | 21.30 | 27.91 | 32.81 | 35.81 | 36.09 |
| 静宁县 | 25.13 | 30.35 | 33.95 | 42.13 | 45.15 |
| 会宁县 | 40.12 | 45.94 | 52.59 | 57.22 | 57.07 |

资料来源：2012—2016 年相关县（区）统计年鉴。

2015 年，甘肃省国内生产总值为 6790.32 亿元，占全国的 0.99%，人均国内生产总值 26165 元，仅为全国水平 49992 元的 52.34%；第二产业比重为 36.74%，低于全国第二产业比重 40.9%；第三产业比重为 49.21%，低于全国第三产业比重 50.2%。城镇居民人均可支配收入 23767 元，低于全国水平 31194 元；农村人均纯收入 6936 元，低于全国水平 11422 元。2015 年甘肃革命老区生产总值为 1010.36 亿元，占甘肃省生产总值的 14.88%。表 3—1 和表 3—2 分别为"十二五"期间甘肃革命老区各县区的 GDP 和人均 GDP。

表3—2　　2011—2015年甘肃革命老区各县区人均国内生产总值　　（单位：元）

| 地区 | 2011年 | 2012年 | 2013年 | 2014年 | 2015年 |
| --- | --- | --- | --- | --- | --- |
| 西峰区 | 38349 | 42532 | 45532 | 45438 | 40456 |
| 庆城县 | 24851 | 29701 | 35511 | 39251 | 33451 |
| 环县 | 10113 | 18056 | 21715 | 26900 | 25140 |
| 华池县 | 54435 | 65436 | 74932 | 80829 | 67482 |
| 合水县 | 20784 | 25560 | 31913 | 37532 | 36072 |
| 正宁县 | 9597 | 11769 | 13522 | 13744 | 14236 |
| 宁县 | 9167 | 11770 | 14545 | 16347 | 15774 |
| 镇原县 | 8650 | 10960 | 13051 | 15012 | 15199 |
| 崆峒区 | 16910 | 19711 | 19274 | 22703 | 23067 |
| 泾川县 | 12916 | 15104 | 16775 | 16629 | 16683 |
| 灵台县 | 11581 | 14226 | 16610 | 16137 | 15901 |
| 崇信县 | 25048 | 30820 | 31717 | 27062 | 24637 |
| 华亭县 | 31511 | 37588 | 34367 | 25815 | 20613 |
| 庄浪县 | 5564 | 7296 | 8578 | 9348 | 9406 |
| 静宁县 | 5927 | 7164 | 8011 | 9927 | 10625 |
| 会宁县 | 7331 | 8435 | 9682 | 10621 | 10626 |

资料来源：2012—2016年相关县（区）统计年鉴。

## 二　甘肃革命老区各县区经济发展分析

表3—3　　　　2015年甘肃革命老区各县区主要经济指标

| 地区 | | 面积（平方千米） | 人口（万） | GDP（亿元） | 人均GDP（元） | 城镇居民人均可支配收入（元） | 农村居民人均纯收入（元） | 全社会人均固定资产投资（元） |
| --- | --- | --- | --- | --- | --- | --- | --- | --- |
| 甘肃省 | | 453700 | 2599.55 | 6790.32 | 26165 | 23767 | 6936 | 33184.97 |
| 庆阳 | 庆阳市 | 27119 | 223.05 | 609.43 | 27366 | 23426 | 6945 | 48480.79 |
| | 西峰区 | 996 | 38.32 | 154.76 | 40456 | 23847 | 7878 | 70216.47 |

续表

| 地区 | | 面积（平方千米） | 人口（万） | GDP（亿元） | 人均GDP（元） | 城镇居民人均年可支配收入（元） | 农村居民人均纯收入（元） | 全社会人均固定资产投资（元） |
|---|---|---|---|---|---|---|---|---|
| 庆阳 | 庆城县 | 2693 | 26.45 | 88.24 | 33451 | 23281 | 6730 | 34845.97 |
| | 环县 | 9236 | 30.68 | 77.08 | 25140 | 23256 | 6537 | 38758.08 |
| | 华池县 | 3776 | 12.39 | 83.34 | 67482 | 23576 | 6700 | 70341.32 |
| | 合水县 | 2942 | 14.82 | 53.37 | 36072 | 22744 | 6815 | 56054.93 |
| | 正宁县 | 1331 | 18.21 | 25.89 | 14236 | 22475 | 7634 | 59701.65 |
| | 宁县 | 2633 | 40.3 | 63.48 | 15774 | 23168 | 6824 | 51585.86 |
| | 镇原县 | 1878 | 41.88 | 63.57 | 15199 | 22741 | 6629 | 27312.11 |
| 平凉 | 平凉市 | 11000 | 209.8 | 347.70 | 16595 | 21490 | 6501 | 28739.42 |
| | 崆峒区 | 1809 | 52.2 | 120.01 | 23067 | 21129 | 8205 | 33402.85 |
| | 泾川县 | 1409 | 28.47 | 47.44 | 16683 | 19811 | 7533 | 24010.15 |
| | 灵台县 | 2039 | 18.33 | 29.14 | 15901 | 17510 | 6506 | 23173.21 |
| | 崇信县 | 849 | 10.33 | 25.43 | 24637 | 25620 | 6231 | 55445.69 |
| | 华亭县 | 1183 | 19.6 | 40.29 | 20613 | 25448 | 7105 | 71309.34 |
| | 庄浪县 | 1553 | 38.37 | 36.09 | 9406 | 21390 | 5312 | 12601.28 |
| | 静宁县 | 2193 | 42.5 | 45.15 | 10625 | 19667 | 5973 | 17026.8 |
| 白银 | 白银市 | 21200 | 170.99 | 434.27 | 25410 | 23438 | 7065 | 27748.01 |
| | 会宁县 | 6439 | 53.75 | 57.07 | 10626 | 14323 | 5834 | 15391.31 |

资料来源：2016年各县（区）统计年鉴。

2015年，甘肃革命老区16个县区生产总值达到1010.36亿元，均值为63.15亿元，老区经济总量占全省的比重达到14.88%。人均GDP为23710.5元，是全省平均水平的90.62%。革命老区城镇居民人均年可支配收入为21874.13元，是全省平均水平的92.03%，人均GDP为23710.5元，是全省平均水平的90.62%；农村居民人均纯收入为6777.88元，为全省平均水平的97.72%；全社会人均固定资产投资为41323.56元，是全省平均水平的124.52%，投资力度相比于平均水平较大。

表 3—4　　　　　2015 年甘肃革命老区各县区 GDP 构成

| 地区 | 地区生产总值（万元） | 第一产业（万元） | 第一产业占比（%） | 第二产业（万元） | 第二产业占比（%） | 第三产业（万元） | 第三产业占比（%） | 人均生产总值（元） |
|---|---|---|---|---|---|---|---|---|
| 甘肃省 | 6790.32 | 954.09 | 14.05 | 2494.77 | 36.74 | 3341.46 | 49.21 | 26165 |
| 庆阳市 | 609.43 | 82.25 | 13.50 | 321.26 | 52.71 | 205.92 | 33.79 | 27366 |
| 西峰区 | 154.76 | 10.20 | 6.59 | 64.38 | 41.60 | 80.18 | 51.81 | 40456 |
| 庆城县 | 88.24 | 9.40 | 10.65 | 58.64 | 66.45 | 20.20 | 22.89 | 33451 |
| 环　县 | 77.08 | 9.00 | 11.68 | 43.71 | 56.71 | 24.36 | 31.61 | 25140 |
| 华池县 | 83.34 | 5.45 | 6.55 | 66.50 | 79.79 | 11.39 | 13.66 | 67482 |
| 合水县 | 53.37 | 7.70 | 14.43 | 34.45 | 64.54 | 11.23 | 21.03 | 36072 |
| 正宁县 | 25.89 | 9.14 | 35.29 | 1.81 | 6.97 | 14.95 | 57.73 | 14236 |
| 宁　县 | 63.48 | 15.11 | 23.80 | 22.54 | 35.50 | 25.84 | 40.70 | 15774 |
| 镇原县 | 63.57 | 16.24 | 25.55 | 25.14 | 39.55 | 22.18 | 34.89 | 15199 |
| 平凉市 | 347.70 | 94.21 | 27.09 | 96.95 | 27.88 | 156.54 | 45.02 | 16595 |
| 崆峒区 | 120.01 | 17.15 | 14.29 | 29.88 | 24.90 | 72.98 | 60.81 | 23067 |
| 泾川县 | 47.44 | 19.64 | 41.41 | 9.69 | 20.42 | 18.11 | 38.17 | 16683 |
| 灵台县 | 29.14 | 12.43 | 42.67 | 5.46 | 18.72 | 11.25 | 38.60 | 15901 |
| 崇信县 | 25.43 | 6.55 | 25.77 | 11.07 | 43.53 | 7.80 | 30.69 | 24637 |
| 华亭县 | 40.29 | 7.79 | 19.34 | 17.96 | 44.59 | 14.53 | 36.07 | 20613 |
| 庄浪县 | 36.09 | 14.25 | 39.49 | 5.82 | 16.12 | 16.02 | 44.38 | 9406 |
| 静宁县 | 45.15 | 16.38 | 36.28 | 11.10 | 24.59 | 17.67 | 39.13 | 10625 |
| 白银市 | 434.27 | 59.03 | 13.59 | 194.25 | 44.73 | 181.00 | 41.68 | 25410 |
| 会宁县 | 57.07 | 17.47 | 30.61 | 13.40 | 23.47 | 26.21 | 45.92 | 10626 |

资料来源：2016 年相关县（区）统计年鉴。

## 三　甘肃革命老区县域经济发展水平分析

（一）指标体系的建立

鉴于影响县域经济竞争力的因子具有多样性和复杂性特征，为了评价县域经济综合发展水平，需对一系列影响县域经济的重要指标进行选取。根据指标选取的系统性、可比性、代表性和可操作性原则，从县域经济发展水平、投资消费水平及人民富裕水平三个方面共九个指标来反映甘肃革命老区 16 个区县的经济发展现状。具体评价体系见表 3—5。

表 3—5　　　甘肃革命老区县域经济发展水平评价指标体系

| 目标层 | 准则层 | 指标层 |
|---|---|---|
| 县域经济发展水平 | 经济实力水平 | 人均 GDP（元） |
| | | GDP 密度（万元/平方千米） |
| | | 第二产业产值比（%） |
| | | 第三产业产值比（%） |
| | | 非农人口比（%） |
| | 投资消费水平 | 人均社会消费品零售总额（元） |
| | | 全社会人均固定资产投资（元） |
| | 人民富裕水平 | 城镇居民人均可支配收入（元） |
| | | 农民人均纯收入（元） |

（二）研究方法

熵权法是根据各评价指标提供的信息客观确定其权重，作为权数的熵权，它不仅能客观体现决策时某项指标在指标体系中的重要程度，而且能突出地反映指标权重随时间的变化状况，因而非常适合县域经济评价研究。主要的计算步骤有：①构建评价对象、评价指标的判断矩阵；②判断矩阵标准化；③信息熵的计算；④指标权重的计算；⑤加权矩阵的计算；⑥确定最优解和最劣解的计算；⑦各方案与最优解和最劣解的欧氏距离；⑧综合评价指数的计算。

（三）结果分析

通过熵权 TOPSIS 法计算的甘肃革命老区 16 个县区的综合评价指数如图 3—1 所示：

总体来看，甘肃革命老区县域经济发展水平差异很大，图 3—1

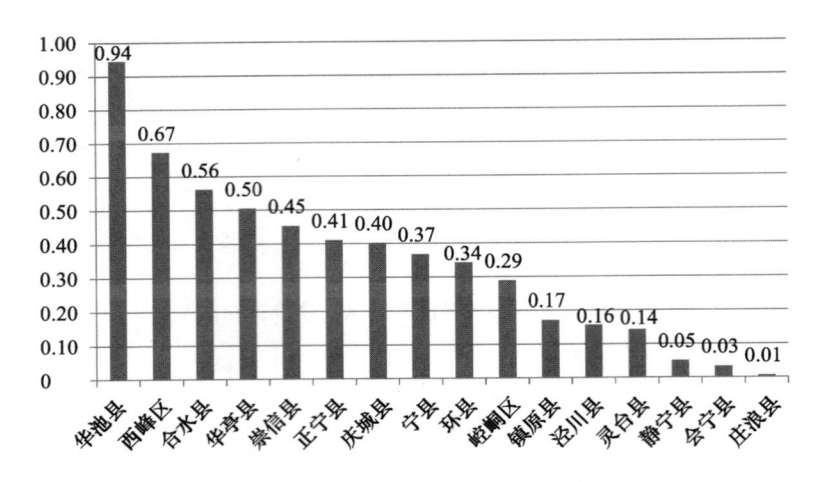

图3—1 2015年甘肃革命老区县域经济发展综合评价指数

是在熵权分析的基础上按照TOPSIS法计算县域经济的综合得分并进行排序，其中县域竞争力与最优解的距离越小越好，而离最劣解的距离越大越好。应用Stata 13.0对各县区进行经济综合得分的描述性统计分析，结果显示，甘肃革命老区各区县间的经济发展水平差异显著，最大值为0.9441，最小值为0.0069，均值为0.3440，标准差为0.2538；偏度为0.4099，稍向右偏，峰度为2.4060。统计结果说明甘肃革命老区县域经济综合竞争力存在显著的两极分化和区域差异。华池县经济发展综合评价指数最高，达到0.94；庄浪县最低，仅为0.01。

## 第二节 甘肃革命老区县域社会发展评价分析

### 一 甘肃革命老区县域社会发展总体情况

近年来，甘肃革命老区各县区整体社会发展取得了长足进步。城镇居民和农村居民人均可支配收入均增幅较大，社会保障制度不断完善，恩格尔系数有所下降，居民幸福指数不断攀升，科教文卫体事业蓬勃发展。但是，也要看到革命老区各区县之间社会发展的不均衡问题,以及与甘肃其他地区与全国平均水平之间的巨大差距。

"十二五"期间,西峰区、庆城县、崆峒区的城镇居民人均可支配收入及人均消费品零售额均高于其他13个县区。到2015年末,西峰区、庆城县、崆峒区的城镇居民人均可支配收入分别为23847元、23281元、21129元,而同期人均可支配收入最少的会宁县该指标值仅为14323元,同期西峰区、庆城县、崆峒区的人均消费品零售额分别为16595元、10741元、13137元,而其他13个县区该指标的平均值仅为5961元。

## 二 甘肃革命老区县域社会发展水平分析

### (一)指标体系的建立

对甘肃革命老区社会发展水平进行定量评价是对革命老区进行精准扶贫的必要准备工作。目前体现革命老区社会发展水平的指标主要包括居民生活质量和社会结构水平两个方面。本报告确定了革命老区社会发展综合评价指标体系,共包括居民生活水平等三个二级指标和10个三级指标,见表3—6。

表3—6　　　　甘肃革命老区社会发展评价体系

| 一级指标 | 二级指标 | 三级指标 |
| --- | --- | --- |
| 甘肃革命老区社会发展评价体系 | 居民生活质量水平 | 人均GDP(元) |
| | | 城镇居民人均可支配收入(元) |
| | | 农民人均纯收入(元) |
| | | 人均社会消费品零售额(元) |
| | 社会结构水平 | 第三产业比重(%) |
| | | 万元GDP占用耕地面积(亩) |
| | | 农村恩格尔系数 |

## （二）资料来源及评价模型

数据来自《2011—2015 年甘肃统计年鉴》，并通过无量纲化、归一化等方法对社会发展水平综合测评所涉及的众多指标进行综合处理、充分考虑数据特征，经过对比尝试，选用主熵值法进行确权。

## （三）结果分析

根据熵权法对 2015 年甘肃革命老区县域社会发展进行综合评价结果见表 3—7。

表 3—7　2015 年甘肃革命老区社会发展水平指标体系及综合评价指数

| 县区 | 人均 GDP（元） | 城镇居民人均可支配收入（元） | 农民人均纯收入（元） | 第三产业比重（%） | 人均社会消费品零售额（元） | 农村恩格尔系数 | 万元 GDP 占用耕地面积（亩） | 综合评价指数 |
|---|---|---|---|---|---|---|---|---|
| 西峰区 | 40470 | 23847 | 7878 | 52 | 16595 | 0.5 | 0.54 | 0.74 |
| 庆城县 | 30531 | 23281 | 6731 | 23 | 10741 | 0.47 | 1.6 | 0.45 |
| 环　县 | 21794 | 23256 | 6537 | 32 | 4641 | 0.34 | 2.68 | 0.3 |
| 华池县 | 62363 | 23576 | 6700 | 14 | 8317 | 0.28 | 1.04 | 0.63 |
| 合水县 | 29709 | 22744 | 6815 | 21 | 6082 | 0.35 | 1.22 | 0.4 |
| 正宁县 | 10592 | 22475 | 7634 | 58 | 6093 | 0.24 | 2.11 | 0.41 |
| 宁　县 | 11363 | 23168 | 6824 | 41 | 5419 | 0.34 | 2.43 | 0.3 |
| 镇原县 | 11960 | 22741 | 6629 | 35 | 4858 | 0.37 | 3.11 | 0.24 |
| 崆峒区 | 23419 | 21129 | 8205 | 61 | 13137 | 0.22 | 1.03 | 0.68 |
| 泾川县 | 13194 | 19812 | 7533 | 38 | 5695 | 0.4 | 2 | 0.31 |
| 灵台县 | 12504 | 17510 | 6506 | 39 | 5411 | 0.2 | 3.67 | 0.28 |
| 崇信县 | 25239 | 25620 | 6231 | 31 | 7279 | 0.28 | 1.84 | 0.43 |
| 华亭县 | 21429 | 25448 | 7105 | 36 | 10517 | 0.3 | 1.35 | 0.52 |
| 庄浪县 | 8033 | 21390 | 5312 | 44 | 3961 | 0.36 | 3.5 | 0.16 |
| 静宁县 | 9257 | 19667 | 5973 | 39 | 5102 | 0.38 | 3.2 | 0.2 |
| 会宁县 | 9911 | 14323 | 5834 | 46 | 4117 | 0.47 | 4.17 | 0.1 |

资料来源：2016 年相关县（区）统计年鉴。

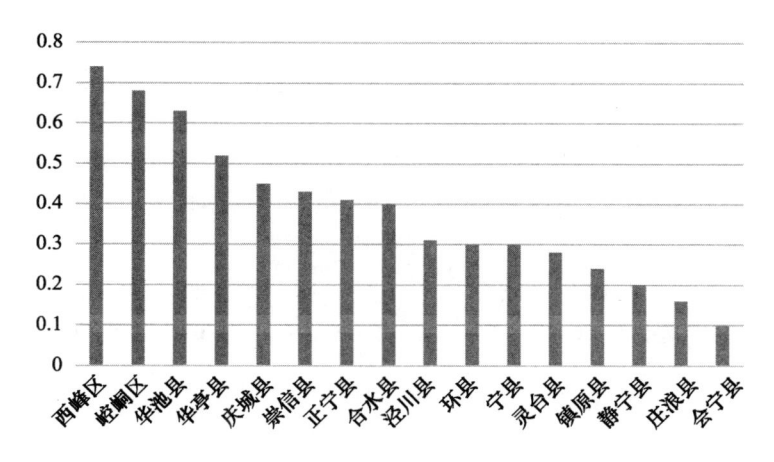

第三章　甘肃革命老区县域经济社会发展评价分析 / 33

图3—2　2015年甘肃革命老区社会发展综合评价指数

图3—2是在熵权分析的基础上按照TOPSIS法计算县域经济的综合得分并进行排序，其中县域竞争力与最优解的距离越小越好，而离最劣解的距离越大越好。对各县区进行经济综合得分的描述性统计分析，结果显示，甘肃革命老区各区县间的社会发展水平差异显著，最大值为0.74，最小值为0.1，均值为0.3843，标准差为0.17978；偏度为0.5031，稍向左偏，峰度为0.4706。统计结果说明甘肃革命老区县域社会综合竞争力存在明显的区域差异。西峰区的社会发展综合评价指数最高，达到0.74；会宁县最低，仅为0.1。

### 三　甘肃革命老区县域社会发展水平梯度划分及动态变化

根据2011—2015年各地区所有指标的原始数据，运用模糊聚类方法，对各年度革命老区进行了聚类分析，根据聚类分析结果，参照各省市各年度的综合得分，将2011—2015年16县区划分为三个梯队（见表3—8）。从划分结果可以看出，各个县区的社会发展水平虽然随着时间变化逐步提高，但是所处梯度基本没有变化，这和社会发展的稳定性是一致的。

表 3—8　　　　　　　　甘肃革命老区社会发展水平梯度划分

| 年份 | 第一梯队 | 第二梯队 | 第三梯队 |
| --- | --- | --- | --- |
| 2011 | 西峰区、庆城县、华池县、崆峒区、华亭县 | 合水县、正宁县、宁县、泾川县、灵台县、崇信县 | 环县、镇原县、庄浪县、静宁县、会宁县 |
| 2012 | 西峰区、庆城县、华池县、崆峒区、华亭县 | 合水县、正宁县、宁县、泾川县、灵台县、崇信县 | 环县、镇原县、庄浪县、静宁县、会宁县 |
| 2013 | 西峰区、庆城县、华池县、崆峒区、华亭县 | 合水县、正宁县、宁县、泾川县、灵台县、崇信县、环县 | 镇原县、庄浪县、静宁县、会宁县 |
| 2014 | 西峰区、庆城县、华池县、崆峒区、华亭县 | 合水县、正宁县、宁县、泾川县、灵台县、崇信县、环县 | 镇原县、庄浪县、静宁县、会宁县 |
| 2015 | 西峰区、华池县、崆峒区、华亭县 | 庆城县、合水县、正宁县、宁县、泾川县、灵台县、崇信县、环县 | 镇原县、庄浪县、静宁县、会宁县 |

在分析区间内，虽然西峰区、庆城县、华池县、崆峒区、华亭县一直处于第一梯队，但是，他们在综合实力上还是有了微小变化。从 2013 年开始，华池县综合排名超过华亭县，跃居第三位，而华亭县则下降一位，排名第四。通过分析发现，从 2011 年到 2015 年，西峰区的居民生活质量水平一直高于庆城县，并且这个差距逐步扩大，可以看出，居民生活质量稳步提高、居民社会保障水平不断改善，是西峰区社会发展水平快速提高的关键。另外，环县的社会发展水平也获得了质的提高，并且从第三梯队上升到了第二梯队。镇原县、庄浪县、静宁县、会宁县的社会发展水平在五年里也取得了较大进步，但是排名结果不变，一直处于最后四名。这与这些县区的地理位置及一直以来经济社会发展薄弱是有关系的。甘肃革命老区县域社会发展综合指数变化情况（见图 3—3）。

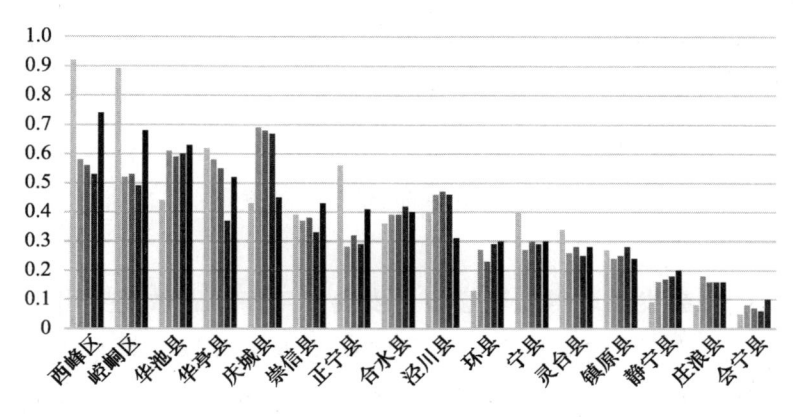

图 3—3 2011—2015 年甘肃革命老区县域社会发展综合指数变化情况

由图 3—3 可知,甘肃革命老区各区县的社会发展综合指数变化并非呈水平上升的,变化趋势不明显,甚至西峰区、正宁县、宁县、崆峒区、灵台县、华亭县均出现了综合指数下降的情况。

## 第三节 甘肃革命老区县域经济社会综合评价

"十二五"期间,甘肃革命老区县域经济社会发展水平都取得了大幅提升,人民生活质量水平不断提高,社会保障状况也有了很大改善。但革命老区经济社会发展也存在较大的区域差距。

### 一 经济整体发展水平显著提升,区域差距明显

"十二五"期间,甘肃革命老区各县区经济整体发展水平都有了明显提升。革命老区各县区农业产业化和县域工业化势头强劲,城镇化水平提高步伐加快,固定资产投资大幅增加,招商引资成效显著,财政收入持续增加,县域经济综合实力增强。但是,特别要注意到除宁县、崆峒区、泾川县、庄良县、静宁县、会宁县,其他

县区在2015年GDP均有回落的现象，说明县域经济总体上相当薄弱，县域经济发展动力不足的问题仍然突出。地区间发展差距悬殊，实力不强。多数县财政困难，农民收入增长缓慢，农业劳动生产率低下等问题也制约了甘肃革命老区经济发展。

### 二 社会发展取得显著进步，发展不平衡问题依然突出

"十二五"期间，甘肃革命老区社会发展取得了长足进步，科教文卫体事业蓬勃发展。但是仍要看到甘肃革命老区各区县与省内其他县区、全国平均水平的差异。居民收入偏低、信息化水平发展缓慢、教育资源分配不均、社会保障水平不高、分级诊疗制度与医疗保险制度间产生矛盾等仍是影响老区社会发展的突出问题。

### 三 县域社会发展保持一定程度稳定性，梯队内部发展水平有所波动

"十二五"期间，甘肃革命老区县域社会发展总体保持稳定，综合各县区数据，按照社会综合指数大于0.5，0.5—0.2，0.2以下将梯队划分为：第一梯队有西峰区、庆城县、华池县、崆峒区、华亭县；第二梯队有合水县、正宁县、宁县、泾川县、灵台县、崇信县、环县；第三梯队有镇原县、庄浪县、静宁县、会宁县。但是2011—2015年，各梯队内部情况有所波动。通过分析发现，从2011年到2015年，西峰区的居民生活质量水平一直位于前列，并且这个差距逐步扩大。环县的社会发展水平也获得了质的提高，并且从第三梯队上升到了第二梯队。庆城县在2012—2014年三年间进入第一梯队，2015年又从第一梯队中跌出，主要原因是受经济波动影响。镇原县、庄浪县、静宁县、会宁县的社会发展水平在五年里也取得了较大进步，但是排名结果不变，一直处于最后四名。这与这些县区的地理位置及一直以来经济社会发展薄弱是有关系的。

# 第四章

# 甘肃革命老区县域经济发展动因分析

当前,我国经济社会发展进入了新常态,经济发展的内在支撑条件和外部需求环境都发生了深刻变化。在新常态下,县域经济发展也进入了发展新阶段,承担着促进区域持续健康发展的战略使命,面临着提质增效升级的战略任务,更蕴含着巨大变革和创新活力。在这一背景下,特别需要重新审视县域经济发展的战略意义,明确当前县域经济发展面临的主要问题,适应把握并引领新常态,谋划未来发展道路,促进县域经济的健康发展。

甘肃经济社会欠发达的最重要原因就是县域经济发展滞后,全省86个县级行政单元,有23个特困县分布在革命老区、民族地区、干旱和高寒阴湿地区,贫困人口占全省的62%,贫困村占全省的51%,农村居民人均可支配收入只有全省平均水平的82%。全省有3720个特困村贫困发生率超过20%,贫困人口227万。推动甘肃革命老区县域经济社会发展,既是2020年如期完成全面建成小康社会这一宏伟目标的重要保障,又是地方政府促进甘肃经济社会发展的历史任务。

## 第一节 甘肃革命老区县域经济动因分析

县域经济作为我国最基本的经济发展单元,主要是以行政县为区域范围，县一级财政为标志，具备县城中心、集镇纽带和农村腹地的空间经济结构。甘肃革命老区所属的 16 个县区中有 8 个属于国家级贫困县，13 个属于六盘山集中连片特困区，经济发展水平明显落后于全国大多数地区，具有"一产独大"、工业基础薄弱、第三产业发展层次低、财政自给率低、贫困面广、贫困程度深等特征。通过对甘肃革命老区"十二五"期间经济社会发展分析，以期找到制约甘肃革命老区县域经济发展的原因，有的放矢，探索推动甘肃革命老区县域经济发展的有效途径。

## 一 分析方法

灰色关联度，指的是两个系统或两个因素之间关联性大小的量度。目的是在于寻求系统中各因素之间的主要关系，找出影响目标值的重要因素，从而掌握事物的主要特征，促进和引导系统迅速有效地发展。

灰色关联度分析方法模型，具体如下：

$$R = Y \times W$$

式中，$R$ 为 $M$ 个被评价对象的综合评价结果向量；$W$ 为 $N$ 个评价指标的权重向量；$E$ 为各指标的评判矩阵（矩阵略）。

1. 确定最优指标集

设 $F = [j_1^*, j_2^*, \cdots, j_n^*]$，式中 $j_k^*$ 为第 $k$ 个指标的最优值。此最优序列的每个指标值可以是各个评价对象的最优值，也可以是评估者公认的最优值。选定最优指标集后，可构造矩阵 $D$（矩阵略）。

2. 指标的规范化处理

由于评判指标间通常是有不同的量纲和数量级，故不能直接进行比较，为了保证结果的可靠性，因此需要对原始指标进行规范处理。设第 $k$ 个指标的变化区间为 $[j_{k1}^*, j_{k2}^*]$，$j_{k1}^*$ 为第 $k$ 个指标在所有被评价对象中的最小值，$j_{k2}^*$ 为第 $k$ 个指标在所有被评价对象中的最大值,则可以用下式将上式中的原始数值变成无量纲值 $C_k^i \in (0, 1)$。

$$C_k^i = \frac{j_k^i - j_{k1}}{j_{k2} - j_k^i}; \text{ 其中 } (i = 1, 2, \cdots, m; j = 1, 2, \cdots, n)$$

3. 计算综合评判结果

根据灰色系统理论,将 $\{C\} = [j_1^*, j_2^*, \cdots, j_n^*]$ 作为参考数列,将 $\{C\} = [C_1^i, C_2^i, \cdots, C_n^i]$ 作为被比较数列,则用关联分析法分别求得第 $i$ 个被评价对象的第 $k$ 个指标与第 $k$ 个指标最优指标的关联系数,即

$$\delta_i(k) = \frac{\min_i \min_k |C_k^* - C_k^i| + \rho \max_i \max_k |C_k^* - C_k^i|}{|C_k^* - C_k^i| + \rho \max_i \max_k |C_k^* - C_k^i|}$$

式中 $\rho \in (0, 1)$,一般取 $\rho = 0.5$

这样综合评价结果为 $R = E \times W$

若关联度 $r_i$ 最大,说明 $\{C\}$ 与最优指标 $\{C^*\}$ 最接近,即第 $i$ 个被评价对象优于其他被评价对象,据此可以排出各被评价对象的优劣次序。

## 二 甘肃革命老区县域经济总体动因分析

根据模型需要和数据的可获得性使用统计软件 R 对选取的 2011—2015 年间相关经济指标进行灰色关联度分析,指标见表 4—1。

表 4—1　　2011—2015 年甘肃革命老区经济发展动因分析指标

| 一级指标 | 二级指标 | 三级指标 |
| --- | --- | --- |
| 综合经济实力 | 经济总量 | 城镇居民人均可支配收入 |
| | | 农村居民人均纯收入 |
| | | 人均 GDP |
| | | GDP 增速 |
| | | 城镇化率 |

续表

| 一级指标 | 二级指标 | 三级指标 |
|---|---|---|
| 综合经济实力 | 经济结构 | 第一产业增速 |
|  |  | 第二产业增速 |
|  |  | 第三产业增速 |
|  |  | 非农产业比重 |
| 经济发展要素实力 | 政府支持力度 | 财政收入 |
|  |  | 财政支出 |
|  | 金融支持力度 | 城乡居民储蓄余额 |
|  | 生产要素 | 农作物播种面积 |
|  |  | 常住人口 |
|  | 基础设施 | 等级以上公路总里程 |
|  | 消费水平 | 社会消费品零售总额 |
|  | 消费水平 | 固定资产投资完成额 |

由灰色关联度计算结果（表4—2）可知，影响甘肃革命老区县域经济发展的最重要的几个经济指标分别为：城乡居民储蓄余额、固定资产投资完成额、财政收入、财政支出、农作物播种面积、社会消费品零售总额、第三产业增速等。

表4—2　　　　2011—2015年甘肃革命老区经济动因灰色关联

| 指标＼年份 | 2011 | 2012 | 2013 | 2014 | 2015 |
|---|---|---|---|---|---|
| 常住人口 | 0.013722 | 0.01314 | 0.014223 | 0.014397 | 0.014982 |
| 人均GDP | 0.013939 | 0.01333 | 0.014412 | 0.014553 | 0.015111 |
| GDP增速 | 0.013721 | 0.013139 | 0.014222 | 0.014396 | 0.014982 |
| 第一产业增速 | 0.018403 | 0.017187 | 0.017969 | 0.017245 | 0.017436 |
| 第二产业增速 | 0.019016 | 0.017562 | 0.018504 | 0.017423 | 0.016794 |
| 第三产业增速 | 0.02011 | 0.018627 | 0.019598 | 0.018994 | 0.018992 |
| 财政收入 | 0.023876 | 0.02302 | 0.023439 | 0.02044 | 0.020811 |
| 财政支出 | 0.023263 | 0.022462 | 0.023166 | 0.020188 | 0.020199 |
| 城乡居民储蓄余额 | 0.041162 | 0.039417 | 0.039284 | 0.032222 | 0.029863 |

续表

| 指标＼年份 | 2011 | 2012 | 2013 | 2014 | 2015 |
|---|---|---|---|---|---|
| 农作物播种面积 | 0.020668 | 0.01799 | 0.018123 | 0.017157 | 0.017175 |
| 社会消费品零售总额 | 0.020214 | 0.018821 | 0.019231 | 0.018303 | 0.018714 |
| 固定资产投资完成额 | 0.019741 | 0.025104 | 0.042666 | 0.043188 | 0.044944 |
| 城镇居民人均可支配收入 | 0.013999 | 0.013386 | 0.014469 | 0.0146 | 0.015156 |
| 农村居民人均纯收入 | 0.013809 | 0.013218 | 0.0143 | 0.014462 | 0.015052 |
| 等级以上公路总里程 | 0.013839 | 0.013233 | 0.014306 | 0.014461 | 0.015044 |
| 城镇化率 | 0.013721 | 0.013139 | 0.014222 | 0.014396 | 0.014981 |
| 非农产业比重 | 0.013721 | 0.013139 | 0.014222 | 0.014396 | 0.014981 |

资料来源：根据2011—2015年甘肃革命老区各县统计年鉴计算得出。

从计算结果来看（表4—2），城乡居民储蓄余额对甘肃革命老区县域经济的影响在2012年以前是非常高的，但在2013年以后作用逐年递减。固定资产投资完成额在2013年超过城乡居民储蓄余额成为带动县域经济发展最重要的因素；财政收入与财政支出对经济有一定拉动作用；农业播种面积和第一产业增速仍对当地经济具有一定带动作用，这也从侧面反映了当地产业结构中第一产业比重高这一现象；第二产业增速对经济的影响作用逐年递减，说明第二产业对甘肃革命老区县域经济的带动作用十分有限，当地仍没有形成完整的工业体系。此外，等级以上公路总里程对经济的影响呈逐年递增态势，说明基础设施建设对甘肃革命老区县域经济的推动作用越来越明显。

### 三 甘肃革命老区各县（区）域经济动因分析

选取"十二五"末期2015年作为考察年份，选取17个经济指标对甘肃革命老区16个县区进行经济发展动因灰色关联度测算，得到2015年甘肃革命老区县域经济各县动因灰色关联表（表4—3）。

表4-3 2015年甘肃革命老区县域经济各县动因灰色关联

| 指标 | 西峰区 | 庆城县 | 环县 | 华池县 | 合水县 | 正宁县 | 宁县 | 崆峒区 | 泾川县 | 灵台县 | 崇信县 | 华亭县 | 庄浪县 | 静宁县 | 会宁县 |
|---|---|---|---|---|---|---|---|---|---|---|---|---|---|---|---|
| 常住人口 | 0.0111 | 0.0333 | 0.0333 | 0.0333 | 0.0333 | 0.0333 | 0.0333 | 0.0333 | 0.0333 | 0.0333 | 0.0333 | 0.0333 | 0.0333 | 0.0333 | 0.0333 |
| 人均GDP | 0.0113 | 0.0345 | 0.0337 | 0.0351 | 0.0343 | 0.0336 | 0.0335 | 0.0337 | 0.0339 | 0.0342 | 0.0343 | 0.0337 | 0.0338 | 0.0336 | 0.0336 |
| GDP增速 | 0.0111 | 0.0333 | 0.0333 | 0.0333 | 0.0333 | 0.0333 | 0.0333 | 0.0333 | 0.0333 | 0.0333 | 0.0333 | 0.0333 | 0.0333 | 0.0333 | 0.0333 |
| 第一产业增速 | 0.0117 | 0.0368 | 0.0348 | 0.0348 | 0.0355 | 0.0353 | 0.0350 | 0.0357 | 0.0412 | 0.0418 | 0.0361 | 0.0346 | 0.0415 | 0.0376 | 0.0388 |
| 第二产业增速 | 0.0158 | 0.0816 | 0.0414 | 0.0678 | 0.0457 | 0.0337 | 0.0359 | 0.0366 | 0.0368 | 0.0366 | 0.0383 | 0.0365 | 0.0364 | 0.0361 | 0.0374 |
| 第三产业增速 | 0.0174 | 0.0419 | 0.0386 | 0.0365 | 0.0366 | 0.0367 | 0.0363 | 0.0465 | 0.0405 | 0.0408 | 0.0367 | 0.0358 | 0.0428 | 0.0380 | 0.0423 |
| 财政收入 | 0.0119 | 0.0351 | 0.0338 | 0.0353 | 0.0343 | 0.0337 | 0.0336 | 0.0339 | 0.0339 | 0.0341 | 0.0343 | 0.0342 | 0.0341 | 0.0342 | 0.0463 |
| 财政支出 | 0.0127 | 0.0426 | 0.0400 | 0.0391 | 0.0374 | 0.0369 | 0.0361 | 0.0376 | 0.0410 | 0.0452 | 0.0339 | 0.0358 | 0.0514 | 0.0417 | 0.0449 |
| 城乡居民储蓄余额 | 0.0368 | 0.1000 | 0.0333 | 0.0419 | 0.0466 | 0.0477 | 0.0448 | 0.1000 | 0.0949 | 0.1000 | 0.0452 | 0.0471 | 0.0333 | 0.0555 | 0.0664 |
| 农作物播种面积 | 0.0114 | 0.0368 | 0.0349 | 0.0349 | 0.0339 | 0.0339 | 0.0345 | 0.0333 | 0.0349 | 0.0377 | 0.0346 | 0.0339 | 0.0364 | 0.1000 | 0.0382 |
| 社会消费品零售总额 | 0.0157 | 0.0333 | 0.0366 | 0.0364 | 0.0365 | 0.0367 | 0.0369 | 0.0458 | 0.0417 | 0.0419 | 0.0364 | 0.0368 | 0.0442 | 0.0403 | 0.0416 |
| 固定资产投资完成额 | 0.1000 | 0.1000 | 0.1000 | 0.1000 | 0.1000 | 0.1000 | 0.1000 | 0.0703 | 0.1000 | 0.0984 | 0.1000 | 0.1000 | 0.1000 | 0.0668 | 0.1000 |
| 城镇居民人均可支配收入 | 0.0112 | 0.0341 | 0.0338 | 0.0339 | 0.0339 | 0.0338 | 0.0336 | 0.0336 | 0.0340 | 0.0338 | 0.0344 | 0.0337 | 0.0343 | 0.0338 | 0.0337 |
| 农村居民人均纯收入 | 0.0112 | 0.0336 | 0.0335 | 0.0335 | 0.0335 | 0.0335 | 0.0334 | 0.0334 | 0.0334 | 0.0337 | 0.0336 | 0.0334 | 0.0336 | 0.0335 | 0.0335 |
| 等级以上公路总里程 | 0.0111 | 0.0334 | 0.0334 | 0.0334 | 0.0334 | 0.0334 | 0.0333 | 0.0333 | 0.0336 | 0.0334 | 0.0333 | 0.0333 | 0.0333 | 0.0333 | 0.0335 |
| 城镇化率 | 0.0111 | 0.0333 | 0.0333 | 0.0333 | 0.0333 | 0.0333 | 0.0333 | 0.0333 | 0.0333 | 0.0333 | 0.0333 | 0.0333 | 0.0333 | 0.0333 | 0.0333 |

资料来源：根据2016年甘肃革命老区各县统计年鉴计算得出。

从表4—3可以看出，城乡居民储蓄余额、固定资产投资完成额、农作物播种面积、社会消费品零售总额、第二产业增速等因素仍是影响甘肃革命老区县域经济发展最主要的因素。其中，华池县和庆城县受第二产业增速影响最大，这是由于两地均有丰富的煤炭、石油等自然资源，资源开采对当地经济贡献率较高；会宁县、镇原县、灵台县和泾川县主要依靠城乡居民储蓄余额拉动；农业耕种面积是影响静宁县经济发展的最主要因素，城乡居民储蓄余额次之；西峰区、崆峒区和会宁县主要依靠固定资产投入拉动；庄浪县则主要依靠财政支出拉动经济。

## 第二节 甘肃革命老区县域经济发展的影响因素

通过灰色关联度模型分别对2011—2015年甘肃革命老区16个县主要经济指标与该地区整体经济状况以及2015年各个县主要经济指标与县经济情况进行耦合分析，得到了甘肃革命老区整体经济发展和各个县经济发展动因，并通过对比分析得到了影响甘肃革命老区县域经济发展的主要因素。

### 一 经济发展依靠投资拉动，消费和进出口带动作用较弱

在影响甘肃革命老区16个县区经济发展诸多因素中，固定资产投资是最重要的影响因素，特别是2012年以后，固定资产完成额与经济发展的耦合度远远超过了其他指标。虽然社会消费品零售总额也具有一定影响作用，但在大多数县域中，消费的基础作用没有得到有效发挥，很多县区出口额仍为零。在拉动GDP的三驾马车中，"投资独大"成为甘肃革命老区县域经济发展的显著特征。

## 二 城镇居民储蓄是经济发展最大动因，但作用呈下降趋势

2012年以前城镇居民储蓄余额是影响甘肃革命老区县域经济发展的最主要因素，2012年之后这种拉动作用呈逐渐降低的态势。究其原因，一方面是由于国家加大了对甘肃革命老区的扶持投入力度，使得很多投资不再依靠银行贷款进行；另一方面由于政府支出增加带来的"挤出效应"，使得私人投资降低从而导致储蓄对经济的贡献率降低。

## 三 第二、第三产业经济贡献低，产业结构不合理

甘肃革命老区县域第二产业不发达，目前还没有形成完备的工业体系。在一些县区，农作物种植面积与经济的关联程度都远远高于第二、第三产业与经济的关系。这说明当地经济落后的一个重要原因是产业结构不优、产业附加值不高、产业链条短、龙头企业带动作用不明显等产业结构性问题，"一产独大"现象突出。现有工业基础过于薄弱、结构单一、发展规模小、生产工艺落后、产品附加值低。第三产业整体发展水平低，未形成现代服务业，电子商务受交通、人才、资金、技术等因素制约没有在产品销售品牌推广等方面发挥实际作用。产业结构不合理直接影响甘肃革命老区县域财政收入和经济发展水平。

## 四 基础设施投资逐年增大，推动经济发展作用显著

从基础设施投资与经济发展相关性来看，基础设施建设水平与经济的关联度有上升趋势。近几年，甘肃革命老区不断加强基础设施建设力度，顺利实施了一批水利、交通、供电项目，全县基础建设水平得到大幅提升，基本完成水、路、电、网全覆盖。但是，由于基础薄弱、资金有限、历史欠账多等问题，该地区现有基础设施

建设水平仍不能满足经济发展需要，道路交通建设、农田水利建设、城镇农村生产生活配套建设问题尤为突出。一些县至今未与高速公路网连通，公路等级低、通行能力差、省道与农村道路衔接不畅、农村断头路多等交通瓶颈大大制约了甘肃革命老区的经济发展。

# 第 五 章

# 甘肃革命老区县域经济社会发展基础与条件分析

甘肃革命老区位于陕甘宁三省交会处,是中华民族早期农耕文明的发祥地之一,是国家深入实施西部大开发战略和西部大开发"十三五"规划确定的重点经济区。分析革命老区发展存在的基础、条件以及短板,有利于庆阳市、平凉市、会宁县发挥区域比较优势,建设国家重要能源化工基地,培育打造甘肃省"东翼"增长极;有利于深入实施黄土高原生态综合治理工程,加强生态建设和环境保护,构建西北乃至全国的重要生态安全屏障;有利于加强区域经济协调发展,促进产业合理布局和分工,提升陇东经济发展质量和整体竞争优势;有利于发扬革命传统,弘扬老区精神,为经济社会发展提供强大的精神动力;有利于全力实施集中连片扶贫开发攻坚,推动老区快速发展,实现与全国同步进入全面小康社会的目标。

## 第一节 发展基础不断夯实,发展优势不断凸显

《陕甘宁革命老区规划》对甘肃革命老区在国家区域发展格局

中的定位是：黄土高原生态文明示范区、国家重要能源化工基地、国家重点红色旅游区、现代旱作农业示范区、基本公共服务均等化试点。甘肃革命老区可以依据这一定位寻求自身发展基础，充分发挥特色优势，促进县域经济社会发展。

**一　发展重要性凸显，政策支持力度增强**

针对革命老区各项政策的颁布实施，是党中央、国务院、省级部门心系老区人民、支持老区振兴、促进区域协调发展的重大战略举措。

首先，国家支持革命老区建设政策力度不断加大。党的十八大以来，习近平总书记多次做出重要批示，明确指出："我们实现第一个百年奋斗目标，全面建成小康社会，没有老区的全面小康，特别是没有老区贫困人口脱贫致富，那是不完整的……要求在统筹推进新十年农村扶贫开发中，进一步加大对革命老区和老区人民的扶持力度，加快老区开发建设步伐，让老区人民过上更加幸福美好的生活。"可见让贫困人口脱贫，体现党的理想信念宗旨和路线方针政策，是习近平总书记情之所系、心之所惦。党的十九大提出："加大力度支持革命老区、民族地区、边疆地区、贫困地区加快发展。"可见革命老区是区域协调发展的短板之一，也是打赢脱贫攻坚战、决胜全面建成小康社会的重点难点。针对目前老区发展存在的问题，尤其是贫困问题，2016年2月1日，中共中央办公厅、国务院办公厅印发了《关于加大脱贫攻坚力度支持革命老区开发建设的指导意见》，其中指出：以改变老区发展面貌为目标，以贫困老区为重点加大扶持力度，实施精准扶贫、精准脱贫，着力破解区域发展瓶颈制约，着力解决民生领域突出困难和问题，着力增强自我发展能力，着力提升对内对外开放水平，推动老区全面建成小康社会，让老区人民共享改革发展成果。到2020年，老区基础设施建设取得积极进展，特色优势产业发展壮大，生态环境质量明显改善，城乡居民人均可支配收入增长幅度高于全国平均水平，基本公共服务主要领域指标接近全国平均水平，确保我国现行标准下农村贫困人口实现脱贫，贫困县全部摘帽，解决区域性整体贫困。由此可见，革命老区的发展问题已经上升为国家的区域发展战略。

其次，甘肃省政府从各方面紧抓政策落实。按照提前实施、优先支持、加大力度、倾斜扶持的原则，于2015年6月在全省率先制定了《贯彻落实〈中共甘肃省委甘肃省人民政府关于进一步支持革命老区脱贫致富奔小康的意见〉的实施方案》，提出七大领域共31个方面的支持措施，明确未来六年支持庆阳、平凉和会宁革命老区的工作重点。2015年8月，甘肃省旅游局出台了《关于支持革命老区加快旅游业发展的意见》，将抢抓"一带一路"战略机遇，以华夏文明传承创新区和陇东南国家中医药养生保健旅游创新区建设为契机，把庆阳市、平凉市、会宁县等红色革命老区建成红色文化、民俗文化、休闲度假、研学旅游和养生保健旅游目的地。为了增强交通运输对甘肃革命老区振兴发展的支撑能力，甘肃省交通厅于2015年9月30日印发了《关于加快推进革命老区交通基础设施建设的意见》，提出了四个方面的交通规划发展计划，以加快推进革命老区交通基础建设，有力保障革命老区脱贫致富奔小康。

## 二 区位优势突出，战略地位重要

甘肃革命老区集中位于陕甘宁三省交界处，由包兰、包西铁路，国家高速公路G65，国道210、312纵贯南北，G20、G22及国道109、307、309横穿东西，也是西煤东运、西气东输、西电东送的重要通道，区位优势突出，战略地位重要。大力支持革命老区对接"一带一路"建设，为革命老区加快发展，深度融入全球产业链、供应链、价值链提供契机，明确甘肃革命老区参与和融入"一带一路"建设的功能定位，因地制宜实施重大规划、重大政策和重大项目。在国家积极推动"一带一路"倡议背景下，甘肃革命老区通过优势产业挖掘，积极对接"一带一路"建设，找准自身定位，有效承接产业转移，促进产业转型升级。尤其是在特色优势产业方面，如加快升级传统能源和新能源的开发技术和产业成型、提升有色冶金产业综合开发技术、发展高端装备制造业生产技术、提高现代农业生产技术和规模农产品出口、推动旅游产业国际化发展等。

### 三 历史文化底蕴深厚，红色旅游资源丰富

甘肃革命老区是中华文明的重要发祥地之一，"人文始祖"轩辕黄帝在此开疆拓土，周先祖在此教民稼穑，开启了早期农耕文化之先河；战国秦长城和古代秦直道在区内交错并存，黄河文明与黄土文明、农耕文化与游牧文化交会交融；南梁等地孕育了光照千秋的红色文化，是全国、全省革命传统教育和爱国主义教育基地。这里具有众多的国家级风景名胜、自然保护区和历史文化名城，特色民俗文化丰富，历史文化底蕴深厚，红色旅游资源丰富，为甘肃革命老区发展旅游业奠定了基础。应继续在发挥历史文化、红色旅游优势资源方面下功夫，加强爱国主义教育、革命传统教育，发展文化旅游事业。尤其是红色旅游，探索建立以红色革命文化为主体并充分发挥自然、历史、民俗等资源作用的文化旅游区。在景区建设方面，支持"两市一县"推进红色南梁、崆峒山、会宁红军会师旧址等精品特色景区转型跨越和提档升级。到2020年，争取把会宁县创建为文化旅游强县，把华池县南梁镇、平凉崆峒古镇创建为文化旅游名镇，把皮影、刺绣、剪纸等"非遗"项目打造成独特的文化旅游精品。到2025年，力争把红色南梁大景区、大云寺·王母宫大景区创建为国家5A级旅游景区，为全省宣传红色文化、发展红色旅游夯实基础。

### 四 生态地位重要，经济资源丰富

甘肃革命老区大部分地区属于典型的黄土高原丘陵沟壑区，山、川、塬兼有，沟、岇、梁相间，地貌类型多样，拥有子午岭、玉华山等大片原始次生林，是国家重要生态屏障，土地、荒滩、沙地面积大，发展空间广阔。除了广袤的土地，甘肃革命老区能源资源富集，优势产业粗具规模。煤炭、石油、天然气以及岩盐、水泥灰岩等矿产资源丰富，长庆油田石油产量年均增速多年保持全国第一，庆阳、平凉两地煤炭储量占到全省储量九成以上，预测煤炭储量1363.4亿吨，占甘肃省预测煤炭资源储量的96%。甘肃革命老区应依托自身资源禀赋特点，在黄土塬及河川地区，围绕提高单产和经济效益，积极推广小麦及谷类、杂豆等小杂粮优良品种，建设优质高产小麦基地和绿色有机小杂粮基地。加强粮油、草食畜、瓜果菜等优势产业基地建设，加快发展中药材、紫花苜蓿、苹果、瓜菜、杏、核桃等特色农产品，建立农产品加工和出口创汇集中区。在石油煤炭富集区，凭借资源优势和科学发展的新观念，着力打造区域能源中心和化工基地，建立起一个新的西北能源化工基地。

## 第二节 发展短板依然存在，发展障碍亟待消除

甘肃革命老区区位条件独特、通道作用突出，但通过调查研究发现主要存在基础设施建设滞后、开放程度不高等问题。

### 一 基础设施落后，公共服务水平较低

甘肃革命老区（贫困地区）基本在山区或半山区，地理条件的限制导致交通通信等基础设施发展滞后。基础设施状况普遍低于其

他地区，特别是农业基础设施薄弱，水、电、路等建设情况比较落后，直接导致农民生产成本增加，增收致富难度加大，发展动力不足。近年来，虽然乡村通路里程有所增加，但由于地貌以丘陵山地为主，农户居住十分分散，公路等级偏低、路面状况差、通过能力低，严重影响了居民生产生活，也制约着县域经济社会发展。

与此同时，革命老区的公共服务水平处于较低水平，医疗设备不健全、义务教育落后、养老保险不能全面有效覆盖、公共服务欠账多、覆盖面窄、投入不足、供给不均衡等问题使本已贫弱的革命老区更加缺乏自我发展能力。

## 二 农业基础薄弱，产业化水平低

甘肃革命老区由于地形地貌及历史等原因，农业仍以家庭分散经营模式为主，土地分散在不同农户家庭手中，农民组织程度低。家庭分散经营与农业集约现代化生产需求之间的矛盾较为突出，难以形成优质农业生产模式和规模效应。基于参与式治理视角，农户在政府、企业中的参与水平都比较低，整个农业扶贫阶段尚没有形成完善的多元主体参与互动机制。虽然形成了一些现代农业示范园（如表5—1所示），但对农户的带动作用不明显。

表5—1　　　　　　甘肃革命老区现代农业示范园

| | | |
|---|---|---|
| 平凉市（7个） | 泾川县泾河川区现代农业示范园 | 蔬菜 |
| | 灵台县秦宝牧业现代肉牛产业示范园 | 肉牛 |
| | 静宁县欣叶果品现代农业示范园 | 苹果 |
| | 庄浪县水洛河流域现代农业示范园 | 苹果 |
| | 崇信县汭河川现代农业示范园 | 蔬菜 |
| | 华亭县黎明川现代农业示范园 | 特色种养 |
| | 崆峒区泾河流域现代农业示范园 | 设施蔬菜 |

续表

| 庆阳市（8个） | 西峰区肖金镇现代农业示范园 | 设施蔬菜 |
| --- | --- | --- |
| | 庆城县白马铺现代农业示范园 | 苹果 |
| | 镇原县茹河川区现代农业示范园 | 设施蔬菜 |
| | 宁县海升现代农业示范园 | 苹果 |
| | 正宁县宝塬绿洲高新农业示范园 | 蔬菜 |
| | 合水县怡露现代农业示范园 | 果蔬种植、休闲观光 |
| | 华池县新堡草畜产业示范园 | 草畜 |
| | 环县甘牧源现代示范园 | 奶牛 |
| 会宁县 | 甘富优质苹果示范园 | 苹果 |

资料来源：甘肃农业信息网 http://www.gsny.gov.cn/。

## 三 自然条件严酷，生态环境脆弱

甘肃革命老区地貌丰富多样、发展空间广阔，然而年降水量仅为200—500毫米，人均水资源总量仅为全国平均水平的15%，水资源短缺是制约地方经济发展的重要因素。由于特殊的地理地形，生态整体脆弱、水土流失严重，加上能源资源的开发，生态环境更加脆弱，生态环境保护和建设任务繁重。

表5—2　　　　　甘肃革命老区土壤侵蚀脆弱性分级表

| 脆弱性类型 | 侵蚀模数（t/km²·a） | 县（区）名称 |
| --- | --- | --- |
| 脆弱 | >8000 | 环县、镇原县 |
| 较脆弱 | 5000—8000 | 庆城县、华池县、静宁县、会宁县、泾川县、崇信县、崆峒区、灵台县 |
| 一般脆弱 | 2500—5000 | 正宁县、西峰区、合水县、宁县、华亭县 |
| 略脆弱 | 1000—2500 | 庄浪县 |

资料来源：根据各县统计资料整理而得。

## 四 劳动力素质低，科技投入不足

甘肃革命老区的劳动力整体素质相对较低，而且农业科技贡献率不高、保护和支持制度不健全、职业技能单一。受工资水平、事业发展、生活环境等因素影响，大学生不太愿意回家乡工作，到县级企业的更少，整体缺乏对人才的吸引力。革命老区用于生产研发方面的费用较少，尤其是县域财政方面。由此可见，甘肃革命老区在建立健全区域性统一规范灵活的人力资源市场、为劳动者提供优质高效的就业服务、加强职业培训和择业观念、提高劳动者就业能力等方面投入明显不足。

表5—3　　　　2015年甘肃革命老区部分县域地方科技投入　　（单位：万元）

| 华池 | 合水 | 正宁 | 宁县 | 灵台 | 崇信 | 华亭 | 静宁 | 泾川 | 会宁 |
| --- | --- | --- | --- | --- | --- | --- | --- | --- | --- |
| 900 | 626 | 439 | 294 | 373 | 177 | 262 | 436 | 499 | 172 |

资料来源：根据各县统计资料整理而得。

**五　财政收入低，经济发展缺乏后劲**

随着甘肃革命老区各县区经济社会的快速发展，基础攻坚、生产发展、民生改善都需要大量资金，各类配套资金需求量逐年增加，财政刚性支出只增不减，但县级财政的年均自给率不足10%。保发展、保稳定、保民生等各项支出长期依赖于转移支付，地方财源支撑经济社会发展能力不足，县级财政配套压力大。

表5—4　　　　2015年甘肃革命老区县域人均财政收入情况　　（单位：元）

| 全省 | 正宁 | 宁县 | 镇原 | 合水 | 华池 | 环县 | 庆城 | 西峰 | 崆峒 | 泾川 | 灵台 | 崇信 | 华亭 | 庄浪 | 静宁 | 会宁 |
| --- | --- | --- | --- | --- | --- | --- | --- | --- | --- | --- | --- | --- | --- | --- | --- | --- |
| 2871 | 986 | 584 | 1047 | 2308 | 5762 | 972 | 1913 | 3394 | 912 | 614 | 738 | 2446 | 2564 | 443 | 834 | 734 |

资料来源：根据各县统计资料整理而得。

2015年甘肃省人均财政收入2871元，只相当于北京、上海等一线城市的1/10，排在全国最后一名。而革命老区除了个别县域由于工业较为发达、财政情况较好外，其他县域的人均财政收入

（2015年）都在1000元以下，远远低于全省的平均水平。经济发展需要一定的财力支撑，革命老区由于贫困面广、基础设施落后，有些县区即使有一些富民产业，但仍然处于民富县穷的状态，制约着甘肃革命老区县域经济的可持续发展。

第六章

# 甘肃革命老区县域经济社会振兴与跨越式发展的机遇与挑战

甘肃革命老区是国家深入实施西部大开发战略和西部大开发"十三五"规划确定的重点经济区。"一带一路"建设和区域协调发展、国家新型城镇化、乡村振兴等国家战略的强力推进,为老区发挥独特区位优势,主动融入国际国内产业分工拓展了新空间。精准扶贫战略的大力推进,为有力解决老区区域性贫困问题、促进老区人民尽快脱贫致富带来了强大动力。生态文明建设的进一步加强,为更好地保护革命老区生态环境,形成"绿水青山就是金山银山"的新局面提供了有力支撑。创新驱动发展战略加快实施、大众创业万众创新蓬勃开展,为推动老区加快发展新经济、培育壮大新动能、改造提升传统动能营造了良好制度环境。

## 第一节 甘肃革命老区县域振兴与跨越式发展的机遇

**一 实施革命老区振兴战略,形成协调发展新格局**

(一)实施西部大开发战略,促进革命老区开发开放

2017年国务院正式批复同意国家发展改革委组织编制的《西

部大开发"十三五"规划》（以下简称《规划》），《规划》明确了"十三五"时期深入实施西部大开发战略，以增强内生发展动力和改善民生为重点，强化基础设施建设和生态环境保护，在缩小区域经济发展差距上取得新进展，在补齐民生短板、促进社会和谐发展上取得实质性突破，在巩固边疆安全稳定、维护民族团结进步上做出更大贡献。《规划》提出要采取有力措施扶持西部地区经济发展水平较低、生存环境较差、基本公共服务发展滞后的困难地区加快发展，确保如期实现全面建成小康社会的目标，完善支持政策，加快陕甘宁、左右江、川陕等革命老区建设。

（二）贯彻革命老区振兴规划，促进老区县域经济发展

为全面贯彻落实《陕甘宁革命老区振兴规划》，2012年，甘肃省政府颁布了《关于贯彻落实陕甘宁革命老区振兴规划的实施意见》，提出要紧紧抓住国家支持革命老区振兴发展的重大机遇，推动甘肃革命老区振兴和跨越发展。《规划》的颁布实施，是党中央、国务院心系老区人民、支持老区振兴、促进区域协调发展的重大战略举措，有利于庆阳市、平凉市发挥区域比较优势，建设国家重要能源化工基地，培育打造甘肃"东翼"增长极；有利于深入实施黄土高原生态综合治理工程，加强生态建设和环境保护，构建西北乃至全国的重要生态安全屏障；有利于加强区域经济协调发展，促进产业合理布局和分工，提升陇东经济发展质量和整体竞争优势；有利于发扬革命传统，弘扬老区精神，为经济社会发展提供强大精神动力；有利于全力实施集中连片扶贫开发攻坚，推动老区快速发展，实现与全国同步进入全面小康社会的目标。

## 二 推进国家新型城镇化进程，加快革命老区跨越式发展

（一）建设社会主义新农村，打造幸福美好家园

在中共中央、国务院印发的《国家新型城镇化规划（2014—

2020年)》中，明确提出了坚持工业反哺农业、城市支持农村和多予少取放活方针，加大统筹城乡发展力度，增强农村发展活力，逐步缩小城乡差距，促进新型城镇化和新农村建设协调推进，建设农民幸福生活的美好家园。新农村建设是按照新时代的要求，围绕建设生产发展、生活宽裕、乡风文明、村容整洁、管理民主的社会主义新农村的目标，逐步改变革命老区农村穷、乱、脏、差的形象。一方面改善农民生产生活条件，集中力量办好"水、气、路、电"四件事；另一方面加快农村社会事业发展方面。这些战略举措都为甘肃革命老区县域经济社会发展提供了重要发展机遇。

（二）推进农业转移人口市民化，提高革命老区城镇化水平

农业转移人口市民化是推进新型城镇化的关键。党的十八大以来，中央提出到2020年实现约1亿农业转移人口落户城镇的目标，出台了推进户籍制度改革、实施居住证制度等举措。截至2017年年底，甘肃革命老区庆阳、平凉、会宁的城镇化率还不到40%，随着中央加大对农村农业的补贴力度，城镇户口对农民的吸引力有所下降。2016年，国家进一步放开在大中型城市的居民农转非的落户问题，随着革命老区城镇经济规模的不断扩大，新兴产业的发展壮大，城市基础设施建设的不断完善，在就业、医疗、教育等方面的政策也会不断提高水平，革命老区的人口市民化率将继续提高。

## 三 深度融入"一带一路"，实现老区发展新跨越

2015年，国家发改委、外交部、商务部正式公布了"一带一路"发展战略，我国将在"一带一路"上培育新的经济增长极，并为中西部省区的机电产品、特色农产品、特色食品等货物向西出口创造了难得的机遇。甘肃省作为丝绸之路经济带的黄金地段，甘肃革命老区的庆阳市、平凉市、会宁县处于甘肃东部地区，与陕西省较近，有明显的区位优势。甘肃革命老区虽然不是处于"丝绸之

路"的核心地带,但作为"丝绸之路经济带"的腹地,这里既可北上内蒙古,又能西出甘肃,还能东过黄河,区位优势突出,战略地位重要。2017年7月,宝兰高铁开通运营,实现了全省西出东进全线高铁贯通,2017年9月,兰渝铁路全线开通,实现了西部地区南北铁路大动脉的全面贯通。2017年8月,重庆、广西、贵州、甘肃四省区市共同发起建设中新(新加坡)南向通道,签署合作共建框架协议和关检合作备忘录,成功首发兰渝、陇桂铁海联运货运班列,实现了西北与西南、中亚与东南亚、"一带"与"一路"的三大连通,甘肃的枢纽地位和通道优势更加凸显。新的历史时期,如何借势"一带一路"建设,抢抓新的发展机遇,把老区建设成为国家丝路经济带上具有战略意义的新增长极,带动整个西北地区发展,促进西部大开发大发展,对保障国家战略能源安全和长久繁荣稳定都具有特殊的政治意义和全局性意义。

### 四 实施精准扶贫战略,支持革命老区加快振兴

(一)实施精准扶贫战略,聚力攻坚深度贫困堡垒

2015年2月13日,习近平总书记主持召开陕甘宁革命老区脱贫致富座谈会时指出:"我们实现第一个百年奋斗目标、全面建成小康社会,没有老区的全面小康,特别是没有老区贫困人口脱贫致富,那是不完整的。"党的十八大以来,以习近平扶贫开发战略思想为指导,把扶贫作为党和政府的历史使命和重大职责,提出到2020年所有贫困人口实现脱贫,所有贫困县全部"摘帽"的任务,实施精准扶贫战略。甘肃革命老区作为我国革命老区的重要组成部分,具有所有革命老区发展短板的共同特征,革命老区16个县区,其中12个属于国家集中连片特殊困难地区贫困县,脱贫攻坚任务繁重,国家实施的精准扶贫战略将从政策、资金、项目等方面给予重大支持。

## （二）大力实施精准扶贫方案，支持革命老区脱贫奔小康

近年来，省委、省政府认真贯彻落实党中央、国务院扶贫开发决策部署和习近平总书记关于精准扶贫工作的系列重要讲话精神，谋划实施了"1+17"精准扶贫精准脱贫方案，打出了一套具有甘肃特色的精准扶贫精准脱贫组合拳，产生了巨大的政策效应，取得了显著的阶段性成效。甘肃省发改委于2016年6月制定了《贯彻落实〈中共甘肃省委甘肃省人民政府关于进一步支持革命老区脱贫致富奔小康的意见〉的实施方案》，明确未来六年支持庆阳、平凉和会宁等革命老区的工作重点。《实施方案》提出七大领域共31个方面的支持措施。这些措施针对性强，支持力度大，将未来几年支持老区加快发展的重要工作全部涵盖其中，支持范围涉及经济社会发展的方方面面。

### 五 实施区域协同发展战略，促进革命老区均衡发展

党的十九大报告提出区域协调发展战略，是对"两个一百年"奋斗目标历史交会期中国区域发展的新部署，是今后一个时期推进甘肃革命老区协调发展的行动指南。

## （一）实施区域协调发展战略，增强革命老区发展协同性

习近平总书记在十九大报告中提出要加大力度支持革命老区、民族地区、边疆地区、贫困地区加快发展，进一步将老少边穷地区放在区域协调发展战略的优先位置，这体现了党中央加快老少边穷地区发展的决心。中央政府将会加大力度支持老少边穷地区改善基础设施条件，提高基本公共服务能力，培育发展优势产业和特色经济，真正为革命老区的加快发展创造条件。国家在区域互助方面，将不断完善发达地区对革命老区的对口支援制度，创新帮扶方式，加强教育、科技、人才等帮扶力度，增强欠发达地区自身发展能力，促进对口支援从单方受益为主向双方受益深化。例如2012年

11月，国务院扶贫办确定中投公司定点扶贫甘肃会宁县和静宁县，在筹措资金实施援建项目上，取得了初步的成效。甘肃革命老区的庆阳、平凉等市的县区，在国家限产、去产能、保护生态环境方面承担着重要的功能，国家建立的健全区际补偿机制，将有助于弥补革命老区限产能影响，实现革命老区的可持续发展。

（二）实施区域协调发展战略，构建革命老区现代经济体系

当前，我国经济已由高速增长阶段转向高质量发展阶段，革命老区生产效率长期以来较低，走的是高投入、高产出的发展道路，国民经济产业机构层次低。在新时代的发展战略期，必须加快转变发展方式，完善市场机制，充分发挥自身比较优势，走专业化的发展道路。区域协调发展就是要在"一带一路""西部大开发"、乡村振兴等战略背景下，给予革命老区在产业结构升级、创新能力不断增强、市场经济不断开放方面更多地政策支持。以此缩小革命老区与发达地区、与城市地区的基本公共服务差距，使老区人民享有均等化的基本公共服务，进而实现革命老区更高质量、更有效率、更加公平、更可持续的发展。

## 六 实施县域创新驱动发展战略，提升革命老区增长活力

（一）实施县域创新发展，培育发展新动能

甘肃革命老区由于地处边区、山区，经济社会发展水平比较落后，生产要素中现代化的因素较少，工农业生产以传统生产部门为主，科技应用水平不高，缺乏创新，由此导致了生产效率的低下。长期以来，革命老区在教育、科研方面投入不足，制约着革命老区发展新旧动能转换。根据2017年国务院办公厅发布的《关于县域创新驱动发展的若干意见》，明确指出实施创新驱动发展战略，基础在县域，活力在县域，难点也在县域。新形势下，支持甘肃革命老区开展以科技创新为核心的全面创新工作，推动大众创业、万众

创新，加快实现创新驱动发展，是打造发展新引擎、培育发展新动能的重要举措，对于推动甘肃革命老区县域经济社会协调发展、确保如期实现全面建成小康社会奋斗目标具有重要意义。

（二）多项举措推动创新活动，打通创新"神经末梢"

根据国家关于县域创新发展的安排，到 2020 年，县域创新驱动发展环境显著改善，创新驱动发展能力明显增强，全社会科技投入进一步提高，公民科学素质较大提升，大众创业、万众创新的氛围更加浓厚。到 2030 年，县域创新驱动发展环境进一步优化，创新驱动发展能力大幅提升，产业竞争力明显增强，城乡居民收入显著提高。具体将从加快产业转型升级、培育壮大创新型企业、集聚创新创业人才、创新创业载体建设、促进县域社会事业发展、创新驱动精准扶贫精准脱贫、加大科学普及力度、科技创新政策落地等方面增强革命老区创新能力。

## 第二节　甘肃革命老区县域经济社会振兴与跨越式发展的挑战

### 一　资源富集与整体贫困的矛盾突出

在经济发展领域存在一种"资源诅咒"现象，即自然资源丰裕的地区往往为自身的资源禀赋所拖累，沦为整体经济发展的弱势区域。

甘肃革命老区农业资源丰富，开发利用程度不高。长期以来，甘肃革命老区庆阳市、平凉市被称为"陇东粮仓"，区内特色小杂粮荞麦、燕麦、小米、黄豆等久负盛名，盛产优质畜产品，是全国优质白瓜子、黄花菜的生产和加工出口基地。然而，丰裕的农业资源并没有使得革命老区在农业生产方面的竞争力增强，农业产业化程度低，农产品加工率还很低，而且加工企业规模小，生产技术水平不高，多为粗加工和初加工工业，农产品优势转化为经济优势的能力有限。农业作为弱质产业的形势没有得到改观，在国民经济三次产业结构中，农业增加值比重降低缓慢，工业和建筑业增加值占比较低。

此外，一些矿产资源或农业资源分布过于单一的县区，其需求受国际和国内市场影响较大，如钢铁、煤炭、有色金属、石油、天然气等矿产资源的开发，资源品价格波动过大，一度出现供给过剩的情况，企业收入大幅下降，政府财政收入随之减少，资源开发整体收益下降。长期以来，这种单一的产业结构造成了工业发展固定在传统行业，不利于产业升级和培育新兴产业，生产效率低下，制约着当地经济发展。

## 二　资源开发贡献与地方收益的矛盾突出

甘肃革命老区是能源资源富集区，煤炭、石油、天然气以及岩盐、水泥灰岩等矿产资源十分丰富。然而，对于煤炭、石油、天然气、水电等资源的开发，大多是被国有企业垄断的，这些企业大部分直接隶属中央，在资源收益分配中形成了中央大、地方小的既定格局。尽管上缴税收对地方有一定的比例分成，但地方获益相当有限。

现有的利益反哺机制和补偿程度，与地方政府、当地群众的预期差距较大，使得中央企业和地方企业、中央企业和当地群众之间的矛盾纠纷频发，不同程度地影响了企业的生产经营环境和当地社会的稳定。利益共建共享是社会和谐共生共济的基础，只有让地方收益、群众获利，企地良性互动、互利共赢，资源开发利用才能得到群众的真心支持，社会也才能和谐稳定。

## 三　产业开发与基础保障滞后的矛盾突出

陕甘宁革命老区境内，虽已建成三条铁路、四条高速公路等交通运输主通道，但处在该区域中部的甘肃革命老区，基本处于空白，交通基础设施落后对该区域内大规模的油、煤气、电等能源产品以及客货运输形成了巨大压力。随着大型能源化工基地建设的推进，今后的物流量将会大幅增加，而已进入国家规划的交通、电力、水利等重大设施项目启动实施十分缓慢，严重制约了开发进度，产业快速发展与重大基础设施保障能力有限的矛盾极为突出。

（一）交通运输条件滞后，影响矿产能源的开发

随着土地、资源、环境等刚性约束进一步增强，交通运输集约、绿色、可持续发展的要求越来越迫切，这些刚性约束的持续增强与全面加快交通基础设施建设补齐交通发展短板之间的矛盾日益突出。铁路运力不足，产煤区之间公路连接不畅、等级较低，对资源开发及煤化工项目建设形成制约。电网构成相对单一，缺乏远距离输变电通道和相对独立的区域电网，电力外送困难，现有的输变电站容量小，不能满足大型煤化工项目建设需求。基础设施建设短板严重制约着甘肃革命老区能源资源开发与可持续发展。

（二）旅游景区基础设施薄弱，品牌影响力弱

一是甘肃革命老区各县区普遍财政紧张，投融资渠道窄，重点景区的住宿设施、餐饮服务设施数量少且服务水平较低，不能满足日益增长的旅游需求。二是旅游景区之间交通不畅，高铁、高速公路连接不够畅达。城区与景区之间、景区内部交通发展滞后，断头路较多，通达性和舒适性没有完全解决。游客服务中心、停车场、旅游厕所、旅游标志系统、安全救援体系建设等尚不完善，旅游标准化、智慧化、人性化服务仍有待提升。三是功能配套不完善，进入景区的旅游道路进入性差。景区内游客中心、旅游厕所、消防安防、导览标志、应急救援、旅游商品、餐饮住宿等不完善，服务接待功能亟待提升。

（三）农牧业基础薄弱，投融资渠道窄

首先，农业生产条件差，基础脆弱，自然风险大。革命老区是

典型的旱作农业区，农业生产易受干旱、冻害、大风等自然灾害侵袭，抵御自然灾害和突发性重大灾害能力差，防灾减灾能力较弱，农业保险覆盖面还不够广。受制于自然条件，革命老区农牧业持续、快速、稳定发展的基础尚不稳固。其次，投融资渠道窄。革命老区的农业龙头企业难以争取国、省项目支持，资金来源有限，尤其是一些农业龙头企业的民营企业身份成为融资困难的障碍。金融机构受现行金融体制约束，尽可能地要提高收益降低风险，不愿甚至不敢给农业龙头企业放贷。

### 四 资源开发与生态环境保护的矛盾突出

甘肃革命老区处于陇东和陇中地区，大部分地区属于典型的黄土高原丘陵沟壑区，在气候上属于冷温带半湿润区和半干旱区，其中庆阳市、平凉市北部较为干旱，南部较为湿润，会宁县整体干旱。西部大开发战略实施以来，革命老区生态保护和建设取得了一定成效。但由于革命老区自然环境先天不足，生态系统脆弱，加之承载人口过多，开发过度，生态保护与建设的历史欠账过多，生态环境状况总体呈现出"局部改善，整体恶化，形势严峻"的状况。

对于国家战略来说，甘肃革命老区处于东中西区域生态重点过渡地区，也是南北水系的分水岭。所以，老区的生态保护和建设对于全国生态保护而言都更具战略性、基础性和迫切性，这关系到国家的生态安全。要发展经济，就要对当地的优质资源进行开发，这将不可避免地使得环境恶化，例如长庆油田的开发。因此，革命老区的发展既要服务于国家对生态保障的要求，同时要选择可持续发展的生产方式，避免以牺牲生态环境换发展。

因此，生态环境恶化对老区农业生产、工业与城镇发展和人民群众生活提高都构成严重威胁，要促进老区经济社会长期稳定健康发展就必须抓好生态保护与建设工作，促进经济与生态均衡发展。

## 五　财政收入少与公共服务开支大的矛盾突出

甘肃革命老区普遍存在着财政状况自给率低的情况，经常性财政收入仅勉强能够维持政府运转，革命老区的财政预算主要存在三方面的困难。

### （一）税源减少，县级财政任务完成困难

虽然国家税务政策将资源税下放给了地方，但近几年矿产能源受国际市场价格影响，资源产品价格大幅下降，税收减少。此外由于国家对于产能过剩行业的限制开发，也使得革命老区的税收减少。

### （二）产业结构不合理，财政收入严重不足

与全国相比较，除了庆阳市部分拥有煤炭、石油化工基地的区域，革命老区的国民经济三次产业中，农业增加值的整体比重较高，大部分在1/3以上，第二产业比重不高。由于农业税的免除，只有第二、第三产业的发展才能给政府带来税收，增加财政收入，还必须是产值规模较大的工业企业。

### （三）资金缺乏与融资难问题突出

随着国家精准扶贫工作的深入，中央和省级财政对革命老区的转移支付和贷款金额越来越多，但这还需要县级政府有一定的配套资金。例如，在革命老区的县域、县际之间的公路，每公里的公路投资中央支持60万元，实际成本需要80万元，余下的资金缺口需要地方配套，但县级政府无财力承担，无法有效提供基础设施的建设和服务。

# 第七章

# 甘肃革命老区县域经济社会
# 振兴与跨越式发展思路

县域经济是我国国民经济最基础的、相对完整的经济单元，在我国政权结构中，县一级处于承上启下的关键环节，是发展经济、保障民生、维护稳定的重要基础。2015年习近平总书记在会见全国优秀县委书记县长时提出"郡县治，天下安"，在中国老区建设促进会呈送的调研报告《万人千县联合调研报告》批示中指出"进一步加大扶持力度，加快老区开发步伐，让老区人民过上更加幸福美好的生活"，重要批示充分体现了党中央对革命老区的关怀、对革命老区发展的高度重视。

## 第一节 甘肃革命老区县域经济社会振兴与跨越式发展的指导思想

甘肃革命老区各县区普遍面临着产业结构不合理、农民增收缓慢、县乡财政困难、人才资金缺乏等问题，主要原因是：水资源等自然资源缺乏、基础设施历史欠账严重、龙头企业少、农业产业化程度低、高层次人才少等，这些因素导致旅游、电商等新兴产业发展缓慢、工业基础薄弱、财政收入低，而且制约甘肃革命老区县域经济发展的因素在短期内解决难度较大，因此，实现甘肃革命老区县域经济社会振兴与跨越式发展就需要打破常规思路实施新策略。

### 一 优化要素结构，实现系统协调发展

甘肃革命老区发展的系统性体现在两个方面：一是区域发展的系统性。甘肃革命老区在长期发展过程中形成了经济因素、社会因素、自然因素的相似性或相关性，各个部分是相互联系、相互制约的，是综合了国民经济各部门乃至社会各部门的经济综合体，只有综合协调社会、经济、生态、环境等各个方面才能获得最佳的整体性能。二是产业结构的系统性。任何一个区域经济的组成，都具有国民经济大系统综合性的特点，包括了工业、农业、商业、交通运输业、信息业等产业部门和职能部门，产业发展也需要生产、流通、分配、消费的完整过程，甘肃革命老区的经济发展不能割裂这个完整的过程，在进行区域发展中不能抛开其中的任何一个环节而单独发展。

甘肃革命老区经济社会发展结构的系统优化，就是要实现经济、社会和生态三大发展目标，而且任何一个目标都不能偏废，必须全面协调推进。甘肃革命老区经济社会跨越发展要突出扶贫攻坚、基础设施建设、产业培育、城乡一体化、公共服务均等化、生态保护等重点任务，这些任务的实现离不开统筹发展，如基础设施建设必须在区域内统筹兼顾、协调整合。产业培育中突出经济、社会、生态协调发展的方向。从省级层面做好相关建设项目的统筹衔接，整合项目资金，实行集中建设，确保重点建设项目的质量和效益。只有区域一盘棋，实现整合发展，才能凝聚并充分发挥甘肃革命老区经济社会发展特有的生态优势、资源优势和区位优势，形成"1+1>2"的效果。

## 二 突破行政区划，实现区域合作协同发展

当前甘肃革命老区县域之间区域关联整合程度不高，区县之间基于行政区划而导致的条块分割、各自为政现象比较突出，具体表现在：一是大部分县域产业集聚低，整合效应、规模效应、专业化程度和工艺水平等较差。二是产业发展集中在农业或资源型产业，缺乏比较优势、公共平台建设严重滞后、专业招商能力不强和产业结构不合理等问题突出。三是苹果、小杂粮等特色产业低层次竞争，疏于管理和引导，产业布局零乱，对农民的增收效应不明显，由政府完全主导的园区建设缺乏清晰的产业定位，往往成为缺少关联企业的"扎堆"之地。

县域之间缺乏有效协调机制，缺乏整合，不仅交通缺乏互联互通，人财物要素流动困难，往往互设市场障碍，盛行地方保护主义，影响经济社会发展，导致恶性循环。因此在实现甘肃革命老区经济社会跨越发展的过程中，各县区应充分发挥由区位条件、自然资源禀赋、劳动力、土地、资金和管理经验等因素共同形成的有利发展条件，充分利用其比较优势以实现整个经济系统的资源利用最大化，同时加强各区县间的有机联系并实现要素共享，进而通过经济活动强化区域间联系，形成高效的运作纽带。坚持区域合作联动，突破行政区划，强化经济区域功能，打破地域界限，统筹谋划经济和社会发展的各项事业。在此基础上，各县区形成以各自比较优势为依托的分工协同作用机制，实现区域经济的协同演进。

## 三 精准识别制约因素，加快培育龙头企业

实现甘肃革命老区经济社会振兴与跨越式发展，必须精准识别制约因素，找准"病根"和"症结"所在，"对症下药"，扶贫攻坚才能取得更明显的效果。当前制约甘肃革命老区发展的主要因素

有：基础设施建设滞后，新技术推广缓慢；干部群众思想保守，经济发展缺乏内驱力；风险防御能力薄弱，农业收益波动大；龙头企业数量少实力弱，产业化经营程度较低；社会服务体系不完善，规模集约效应难实现。

从三次产业结构来看，制约因素主要体现在：区域内第一产业所占比重都比较高，且传统种植业仍然占主导地位，优质高效农业、绿色农业、生态农业近几年虽然有所发展，但占经济总量的比重很小。第二产业基础薄弱，发展水平低，规模经济及现代高科技企业少之又少，缺乏技术含量高或市场占有率高的拳头产品。第三产业近年来在比重上虽然有所提高，但是受第一、第二产业现状的制约，仍以传统服务业为主，缺乏现代商流、物流、信息流等现代服务业。

在以上制约因素的影响下，甘肃革命老区各县区普遍出现农民增收困难、增收渠道狭窄、地方财政收入低的现象。解决这些现象需要通过大力扶持区域内的龙头企业，通过吸纳就业、参与产业化经营等形式，带动贫困户增收脱贫，进而吸纳外部的资金、技术、人才等生产要素进入革命老区，充分开发和有效利用老区的农业、矿产、旅游等特色资源。

**四 转变发展方式，推动产业结构优化升级**

甘肃革命老区近年来经济实力明显增强，社会事业取得重大进展。但由于底子薄、条件差、生态环境脆弱，总体发展依然滞后，区域整体工业化水平不高，工业发展对能源资源依赖性强，重工业比重高，能源资源优势就地转化率低，高附加值产品少，关联产业发展滞后，产业层次较低、链条短，市场竞争力较弱。

经济发展过程中需要加强生态文明建设，坚持资源开发与生态环境保护并重，调整优化产业结构，推进要素集约节约利用，着力发展绿色、低碳、循环经济，努力实现生态建设、环境保护与经济发展同步推进。根据资源特点和自身优势，做大做强旱作农业等特色产业，大力发展农产品加工业，改造提升制造业，有序开发优势矿产资源，加快发展服务业，培育多元化的产业结构，增强综合发展能力。

### 五 补齐民生短板，促进基本公共服务均等化

把保障和改善民生摆在更加突出的位置，加快推进社会事业进步，推进基本公共服务均等化，维护社会公平正义，实现经济社会协调发展。加强社会事业建设，加快建立健全覆盖城乡居民的基本公共服务体系，不断提高基本公共服务能力和水平，力争早日达到全国平均水平，使老区广大群众更好地共享改革发展成果。

统筹运用各领域各层级公共资源，推进科学布局、均衡配置和优化整合，着力实现义务教育、社会保障、公共卫生、劳动就业等领域的公共服务均等化。加强对老区教育的投入，优化教育资源配置，改善老区办学条件，加强边远艰苦地区教师生活保障。推进老区县（区）公共图书馆、文化馆、体育场所等公共设施建设与维护。改善老区县级医疗卫生机构和乡村卫生院（室）的条件，提升卫生服务保障能力和重大疾病、多发病的防控能力。完善老区的人力资源公共服务平台，提供就业信息、政策指导、权益保障等服务。

### 六 抢抓战略机遇，提高对内对外开放水平

甘肃省作为古丝绸之路的黄金段，随着"一带一路"倡议的深入实施，甘肃革命老区也与全省一道面临着加快向西开放、扩大内陆沿边开放、推进丝绸之路经济带建设、中新互联互通南向通道建设叠加的开放机遇，一跃成为中国对外开放的前沿。在当前的战略

机遇下，甘肃革命老区要摒弃单纯围绕本地需求谋发展的老思路，积极借鉴外地经济，参与国际国内两个市场的分工协作，以特色资源吸引项目、以优惠政策引进项目，以优质服务和良好发展环境留住项目，使资金、技术、企业和人才源源不断地向县域流动。

甘肃革命老区参与"一带一路"建设所面对的最大挑战是老区开放意识不强、开发氛围不浓、全球化视野与观念仍然相对落后，革命老区一定要更好地贯彻以开放促改革的战略思路，用全球化视野与观念加快革命老区发展。革命老区参与"一带一路"建设所面临的最大机遇，就是国家要进一步加大对革命老区基础设施建设力度，优先解决能源、铁路、公路、航空、农田水利、生态环境治理等基础领域建设问题，为老区参与丝绸之路经济带建设提供更好的条件。

区域之间平等开放，同时也向外部开放，既有利于内部各县区的发展，又有利于与区域外部的对接和互动，在相互协作、相互促进和功能有机整合中实现整体发展。加强与经济较发达地区的经贸联系，吸引国内外优秀企业共建产业园区，投资发展优势产业项目。支持老区加快改善发展环境，吸引海内外投资，建设内陆物流中心，加强与中东、中亚、欧洲等地区的经济贸易合作，拓展对外开放的广度和深度。革命老区县域经济发展亟待推动区县之间商贸流通、科技研发、品牌建设等方面的开放度，推动区域内特色产业外向发展。

## 第二节 甘肃革命老区县域经济社会振兴与跨越式发展思路

过去一段时间我国区域经济发展战略中重视城市和乡村农户两端，县域经济作为连接城市与乡村的桥梁长期被忽视，在推进"五位一体"战略和协调推进"四个全面"战略过程中,县域经济在国民经济中的基础地位日益重要,欠发达县域地区要赶上全省或者全国经济发展水平,就要实现超常规、跨越式发展。

**一 深化区域联动,点线面协同发展**

甘肃革命老区各区县长期财政收入少、基础设施历史欠账严重、产业发展层次低、链条短,要实现短期内经济社会的跨越式发展就需要从点、线、面逐步推动。

(一)建立革命老区产业发展的增长极

经济的增长不可能同时出现在所有的区域、部门、厂商,它将以不同的强度在区域内分散,在特定的经济空间内总会存在着若干经济中心或增长极点。当前甘肃革命老区中心城镇已经涌现出一些经济集聚的点,如环县的电子商务产业、静宁的苹果产业、华池的红色旅游产业、平凉崆峒区的肉牛养殖业等。这些产业在甘肃革命老区16个县几乎都有分布,产业重合度较高,大部分区域都存在市场功能单一、加工制造业薄弱、商贸流通规模低、电子商务发展缓慢等问题。要全面开花对各县区的每个产业都进行相同强度的扶持将会耗资巨大且经济效率低下,所以当前需要继续强化已涌现出的经济增长极点,并针对革命老区产业布局较多的行业打造相应的产业发展极,强化各地涌现出的特色产业,通过不同的渠道向外扩散产生"扩散效应",进而对整个老区经济产生不同的终极影响。

(二)依托重大基础设施建设打造产业发展轴

当前甘肃革命老区县域之间铁路联系较少、高速公路路网稀疏,尚不能将经济发展极点之间用交通干线便捷地联系起来,需要加快弥补重大基础设施的短板,在经济发展过程中采取空间线性推进方式,将已经涌现的增长极点链接起来,进而推动经济的发展。如革命老区各县区都有红色旅游景点,但目前各县区的红色旅游仅停留在纪念馆式的参观式景点上，不能适应当前自驾游、深度游、自助游、乡村游等新型的旅游形式，若能通过高等级公路、铁路等便捷的交通将这些景点连接起来打造红色自驾游线路，增加过夜游客量、促进游客消费将显著推动当地经济的发展。

（三）县乡村联动打造全面脱贫实现小康的网面

甘肃革命老区不沿边、不靠海，原有的优势产业尤其是工业大部分不符合当前供给侧结构性改革的要求，而要发展高端产业，直接面临的是基础设施薄弱、物流成本高、产业配套不完善、高端人才匮乏、创新能力不足等难题。所以，要在短期内实现全面小康，必须积极地将经济发展极点及增长轴周边的居民和产业吸纳到产业链中，对于基础设施投资效率低、自然条件严酷地区加大易地扶贫搬迁力度，打造出革命老区经济发展的联系网络。如庆阳香包、小杂粮等特色产品通过设立在中心城镇的电子商务中心推广营销，在县、乡、村各个层次促进产业协调发展、缩小地区发展差距。

## 二 实现共赢发展，提升县域产业合作层次

长期以来，甘肃革命老区县域经济发展投入少、体量小，各县区都急于扩大经济体量，呈现出县域之间产业重合度高、产业合作较少的特点，各县区都在几乎相同的传统产业领域广泛布局，随着招商引资深入推进，项目不断增多，一些盲目投资、重复建设等低效投入引发的问题也愈加明显。特别是在当前经济新常态背景下，依靠有效投入驱动，突出抓好主导产业、基础设施、民生改善三大领域的有效投资，区县之间加强产业布局和投资方面的沟通协调，大力发展绿色农业、循环农业、特色农业和品牌农业，扩大有效供给，必将成为振兴县域经济的首选路径，通过相关产业的横向拓展，继而扩展成关联度高的完整产业链，使聚集在一起的相关企业促进专业知识的传播和创新扩散，形成良好的创新基础和条件，提

升县域经济的创新能力。如革命老区苹果品质好、社会认可度高，在各区县竞相扩大种植面积的同时，应在交通便利、有产业发展基础的县区打造苹果产业产品集散地，突出品牌建设，整合上、中、下游产业链，将区域内的苹果产品输出到国内市场，并利用"一带一路"发展契机快速推动产品出口，形成特色鲜明、结构优化、体系完整和市场竞争力强的产业链。

### 三 强化特色产业，提高市场竞争能力

培育特色产业是推动欠发达地区县域经济发展最重要的途径，县域经济发展的优势在特色，潜力也在特色。从成功县区市的实践来看，发展特色产业，培育特色经济，是欠发达地区发挥后发优势、实现超常规跨越发展的捷径。摆脱经济落后局面的关键是找准突破点，把握好科学发展的着力点。如甘肃革命老区有独特的红色文化、民俗文化，区域内也分布着较为丰富的生态旅游资源，完全可以将两者充分结合打造具有甘肃革命老区独特魅力的旅游文化亮点。

特色是潜力，特色是竞争力，特色也是生命力，甘肃革命老区16个县区县域资源禀赋、产业传统、历史人文不同，产业布局自然不尽相同，因此要切实发挥好自身的资源优势、区位优势、比较优势，在资源优势中培育地方特色，在区位优势中探索发展着力点，在地方特色上找准产业发展突破点，在传统优势产业中适度错位发展县域主导产业，筛选特色品牌，选准主导产业，进行重点开发，实现"一县一业""一乡一产""一村一品"，打造独具特色的战略产业，培育地方名牌产品，拉长比较优势，将比较优势转化为市场优势和经济优势，走好专业化、规模化、品牌化发展的路子，使一个产品或一个品牌成为县域产业的代名词，逐步形成本地区的核心竞争力。

## 四 培育龙头企业，发展壮大民营经济

甘肃革命老区的县域经济中农业比重较高，工业发展由于供给侧结构性改革的影响遇到了阻碍，因此培育壮大龙头企业，将企业与农业合作社、农户形成利益联结，对农业增效、农民增收起到积极的促进作用，增加农户收益的稳定性，形成"收益共享、风险共担"的长效利益机制。通过龙头企业对农民的带动和保护力度，形成"互惠多赢"格局的良性发展。龙头企业是推动欠发达地区县域经济发展的"火车头"，通过与高校、科研机构合作推动龙头企业的科技创新能力，完善创新制度，利用龙头企业的带动作用补链条、搭平台、建市场，它不但可以促进农产品加工增值，提升农业工业化水平，增加县域税收，而且能够以工促农、以工带农，促进县域经济的全面繁荣。要改变欠发达地区落后面貌，就必须牵住培育龙头企业这个"牛鼻子"，紧紧围绕主导产业，培育和扶持以农副产品深加工为主的实力较强、规模较大、辐射带动力强的龙头企业，延长农业产业链条，在深加工、精加工中增加附加值，充分发挥龙头企业这个"火车头"的带动作用，发挥欠发达地区后发优势，推进县域经济跨越发展。

发展壮大民营经济是推动欠发达地区县域经济后发崛起的最现实路径，以中小企业为主的民营经济已成为县域地区重要经济发展力量。县域经济特色明显，民营经济是县域经济发展的最大出路，民营经济产权清晰，主体明确，机制灵活，能够最大限度地发挥人的潜能，具有适应市场经济发展的先天优势。在当前经济增速趋缓、政府拉动投资相对乏力的形势下，必须进一步激发民间主体创业热情，激活新的经济增长点，优化发展环境促进民营经济发展，使民营经济逐渐成为县域经济发展的主体，成为发展壮大县域经济的生力军。

**五　统筹城乡发展，聚集发展要素**

近年来甘肃革命老区城乡经济发生了较大的变化，但由于贫困地区沟壑纵横、生态系统脆弱、自然灾害频发、城镇规模较小、村庄布局分散，村与村之间跨度大，水、电、路等基础设施配套难度大，教育、医疗、文化活动中心等公共服务设施成本高，造成乡与乡之间、村与村之间、群众与群众之间的发展差距大，贫困乡村发展底子薄、欠账多，实现均衡发展的难度较大。甘肃革命老区县域经济发展过程中不能走平原地区单纯扩张的城镇化模式，不能以追求城镇化率和城镇规模为目标，而是要进行合理的城镇体系布局，结合易地扶贫搬迁等扶贫措施，让城镇区域成为经济社会发展的重要节点，成为带动区内广大农村发展的火车头，通过聚集发展要素实现以城带乡。依靠产业作为支撑，切实提高交通、通信、水电、公共服务等基础设施建设的建设速度和运行效率，以产业化推动农村工业化，以农村工业化推动县域地区城镇化，而实现农村工业化重要的途径就是营造创业的氛围，给农民就地创业创造良好的环境，从而加快县域工业化和城镇化进程。

**六　三产融合发展，寻求经济发展新动能**

党的十八大以来，经济新常态成为了中国经济全新历史坐标，新常态下经济发展的老路既行不通又走不远，必须开辟新的发展路径。从甘肃革命老区发展的现实情况看，县域产业以农产品初级加工和传统服务业为主，县域产业发展中农业产业种类较多，与周边县域产业体系雷同，特色产业规模较小、特色不强，经济发展质量和水平不够，需要在旅游业深度开发、三产融合发展、特色产业培育壮大、商贸物流体系建设等方面寻求经济发展新动能。

# 第八章

# 甘肃革命老区县域经济社会振兴与跨越式发展的政策建议

对于经济欠发达的甘肃革命老区而言，由于自然环境和历史因素的影响，发展中存在着内生动力不足、重大项目带动效应不明显、县级财政保障能力不强等问题，面临着推动老区经济社会跨越式发展和保护改善生态环境的双重任务。加快县域经济发展，不仅十分必要，而且非常紧迫。特别是在脱贫攻坚进程中，革命老区经济社会要获得可持续发展，需要以壮大县域经济为支撑，不断增强贫困地区发展的内生动力、提高贫困群众的自我发展和持续增收能力、提升稳定脱贫的质量和效果。

## 第一节 推进协调发展，激活经济新动能

### 一 加快基础设施建设，增强发展保障能力

基础设施建设不仅涉及经济、社会和生态的问题，更与人民群众的民生问题息息相关。

（一）优先建设民生领域基础设施，补齐发展短板

针对甘肃革命老区经济发展的现状，瞄准农村困难群众，着力改善贫困地区生产生活条件，加强项目对接，获取更多支持，解决

农村居民和学校师生的饮水安全问题，保障民用和动力电力供应，帮助贫困地区农民进行危房改造或易地搬迁，推进过程中可以加大以工代赈投入力度，大力改善贫困乡村生产生活条件，补齐贫困地区发展短板。

（二）扩大路网规模，构建互联互通交通网络

当前应着力实现革命老区县区间交通体系互联互通，以及周边所有地区交通体系互联互通。面向甘肃革命老区谋划并务实推动跨区县的高速铁路和高速公路，发挥基础设施对贫困地区经济社会发展的支撑和服务作用，对革命老区重大工程项目予以优先考虑和积极支持。

（三）完善产业发展基础设施，提升发展保障能力

甘肃革命老区县域经济发展的制约因素之一是产业发展的基础设施不足，针对区域内资源开发及煤电、煤化工项目较多的情况，应积极增加铁路运力，扩大输变电站容量，推动建设远距离输变电通道和相对独立的区域电网。积极实施基本农田保护、中低产田改造、测土配方施肥、水利设施建设等项目，切实提升老区县域经济社会发展保障能力。

## 二 持续推进旱作农业，统筹发展优势特色农业

甘肃革命老区地处西北内陆，降水稀少，自然条件严酷、水资源短缺，农业基础薄弱，农民生产生活困难，粮食产量低而不稳，制约了当地农民生活水平的提高和经济的快速发展。按照高产、优质、高效、生态、安全的要求，构建集农业新品种培育、新技术引进、产业化经营、休闲观光以及生态家园于一体的特色农业综合示范区，探索甘肃革命老区旱作农业高效发展路径，大力发展旱作农业，推动脱贫攻坚，促进产业优化升级。

加快农业和农村经济结构的优化升级。加大马铃薯、玉米、草

畜和林果等产业培育力度,提高农业资源的利用效率;树立品牌意识,大力发展旱作节水型设施农业及优质小杂粮、名优果品和花卉、蔬菜、药材等特色优势产业。合理调整、压缩小麦等夏收作物面积,扩大马铃薯、玉米等秋收作物面积,使作物需水关键期与雨季同步,提高降水的利用率。

甘肃革命老区特色农业品种丰富,已培育了一批能带动贫困户长期稳定增收的多元富民产业,从当前产业培育的势头看,未来在玉米、马铃薯、草畜、林果、蔬菜、小杂粮、中药材、亚麻、瓜果等农业产业方面必将形成一定的规模,但县域之间的富民产业与周边县市重合较多,产业多元化但农产品市场竞争力不强,特色农产品品牌少、标准化生产程度不高,产业发展受产能间歇性过剩、销售困难、自然灾害、生产成本高企等问题的困扰,容易造成资源浪费和恶性竞争。在这种情况下,应从比较优势和传统优势出发,对甘肃革命老区特色农业的生产、加工、储藏、商贸、物流、品牌等领域进行统筹规划,有针对性地给予政策和资金支持,在苹果、马铃薯、小杂粮等具有绝对优势的产品领域建立健全产业链,提升农产品附加值,争取行业内产品价格的主导权。

### 三 加大支持农业产业组织,稳步推进特色富民产业

甘肃革命老区农业发展面临着农业基础设施薄弱、产业化程度不高、合作组织作用发挥不够、农业科技人才严重缺乏的现实困难。当前革命老区应以推进农业供给侧结构性改革作为农业农村工作的主线,以发展壮大基础产业为目标,全面壮大富民产业,持续增加农户收入,夯实打赢脱贫攻坚战的基础,加快培育一批能带动贫困户长期稳定增收的多元富民产业,实现农业增效、农民增收。

(一)培育龙头企业,提升市场竞争力

农业的生产周期较长,加之受自然灾害、市场风险的双重影

响，投资农业的风险大，外资、工商资本和民间资本投入农业的积极性不高，催生的农业大项目少，农产品加工龙头企业规模小、带动能力不强。因此，省级政府考虑根据各县的特色优势产业拟定战略规划，建立健全龙头企业引进、认定和改扩建机制，落实龙头企业政策支持和财政扶持措施，利用龙头企业的研发能力，提高农产品附加值。

（二）加大支持新型农业经营主体，加快现代农业发展进程

农业实践已充分证明，零散户、小规模养殖户抵御风险能力差，农业发展要上新的台阶必须发挥新型农业经营主体在农业科技推广、农业效益提升方面的作用。鉴于当前甘肃革命老区农业生产组织化程度低、生产要素缺乏、未形成规模化集约化生产，农民专业合作社还处于初步发展阶段，仍存在规模普遍偏小、社会化服务体系不健全、农产品产前市场信息引导和产后加工销售服务滞后等问题，应协调相关部门争取农业产业贴息、补助、奖励等项目资金，加大对农业产业化龙头企业、合作社、家庭农场的扶持力度，真正培育壮大一批实力雄厚、辐射带动力强的新型农业经营主体，加快现代农业发展进程。

（三）加快特色优势产业培育，实现农业全产业链发展

加快马铃薯、草食畜、苹果、中药材、优质小杂粮等特色优势产业的培育进程，逐步延长产业链条，积极培育新型专业合作组织，加快旱作农业区的现代农业发展步伐，真正使旱作农业成为一项富民产业。实现农业全产业链发展，以此为基石发展养殖、劳务、加工和物流等。充分利用旱地化肥、农药等污染少、农产品品质好等优势生产条件，发展具有旱地特色的优质无公害品牌产品，实现产品增值和资源的高效利用。大力发展以农产品精深加工为主的第二产业和以服务业为主的第三产业，延伸农业产业链条，促进产业结构不断调整优化。

## 四 加快供给侧结构性改革，延伸工业产业链

对于甘肃革命老区的县域经济发展而言，农业很好地解决了农民脱贫致富的问题，但县级财政收入主要来源于工业领域，工业领域集中于石油、煤炭开发，使得县级财政税收来源单一，持续增收空间较小，资金调度举步维艰。因此，完善优化工业产业结构，提升工业产业附加值就尤为重要。

### （一）统筹能源资源开发，减小对资源型产业的依赖

甘肃革命老区工业经济资源依赖性强，呈现"一煤独大"或"一油独大"特征，其他工业以加工型为主，工业经济总量小、基础差、科技含量低、抵御市场风险能力较弱、结构调整步伐缓慢、改造提升困难大。因此，需要在供给侧结构性改革的大背景下，通过承接产业转移、强化特色产业、延伸产业发展链条，加快企业组织和产品结构的调整。

### （二）加大招商力度，优化投资结构

面对经济发展新常态，革命老区招商引资的难度较大。因此要充分利用革命老区煤炭石油、瓜果草畜、特色蔬菜等优势资源，创新招商方式。政府相关部门应加强同银行、企业间的联系，搭建政府、银行、企业合作共赢平台，在资源、人才、融资方面给予企业相应支持，优化投资结构。

### （三）延伸产业发展链条，提高产品附加值

针对甘肃革命老区工业领域集中在资源型产业和农业加工领域的实际，通过深入开发精煤、水煤浆、型煤等新型洁净煤，提高产品附加值，延伸产业链，打造具有较强竞争力的骨干企业。通过培育动植物生产食品及工业原料，立足自身资源，引进先进技术，走深加工之路，不断挖掘深加工环节的含金量，转化为高附加值产品，绷紧整个产业链条。革命老区16个县区应发挥各自的优势选

取农业加工产业或农产品流通产业实现产业延展，打通上下游，使产业链的技术、信息、金融服务、网络、渠道、终端等各个环节获得全方位的投资与服务开发，从而扩大企业的市场规模和增强企业的品牌影响力。

### 五　加快文化旅游深度融合，打造特色旅游产业

甘肃革命老区的红色旅游资源主要集中在西北红色政权建立和红军长征两个方面，以庆阳南梁为核心的陕甘革命根据地，为红军长征提供了落脚点，会宁是长征路上红军三大主力胜利会师的会合点。因此，借助甘肃革命老区独特的红色文化旅游资源带动旅游业的发展统筹规划与周边区县合作打造全域旅游通道，为老区带来大量的人流、物流，为居民提供大量旅游服务业的就业机会，拓宽农民增收渠道。

（一）深入挖掘旅游资源，做大做强红色旅游

甘肃革命老区旅游业相对以往发展较快，特别是十八大以来，政治教育活动显著增加了旅游人次，但当前甘肃革命老区文化旅游产品主要为单一的纪念馆模式，资源整合不够，缺乏参与性、体验型的项目，旅居游客量小，消费水平低。为此，应该在深入挖掘整合红色旅游资源的基础上，将老区窑洞民居、教育苦旅、民俗文化等文化特色转化为旅游项目，开拓农业领域的观光农业、体验式农业等，通过这一系列的措施用红色旅游资源统领文化旅游资源，创立红色旅游品牌。

（二）加大旅游宣传力度，推动旅游资源衔接整合

革命老区在资金、人才、交通基础设施等领域都存在发展旅游业的制约，因此必须发挥县级旅游部门的重要作用，通过设计规范而有艺术特色的甘肃红色旅游标志，创作具有感召力和影响力的红色旅游宣传词，开展多层次、高水平和全方位的宣传推荐活动，树

立鲜明而独特的甘肃红色旅游形象。将甘肃革命老区红色旅游资源融入陕甘宁的旅游圈当中，积极采取措施同当前自驾游、自助游、深度游等旅游形式相结合，与周边县域对接形成红色旅游自驾游通道，打造经典旅游线路，吸引外来游客。开列专项资金支持旅游宣传，加大旅游投资项目的建设，深化认识，高度重视旅游工作，增强甘肃红色旅游资源的知名度。

（三）完善旅游功能配套，注重旅游产业融合发展

当前甘肃革命老区旅游业门票经济突出，旅游购物、文化娱乐消费占旅游消费比例较低，旅游产业与文化、体育、商贸等产业融合不够，对经济发展的带动作用尚未充分发挥。应因地制宜整合利用具有老区地貌特征的山、水、塬等资源和甘肃特色农业产业发展旅游业，设计参与性、互动性和体验性项目，完善景区内游客中心、旅游厕所、消防安防、导览标示、应急救援、旅游商品、餐饮住宿等，提升服务接待功能。通过旅游与文化、工业、农业等产业融合，打造能引领产业融合发展的大项目、好项目，深挖产品背后的文化，结合故事化的手法，延伸品牌的文化内涵，让消费者不仅能感受到产品的品质，还能联想到其所代表产品的深厚文化底蕴，同时巧借当地资源优势实现产品销售。从"山水观光游"向"山水体验游"转变，从"文物游"向"文化游"提升，从景区游向全域游过渡，从线下订购向线上线下多元供应转变，提高原有产业的附加值，助推经济绿色可持续发展。

## 六　完善商贸物流体系，加快对内对外开放

商贸流通业一头连着生产，另一头连着消费，是国民经济的基础产业。发展商贸流通助推脱贫攻坚能丰富扶贫手段，降低流通成本，促进产业调整，转变发展方式，对于增强贫困地区发展实力、加快脱贫致富步伐具有重要意义。

（一）加快物流体系建设，形成区域商贸流通规模效应

甘肃革命老区县域特色产业重合度高，基础设施建设不完善，资金人才不足，应该更多地支持龙头商贸流通企业在农村市场中的运作与发展，以培育壮大流通主体为抓手，立足于推动流通企业做强做大规模，做好做优质量，提高贫困地区流通企业竞争力，打破地方区域内原有的商贸经济体制的限制，广泛吸纳更多的当地产业链，使龙头企业能够充分发挥自身的经济实力，使地区范围内能够逐渐形成以基地带农户、公司加基地，利益共享、风险共担、整体发展的优质商贸流通产业体系，有效地带动广大农村市场的商贸发展。

（二）充分利用国际货运班列，搭上"一带一路"快车

积极引进更多的先进设备，使农村商贸流通企业在农副产品加工生产的过程中能够更好地实现技术升级与改造，提高农村商贸流通企业的运营水平，将甘肃革命老区特色农副产品通过省内的国际货运班列送往国际市场，增加农村商贸流通企业的出口制成品比重，使农村地区环境内的农副产品得到更好地利用与发展，形成包容、平衡、可持续性的区域规模效应。

（三）积极推动流通方式创新，布局商贸流通新业态

电商的快速普及严重地影响了革命老区原来的商场、超市等业务，传统渠道已经逐渐呈现出"僵尸化"态势。当前应以推动流通方式创新为关键，围绕电子商务、物流配送、连锁经营等新型流通业态，大力发展专卖店、便利店、超市连锁店等新型农村商贸流通产业，利用商务服务平台和电商应用平台，指导建立县级电商服务中心和乡、村服务网点，并通过各级电商示范基地和电商产业园、创业孵化园，为贫困地区的电商提供创业培训服务。

## 第二节　改善社会民生，共享发展成果

### 一　优化结构布局，协调发展教育事业

（一）加大教育经费投入，实现教育资源均衡化

城乡教育经费投入的巨大差异直接导致了城乡居民入学条件、受教育机会等教育起点的不公平。因此，首先要从经费方面入手，加大农村基础教育阶段经费投入，着手维护城乡公平的国民教育起点。政府要确保增加农村义务教育阶段的投入，增加各级财政教育投入，提高中小学生均预算内教育经费标准，缩小中小学教育经费的城乡差异，保证教育财政资源的城乡分配均衡化。要通过财政拨款、部门资助、银行贷款、产业收益、社会捐赠等多渠道筹措教育经费。进一步落实税收优惠政策，积极鼓励和争取境内外企业、社会团体和个人对教育的捐赠、出资或投资办学。

在学校硬件基本得到保障的前提下，推动城乡优质教育资源共享具有重要的意义。要善于充分利用现有的教育资源，利用现代信息技术教育手段，大力发展远程教育、网络教育，以信息化带动教育现代化，促进教育的跨越式发展。推动城市学校对农村学校的帮扶工作，与城市优秀中小学校建立合作共建关系，提高农村中小学教师运用现代教育技术的比例，实现彼此在教学思想、教研活动、教师进修等方面的同构，促进城乡优质教育资源共享，搭建城乡教育均衡发展的立体网络体系。

（二）加强师资队伍建设，提高农村教师综合素质

提升农村教师素质的首要问题，是构建吸引优秀人才的良性生态，而不能把教师素质提升仅仅理解为教师培训。目前，由于教师职业吸引力不够，一些报考教师岗位的师范生以及进入农村教育领域的大学生并不是同龄人中的佼佼者，甚至有的大学生投身乡村教

育只是为了暂时解决就业问题。因此，农村教师的筛选、留任、发展与退出机制需要更大力度的改革。要从战略上高度重视农村教育，实施有利于农村教育发展的资源配置机制。

在实施理念上，要以教师专业发展的科学理念为指导，全方位、全流程地提升农村教师素质，不能将提升农村教师素质简单地理解为"补知识、提能力"。专业素质是教师为完成教育教学任务所应具备的心理与行为品质，它包括职业道德、专业知识与能力、专业态度、情感和价值观等。当前，很多农村教师培训仅仅专注于教师知识与能力的提升，而忽略了师德、专业认同感和价值观教育的重要性。落实到实践层面上，要积极推进农村教师的继续教育工作，鼓励和支持他们进修学习，提高学历层次。并坚持学历和专业技能提高相结合进行农村教师培训，以提高农村教师的理论水平、教学能力和职业道德素质；另外，要建立县域内校长、骨干教师的校际定期流动和城乡交流制度。通过派遣优秀的师范院校毕业生和选调优秀教师到薄弱学校任教，或采取优秀的骨干教师定期、轮流到薄弱学校示教、挂职等方式，帮助薄弱学校尽快提高师资队伍的整体水平。

（三）提高教师待遇水平，保证师资队伍稳定性

甘肃革命老区教师待遇长期偏低，住房条件和办公条件也比较差，直接导致农村师资紧缺，优秀的青年教师不愿意去，原有的优秀教师流失速度加快，这也是导致农村教育滞后发展的关键原因。

根据中共中央办公厅、国务院办公厅印发《关于深化教育体制机制改革的意见》（以下简称《意见》），要切实提高教师待遇，特别是要落实艰苦边远地区津贴和乡镇工作补贴，以及集中连片特困地区和艰苦边远地区乡村教师生活补助政策，确保教师平均工资水平不低于或高于当地公务员平均工资水平。甘肃革命老区应把握政策机遇，加大宏观调控和经费统筹的力度，实现同一区域同类教师

工资待遇基本相同，并且逐步改善农村教师的住房和工作条件。依据农村教师任教所在区域的艰苦贫困程度、距离县城的偏远程度，结合考虑教师在农村学校的任教年限、贡献等，确定津贴档次，加大力度。越在艰苦、偏远的地区从教，津贴应该越高。实事求是地考虑教师的基本需求和农村教育的支出，包括艰苦边远地区生活津贴、艰苦边远地区工作津贴、交通补助，特别是家庭生活补偿、发展补偿等，而且做到该津贴对岗不对人。若一直在艰苦边远地区农村学校从教，则可永远享有；如离岗则不可享有，以使政策能真正有效地起到稳定农村教师和吸引更多大学毕业生与城市教师到农村从教。

此外，应当建立农村教师荣誉制度。提高农村教师社会地位，对常年坚守农村学校并做出优异成绩的农村教师，在区教育系统模范、优秀表彰中指标单列，优先推荐参加上级表彰，给予物质奖励，大力营造关心支持农村教师的社会氛围。

（四）加强职业教育建设，拓宽技能型人才培养渠道

大力推进中等职业教育在西部地区农村的发展，着力发展和拓宽中等职业教育培养各类技术技能型人才的通道，提高职业教育体系在教育结构中的地位并强化其作用。逐步实现九年义务教育后的中等职业教育在农村的普及，有条件的地方应免除高中、中等职业教育的学费，减轻农户所承担的教育成本，保障教育在农村的公平程度。与此同时，要充分依靠行业企业举办职业教育。建立健全行业、企业和学校共同参与的办学机制。行业主管部门和行业协会在国家教育方针和政策指导下，开展本行业人才需求预测，制订教育培训规划，制定本行业技能人才岗位技能职业标准和人才培养规格，制定本行业技能标准和职业资格，开展职业资格认证，参与办学质量评估，组织和指导行业职业教育与培训工作。完善职业资格证书制度，严格实行就业准入。加大劳动用工执法监察，规范企业

用人制度。建立企业接受职业学校学生实习和教师实践的制度，对支付学生和教师补贴的企业，给予相应的税收优惠，并支持有条件的企业建立实训基地。

## 二　完善科技合作机制，加快科技成果转化

（一）引导科技机构争取国家项目，寻求区域发展的智力支持

省科技厅、省科研机构、高校应该积极争取国家自然科学基金、国家社会科学基金等基金项目。例如中科院西北节水项目、兰州大学国家重大科学研究计划项目"全球典型干旱半干旱地区气候变化及其影响"、甘肃农业大学"半干旱农业"项目。这些项目不仅能为西北干旱半干旱地区和革命老区生态、农业、经济发展提供一定的科学理论依据，更能进一步为区域可持续发展提供技术和资金支持。

（二）整合科技资源，深化产学研合作

在政府层面推动革命老区"科林联姻、科企联姻、科农联姻"，完善创新机制，引导和建立多元化的企业技术创新融资渠道，推动地方政府与科研院所开展多元化合作。

甘肃革命老区均为农业大县，特色农业、林业资源丰富，通过政府牵头，联合高校科研机构和当地企业，发展适应当地区位条件的特色产业，延长产业链条，增加农产品附加值和竞争力。与此同时，应该鼓励科研机构、高校的专家学者深入田间地头，现场指导农户进行农业生产和农业科研，并出台职称评聘的相关激励政策，根据科技人才对地方贡献和为地方创造的经济效益进行职称评定和物质奖励。此外，还应该推动各级科研机构之间的合作，围绕老区特色产业开发和升级建言献策。

（三）培育科技推广力量，积极开展农村科普工作

抓好农村科普工作，对于加快推广应用先进科学技术，促进农

村产业结构调整，从而实现全面小康具有十分重要的意义。重点应在农村农民科技素质培训上多做工作，多为基层培训师资力量、研究培训计划、落实培训内容等，努力提高村干部和种养大户的带头致富能力，实现带领广大农民共同致富的目标。革命老区还应围绕特色产业（如苹果、种薯），建设农业科普示范基地和示范点，带动农业新品种、新技术的示范和推广。

此外，要深入实施"科普惠农"工程。利用科普惠农服务站，采取送科技信息上门、送服务到家的方法，大力普及科技信息，让广大农民学到和掌握一技之长，规模发展现代农业，靠自己的技术积累实现勤劳致富。

### 三 积极培育文化产业，促进公共体育事业发展

#### （一）弘扬红色革命文化，开发特色文化资源

甘肃革命老区历史悠久，不仅是中国工农红军25000里长征胜利的会师地、中国甘肃最早红色革命政权的诞生地，还是中华文化的发祥地之一，拥有丰富灿烂的文化资源。在文化资源保护与开发工作中，政府要发挥主导推动作用，有效地协调经济发展与文化保护之间的关系，政府以制度和资金扶持民间组织发挥作用，为公众参与文化保护提供渠道，并通过信息交流、媒体宣传以及理论指导等多种方式，促进文化资源的保护。对规划上具有历史人文价值的有型文化资源要整体保护，对具有重要建筑学价值的历史民居要重点保护，对具有重要民俗学价值和艺术价值的民俗，以及民间音乐、美术、曲艺、舞蹈、戏剧和民间技艺，要分门别类地从民俗学和艺术学角度制定保护方案和措施。发挥市场在资源配置方面的决定性作用，在文化资源的开发开采中，政府要真正下放经营管理权，社会资本介入文化旅游资源的同时，必定会带来新理念、新模式、新想法。政府在其中更好地发挥引导作用，突出富民创收，带

动景区周围农户一起致富，让人民有更多获得感和主观幸福感。

与此同时，积极引进并留住革命老区文化领域紧缺人才，加强人才培训，增强其创新活力和提高整体素质，不断用新思维、新方法、新高度去创造文化产品。吸引艺术、文化等各界学者、名人、专家成为文化地域发展的顾问。改进人才管理、运用制度，建立规范的人才自由流动机制。同时，加强对具有民俗技艺的民间文化艺人的挖掘和扶持，鼓励他们将一些濒临绝迹的传统文化和民俗技艺重新整理、研究。通过挖掘文化资源自身的内涵，提高资源的知名度，最终实现产业化的发展。实施政策激励，制定落实专门针对基层文化人才的政策措施，改善他们的生活条件和经济待遇，充分调动其献身基层文化事业的积极性，从而让优秀的传统文化传承有组织体系的保障，让丰富多彩的中国民间文化后继有人。

（二）大力发展文化创意产业，为基层文化建设奠定经济基础

只有促进乡村文化产业的发展，带动经济的发展，才能加强农村文化事业的内在活力和动力。实施农村文化产业工程，一要树立产业观念，注重文化的社会效益和经济效益，以创新的精神开拓多业兴文的广阔市场。二要培育农村文化市场，包括农村的演艺市场、图书市场和民俗品市场等，以市场为龙头，带动农村文化产业的发展。三要在"特色"上下功夫，努力打造农村文化品牌（如庆阳香包、灵台皇甫谧文化、正宁子午岭黄帝文化），深入挖掘地域历史文化遗产和文化资源，加大文化旅游产品、旅游商品开发力度，着力打造一批文化旅游胜地。四要创新理念，利用"文化搭台，经济唱戏"模式，使活跃农村文化生活和促进农村经济发展形成良性互动，相得益彰。五要大力发展乡村休闲文化。发展乡村休闲文化是农村文化产业化的路径之一。乡村休闲文化的发展，不但能给农村带来经济效益，而且也能让农村本土文化得以传承和发扬光大。六是地方政府要对农村文化产业项目给予积极支持和引导，

尤其有关部门要给予政策支持，如精简审批手续、税收优惠、加大项目经费补贴等，从而为基层文化产业的快速发展营造一个良好的发展环境。

（三）积极发展体育产业，促进公共服务多元化供给

农村体育公共服务的有效供给需要政府承担起相应的供给主体责任，一方面，政府在农村组织的体育活动内容较为单一，且多为展示类的表演活动，而一些集体参与类的活动较少；另一方面，当前农村体育组织多为自发性的群众体育组织，这类组织虽然为村民参与体育提供了一定条件，但由于缺乏管理和经费支持，仍然难满足农村体育发展的需求。基于农民需求的农村体育公共服务供给不应忽视政府供给的主体责任，而应建立政府供给主导下的农村体育公共服务多元供给方式。在政府主导下建立多样化的农村体育公共服务供给方式，是弥补现阶段政府供给不足的有效手段。

农村体育公共服务的有效供给需要多主体共同参与：一是发挥基层自治组织在农村体育公共服务中的组织服务作用，有助于实现农村体育公共服务的有效管理，同时对基层自治组织管理农村体育公共事务给予适当的资金补贴。二是积极引导民间团体和社会组织投入农村体育公共服务的建设中，民间团体和社会组织对农民的体育需求有着更直接的感触，其服务农民的意愿也更为强烈，因而这些团体和组织为农村提供的体育服务内容也更为有效，进而形成多样化的农村体育公共服务供给模式。

## 四 完善医疗卫生体系，显著提升服务能力

（一）增加财政投入，完善卫生基础设施

财政卫生事业经费投入总量，是确保医疗卫生事业发展的基础，也是政府职能的重要体现。医疗卫生事业与民生息息相关，应逐步增加革命老区卫生事业经费投入总量，完善医疗卫生基础设施

建设。第一，加大财政对乡镇卫生院、村级卫生室和街道门诊等医疗卫生机构的投入力度，使革命老区的县市级、乡镇级、村街级三级医疗卫生机构平衡发展。第二，加大财政对公共卫生项目和公共卫生机构的投入力度，特别是加强乡镇卫生院、村级卫生室和街道门诊的公共卫生经费的投入，包括公共卫生的人员工资、技术培训、设备购置、药品提供等方面的投入，建立全面、适用、经济、稳固的乡村公共卫生服务体系，确保广大农民的最基本公共卫生需求。

（二）增核编制，制定科学的激励机制

牢固树立人才资源是第一资源的理念，把加强卫生人才队伍建设作为发展卫生事业、推行卫生惠民工程的一项重要任务来抓。编制、人事、财政等部门要切实履行职责，加强协作，密切配合，努力形成做好卫生人才工作的整体合力。探索研究卫生人才队伍建设的规律，着力在卫生人才队伍结构调整、能力建设、组织管理等方面加强协调，建立充满生机与活力的人才工作机制，形成干事创业的社会环境。按照省、市卫生资源配置标准，综合考虑医疗卫生服务人口数量、服务半径、服务项目和工作难度等因素，按照"缺多少、补多少，一次定编、逐年补充"的原则，争取尽快补充人员。建议解决住房或安家补助和生活补助，工资标准适当抬高，通过优化软硬环境，做到"事业留人，待遇留人，感情留人"。

在医院内部深化人事管理体制改革，充分运用竞争、激励机制，建立完善以岗位、责任、能力、贡献为要素的劳动分配制度，调动现有卫技人员的工作积极性。建立以能力和业绩为导向、社会和业内认可的医疗卫生人才评价机制。突破论资排辈、轮流坐庄、学历至上，能上不能下的瓶颈，不断完善竞争上岗、按岗定酬、业绩评估、绩效挂钩等激励制度，对肯努力、善钻研、出实绩、多贡献的人才，给予相应的政治荣誉、生活待遇和发展机遇，不断激发卫技人员的工作热情。完善以业绩为重点，由医德、知识、能力等要素构成的医疗卫生人才评价指标体系。在认真调研的基础上，科学制定岗位绩效工资制度，合理增加激励工资比例，完善和落实医疗卫生人员绩效工资制度，对自愿到乡镇卫生院工作的医学专业大专以上毕业生，其工资待遇适当从优，并由县财政予以保障。

（三）落实分级诊疗制度，加强基层诊疗机构的合作机制

基层首诊是分级诊疗制度的重要基础。当前基层医疗卫生机构优质资源匮乏，需要通过对口支援、建立医联体、医疗集团、远程医疗等手段，促使城市优质资源下沉，提高基层服务能力和水平。长期来看，还是需要通过全面提升基层诊疗服务能力（尤其县医院能力）、培养全科医生队伍、推动家庭医生签约制度等方式逐步增强基层医疗卫生机构的造血功能，提高人民群众对基层的信任度，自觉自愿到基层就诊。

与此同时，农村分级诊疗制度需要农村医疗卫生机构主动适应、积极作为。一是练好内功，提升医疗服务能力。农村医疗卫生机构应加大对医疗卫生技术人员的继续教育与专业培训，着力培养全科医生。改革人事薪酬制度，形成良性竞争机制，提高集医疗、预防、保健和康复等医疗服务于一体的综合服务实力，吸引更多患者就医。同时，应主动走出去、引进来，主动与相关医疗机构对接，通过优惠政策吸引高水平医疗卫生技术人员到农村医疗机构较长期地进行对口支援、挂职锻炼等，把先进技术带到农村、教给农村医疗服务人员。二是明确功能定位，努力满足患者需求。根据自身条件开展医疗服务，服务对象集中于诊断明确、病情稳定的慢性病患者、康复期患者、老年病患者等。三是加强对接与合作，注重相关制度建设。积极探索入院、出院标准和双向转诊原则，提高与上一级医疗机构互转的默契度，全力配合建立顺畅的转诊机制。在接诊、检查、住院、诊治信息和后续治疗方案等方面与上一级医疗

机构建立合作机制，提高工作效率。四是探索"互联网+医疗"，借力智慧医疗。积极探索"基层检查、上级诊断"的有效模式，借助远程会诊、远程病理诊断、远程影像诊断、远程心电图诊断、远程培训等医疗服务合作机制，提升自身医疗服务水平。

## 五　扶贫扶志两手抓，提升社会保障效用

### （一）改变"等靠要"思想，扭转以吃低保为荣的风气

物质的贫穷并不可怕，可怕的是精神上的"贫穷"。在扶贫攻坚过程中，面对"等靠要"扶贫对象，首先要解决的问题是，深挖其思想根源，唤醒其主动"脱贫"意识，督促其积极行动起来，通过自身努力改善家庭经济状况，引导其走上脱贫致富的道路。这也提醒基层干部在扶贫攻坚工作中，不能走过场，浮于"蜻蜓点水"式作秀层面，而是要深入基层，多方调查研究，针对不同扶贫对象，采取切实有效的扶贫策略和行动。尤其面对"等靠要"的扶贫对象，就不能直接给予物质与资金帮扶，可以换成鼓励其承包果园、种植经济林木、养殖牲畜等方式扶持。政策上给予优惠与照顾，技术上给予指导与帮助，销售渠道上给予指引与联系。如此这般，唤醒主动脱贫意识，通过自身努力获取经济效益，品尝劳动得来的甜美果实，让其找到自身存在的价值感，激发他们对美好生活进一步的创造意愿与能力。

授之以鱼不如授之以渔。基层干部在扶贫攻坚工作中，一定要下"深水"，多了解每个家庭背后致贫的原因，对症下药，多为他们想办法，找途径，利用自身资源和政策优势，指导和督促他们积极行动起来，改掉"坐等靠"的惰性思维，通过自身努力改变命运，凭借勤劳与智慧走上脱贫致富之路。

### （二）整合发放补助资金，提升资金利用效率

国家对革命老区发放的补助资金种类繁多，但发放比较分散，

多为撒"胡椒面"式的发放,虽然能使农民获得一点实惠,但难以发挥补助资金的集中力量达到改善农民生活、使他们彻底脱贫致富的作用,这与革命老区、贫苦地区补助资金发放的初衷不符合。革命老区相关政府应争取实现国家"切块下达"补助资金的整合发放,从而进一步实现农户,特别是深度贫困户抗风险能力和农业生产的积极性。

(三)利用社会资本,积极推动养老方式的多元化

革命老区人口老龄化呈现"未富先老"的趋势,革命老区的老年人养老面临如下困局:家庭核心化、少子化背景下家庭养老功能持续弱化。社会化的养老体系还没有完全建立,养老金虽然基本实现全覆盖但其整体水平较低,老年人长期护理体系还没有进入制度化运行阶段,养老服务建设更是严重滞后于老年人的日常需求。商业化的养老方式又因绝大部分老年人难以承受其巨大的养老成本而不能成为解决老年人养老的主流方式。

面对当前巨大的养老需求,建立自助、他助、互助相结合的多元化养老资源供给格局,是应对人口老龄化危机的根本路径。互助型养老模式是老年人社会参与的重要途径,是革命老区未来养老模式的重要补充,其形式包括"志愿型""储蓄型""市场型"互助养老模式。互助养老在缓解养老资源不足、丰富老年人社会参与路径、弘扬互助道德文化等方面可以发挥积极效用。此外,引入社会资本,将政府、市场、社区、志愿部门等力量都参与到养老服务的生产和输送中来。同时,通过以老帮老、以老养老,提升老年人生活质量,为创新养老模式、为革命老区多元化养老格局奠定基础。

## 六 优化人口结构,提升就业能力

(一)推行优生优育,切实提高人口素质

农村乡镇干部在认真执行有关法律法规的前提下,应大力普及

优生科学知识。各级计划生育部门和有关部门都要把提高人口素质提到议事日程上来，而发展农村教育事业又是提高人口素质的关键所在，要结合小城镇建设，积极推进农村教育综合改革。统筹安排基础教育、职业教育和成人教育，真正加大扫盲力度，对流动到非农行业的农民所有用人单位都应对这一群体进行岗位培训，提高他们的专业技能。另外，还应采用多渠道办学方式，不断改善农村办学条件，重视农村师资培养，对长期工作在少数民族地区、偏远山区和贫困地区的教师要在精神和物质上给予鼓励，在生活上予以照顾，尽量减少他们的后顾之忧。

（二）反对高价彩礼，倡导婚嫁新风

"高价彩礼"成为革命老区群众返贫的重要原因之一。第一，要引导青年树立正确婚恋观，倡导新婚尚。宣传、妇联、民政、司法等职能部门切实发挥职能作用引导广大农村青年带头移风易俗、婚事简办，大力倡导"抵制高价彩礼、倡导婚嫁新风、树立良好家风、共创文明家庭"的良好社会风尚。第二，引导党员干部发挥模范带头作用，不收彩礼或者象征性收取少量财物。同时，进一步完善村规民约，以此约束村民行为，将拒绝"高价彩礼"与妇联其他业务工作紧密结合起来，真正将"抵制高价彩礼、倡导婚嫁新风"工作落到实处。妇联组织要充分发挥联系群众、联系妇女、联系家庭的优势，立足本地实际，采取多种方式，大张旗鼓地宣传"高价彩礼"的危害性，教育引导广大妇女和家庭树立正确的价值观、恋爱观、婚姻观，自觉抵制"高价彩礼"，移风易俗，倡导健康文明的婚俗新风，从而逐渐改变"高价彩礼"上涨蔓延的现象，从源头上遏制因经济贫困导致"高价彩礼"的现象，通过实干兴家、发展立家、勤劳富家创造美好生活。

（三）提升就业能力，健全人力资源市场

革命老区百姓多数选择外出务工，要做好革命老区就业促进和服务工作，首先，建立一个统一有序的劳动力市场，提升组织化配置农村剩余劳动力资源的能力。第一，打破劳动力市场地区、行业和所有制分割的局面，推进劳动力市场与人才市场归并整合，建立公平统一、竞争有序的劳动力市场。第二，打破信息封闭，实现劳动力市场网络化。通过网络及时发布工作供给信息，同时，将农民工年龄、文化、技能特长、就业经历等统一录入信息网络，向外地、外省传递，降低农民工的求职成本和风险。第三，继续发挥乡土性劳动力市场的作用。员工介绍在组织上是招聘员工的一种重要方式，因此，不能忽视农民工通过"亲""友""乡""族"外出就业的意义，而且，当乡土性劳动力市场达到一定规模以后，往往也就具有了较强的组织性。第四，加强劳务输出基地建设和管理，重点培育一批劳务输出基地区县。实行基地、培训、输出、管理、服务相结合，提高农村劳务输出的有效性和组织化程度。第五，构建劳动力组织输出系统，调查和掌握市场劳务需求信息，并根据信息组织资源地的劳动力开展岗位培训，有组织、有规模、有订单、有目的地输出劳务。

其次，统筹城乡就业服务平台，建立与完善就业培训体系，提高农村劳动力转移就业竞争力。规范统筹城乡就业服务体系，建立统一的就业市场，取消一切限制农村劳动力就业的歧视性规定，把农村劳动力摆到同等的就业位置。成立农村就业服务指导小组或组建农村劳动者就业协会，为农村劳动力多方收集就业信息，随时提供政策咨询、职业介绍、就业培训、劳动维权等"一条龙"服务。健全人力市场体系和规范市场秩序，主管农村就业部门和人员应千方百计与辖区内外单位、企业加强联系，做好就业岗位的开发工作，拓宽就业渠道。统一建立农村劳动力培训制度，实施政府全额补助的政策，强化农村劳动力培训力度，切实加强技术培训，提高非农就业技能。有效整合现有技工学校、职业学校、农校等教育资源，建立多种形式的培训基地。进一步规范职业培训市场，鼓励和吸纳社会力量兴办教育培训，开展面向新兴产业和服务业的应用性和技能性培训，形成较为完善的农民工教育培训体系。

最后，实施"农村劳动力跨区域有序流动"工程。当地劳动部门要与发达地区建立区际劳务协作关系，积极促成农村劳动力的有序输出。特别要加强对农村劳动力跨区转移的管理，并热心为其提供信息咨询与传递的服务。

## 第三节　加大环保项目推进力度，提升生态环境治理能力

### 一　加强宣传和教育，增强生态文明意识

加强对各级领导干部和政府工作人员的生态文明教育，促使他们能将生态文明建设融入各项工作中。加强企业经营者的生态文明宣传和教育，强化企业的环保责任，让他们从片面的追求经济利益转向经济、生态利益并重。面向群众，积极开展各项生态文明建设的宣传和教育活动，充分发挥群众力量。

### 二　加大执法力度，严肃考核问责

对性质严重、影响恶劣的环境违法案件，由环保部门和司法机关联合挂牌督办。各县区应积极出台生态文明建设相关的法规政策，发挥法律的引领、规范和保障作用，加快完善法规体系，在生态文明建设过程中做到有法可依，有法必依，执法必严，违法必究。保障生态文明建设持续健康发展。对推进缓慢、未落实环境保护的负责人，情节轻微的给予诫勉谈话，情节严重的予以免职。对因重视程度不高，未落实企业环保主体责任的油田企业，县政府将实行"区域限批"。

### 三 加强基础设施建设，加大环保项目扶持力度

借助棚户区改造、城区黑臭水体整治项目，全面改善城区环境状况。依托美丽乡村、易地扶贫搬迁等项目，着力改善农村环境。同时加快推进乡镇生活垃圾填埋场建设、集中式饮用水水源地保护、污水处理厂等环保项目。

更新环境检测技术和设备。环境检测是环境执法的先决条件和重要基础。为改善生态环境状况，各级政府相关职能部门要加大对环境检测设备的采购投入，积极采购和引进各类先进的环境检测设备和技术，部分经济条件较差的地区应尽量配备一些基本的环境检测设备以满足最基本的环境检测需要，从而有效增强本地整体环境检测水平和能力。另外，老区还要有针对性地采购和引进一些特殊的环境监测设备和技术，如加油站和机动车尾气监测技术设备、电磁污染检测技术设备、重金属污染检测技术设备等，以增强革命老区对重点污染企业的污染排放物检测能力，从而及时掌握污染情况，为后续的环境执法提供有力依据。

加大环保项目扶持力度。环保资金投入不足是甘肃革命老区生态环境保护和建设的一大瓶颈，这也在一定程度上减缓了革命老区建设生态文明的步伐。甘肃革命老区环保资金投入不足主要是由于辖区经济发展水平较低，环保投资管理方式落后等原因造成的。革命老区要紧紧抓住历史发展机遇期，充分利用国家所给予的资金和政策扶持，积极开发和利用本地优势资源，加快本地经济发展，从而尽量满足或增加公共财政对生态环境保护和建设资金的投入。同时，各级政府要按照国家相关要求，对生态环境保护和建设资金投入设立专项财政支出项目，切实保证公共财政对生态环境保护和建设的投入。如目前要求每一个乡镇都要有一个垃圾填埋场与一个污水处理厂，大概需要几千万元，这么大的资金投入如果完全靠县级

财政支撑是不大可能的,建议国家和省级政府加大投资力度。

### 四 加大资金支持,加强生态脆弱区环境改善工程

针对甘肃革命老区生态环境脆弱的实际问题,建议省级政府对一些生态脆弱的县区出台特殊的政策,在项目资金投入上给予大力支持。建议加大退耕还林、造林绿化的扶持力度,加大坡耕地还林还草和淤地坝建设力度,促进工矿区生态恢复。巩固提高退耕还林、退牧还草、防沙治沙等重点生态工程建设和国家水土保持重点工程成果,切实解决好农牧民长远生计问题,有计划、有步骤地引导重点生态区人口易地搬迁。在原有的退耕还林政策上,扩大老区项目范围,延长项目期限。同时,逐步建立盯住粮价的浮动补贴机制,根据当年的粮价上涨幅度和退耕地的边际产量、退耕面积对退耕农户予以财政补贴,保证退耕农户的收益不低于市场变化条件下其退耕地的粮食边际收益,从而减少退耕还林政策可能产生的负激励,保证稳定的政策效果。

### 五 科学开发利用资源,大力发展循环经济

甘肃革命老区经济发展与资源环境不协调的一个重要原因就是在资源开发和利用过程中,部分地区存在着欠科学、欠合理的作为,从而造成了资源的浪费,资源利用率偏低。浪费的资源变身为废弃物,污染当地环境,而资源利用效率偏低又加大了对当地资源的开发,造成新的浪费,从而形成了一种恶性循环。为此,革命老区在利用辖区资源推动社会经济发展的同时,要加强对资源开发的整体规划和管理,大力发展循环经济,减少资源的浪费和废弃物的排放,减少生产性污染对革命老区生态环境破坏的压力。即革命老区在决定开发和利用某一资源时,要事先做好对这一资源开发和利用的整体规划和必要的环境评估,只有对资源开发和即将产生的可

以预见的环境污染做到心中有数,才能够减少对资源盲目的开发和利用行为,从而减少资源的浪费。

### 六 转变招商引资工作思路,加强环境评估和审查力度

招商引资是革命老区加快发展的一种有效途径,在以往的招商引资过程中,过分注重招商项目对当地经济发展和财政收入的贡献,而对招商项目对当地生态环境的影响关注不够,因而对招商项目的环境评估和审查重视程度较低,给革命老区当地生态环境带来了严重影响。对此,甘肃革命老区要加快调整招商引资工作思路,要积极按照全面、协调和可持续发展的要求,加强对招商项目的环境评估和审查力度。革命老区要在企业投资规模、企业耗能、企业排污等方面设立项目准入门槛,变招商引资为招商选资。在招商引资过程中,要否决和淘汰高耗能、高污染且污染治理难以达标的项目。环境影响评估和审查时,不仅要有专业评估人员评估,还要充分听取和考虑当地居民的意见,并及时公布评估结果,接受社会监督。

### 七 科学划分资源,完善生态补偿机制

有效推进生态文明建设建立和完善生态补偿机制,还生态环境以本来价值,不仅是甘肃革命老区遏制生态环境恶化,控制资源浪费,改善生态环境质量的重要手段,同时也是解决社会发展与环境对立问题,扎实推进老区生态文明建设的有效途径。革命老区要对部分资源建立长效的生态补偿机制,对资源进行科学合理的划分,对于像煤炭、石油等这类资源开采可以给予周围居民实施短期生态补偿。而对于像森林、草原、重要水源等涉及民生问题,且涉及范围较广、时间较长的资源,应积极制定和完善相对应的生态补偿政策,并通过法律的形式确立起永久性的生态补偿,以便于对这些资

源做到及时有效的保护。坚持按照谁开发谁保护、谁受益谁补偿的原则，加快建立和完善生态补偿机制。

**八 加强区域环境保护协调机制建设，推动区域环保合作**

为扭转"跨界污染"愈演愈烈的态势，推动区域生态环境保护和污染治理，革命老区各个辖区政府很有必要加强区域环境保护协调机制建设，推动区域环保合作，携手推进区域生态环境建设。在财政投入、环保人才建设、环保科技运用、重大环境污染事故处理与救援应急等多方面积极构建全方位、多层次的区域沟通协调机制，展开交流与合作，相互学习，优势互补，从而提升辖区政府对区域环境问题的治理水平。

# 第九章

# 一县一策系列·平凉篇

## 第一节 崆峒区

补齐发展短板,整合优势资源,增强发展动力,实现精准脱贫。
——崆峒区县域经济社会发展中存在的问题与对策建议

"十二五"以来,崆峒区坚持以科学发展观为指导,认真贯彻中央、省、市一系列方针政策和各项重大部署,以建设工贸旅游强区为目标,大力实施工业经济和商贸、旅游、肉牛、果菜四大特色产业发展战略,全力上项目、稳增长、促改革、调结构、惠民生,克服宏观经济下行和严重自然灾害等困难,推动全区经济社会稳步发展,综合经济实力稳步提升,为崆峒区"十三五"实现全面建成小康社会奠定了坚实基础,但在发展过程中也存在诸多问题。

### 一 崆峒区县域经济社会发展中存在的问题

(一)对农业基础地位的认识有待进一步提高,现代化程度较低,农业有效投入机制有待进一步健全

一方面,新时期农业作为"接二连三"的产业,其重要性在全社会还未被广泛认知,发展现代农业的意识有待进一步增强,农业亟待转

型升级。另一方面，生态农业、高效农业、外向农业、休闲观光农业等现代农业职能较为弱化。受人员编制等因素的制约，农业技术人员难以补充，发展现代农业力量薄弱。目前主要以传统农业为主，科技含量不高，规模小，附加值较低，加之农业生产周期较长，受自然风险和市场风险双重影响，投资农业的风险较高，外资、工商资本和民间资本投入农业的积极性不高，农业现代化和农产品龙头企业规模小、数量少，带动作用有限，对农民增收效果不显著。

（二）精准扶贫、脱贫任务重，脱贫内生动力不强，返贫压力大

一是全区剩余的1.32万贫困人口属贫中之贫、困中之困，脱贫攻坚成本高、难度大。二是脱贫内生动力不强。个别农户虽然达到脱贫标准，但稳定脱贫仍要进一步巩固和提高，缺乏可持续发展的产业和收入，脱贫内生动力还没有完全激发出来。三是返贫压力较大。部分脱贫村、脱贫户还没有形成稳定的可持续增收渠道，尤其是部分民族村，因灾、因病、因婚、因学返贫的压力依然比较大。调研中发现，农村结婚成本（彩礼占近80%）在15万—20万元，结婚后基本负债累累，因婚致贫较为严重。

（三）农村环境污染问题严重，环境保护和环境整治难度较大

农村水源污染、生活废水污染、农用地膜"白色污染"、农药化肥污染、生活垃圾废弃物等污染问题依然突出，农村环境脏、乱、差的问题治理效果不明显，垃圾箱和垃圾斗等环保设施没有发挥应有的作用，加上环境保护意识淡薄，环境治理人员不足，乡、村一级缺乏应有的环境监测机构和专业人员，长效监管机制落实不到位，环境整治难度较大。

（四）教育结构不尽合理，教育不均衡较为严重，师资队伍建设有待加强

城乡之间、公办与民办之间、校与校之间教育经费投入、师资

力量、教育设施等存在较大的差距，尤其是边远乡镇、民族乡村，由于教育条件和观念所致，部分少数民族青年未接受任何教育，教育水平低下严重制约着青壮年劳动力的就业和外出务工。目前全区职业高中教育规模远远不能适应形势发展的需要，加之办学形式比较陈旧，就业渠道不畅，导致职教的吸引力不强，不但影响了职教本身的发展，而且还影响了高中阶段普及率的提高。

（五）交通基础设施短板突出，建设和养护资金紧缺

相比平凉市其他县交通状况，崆峒区交通基础设施相对较好，但随着土地、资源、环境的刚性约束进一步增强，交通运输集约、绿色、可持续发展的要求越来越迫切，这些刚性约束的持续增强与全面加快交通基础设施建设、补齐交通发展短板之间的矛盾日益突出，省、市公路建设三级事权明确后，跨县（区）的普通省道项目土地征收由所在县（区）负责并承担费用，其他普通省道建设由所在县（区）政府负责筹资，建设成本逐年增高，筹融资难度持续加大，资金需求与供给矛盾非常突出，一定程度上制约了交通基础设施发展。

（六）旅游基础设施不完善，服务品质亟待提升

崆峒区文化旅游在"十二五"期间取得了较大发展，但依然在旅游交通基础设施方面比较薄弱，城区与景区之间、景区内部之间交通发展滞后，断头路较多，通达性和舒适性没有完全解决；游客服务中心、旅游设施、停车场、旅游厕所、旅游标志系统、安全救援体系建设等尚不完善，如崆峒山景区的缆车竟然可以允许游客站着乘坐，没有任何安全带等设施，安全隐患大。旅游标准化、智慧化、人性化服务仍有待提升。

（七）文化旅游资源集聚程度低，旅游产品结构单一

崆峒山作为国家 5A 级旅游景区，是崆峒区旅游发展的龙头，但仍然存在"有月亮没星星"的局面。除崆峒山外，太统山、十万

沟大峡谷、海寨沟、老林沟等优质资源开发明显不足，没有形成精品旅游景区，西部崆峒山与太统山、大阴山、十万沟大峡谷之间相互割裂，缺乏有效串联，旅游资源缺乏有效整合。而且崆峒区旅游产品依旧是以传统的观光型旅游产品为主，休闲度假、健康产业、文化深度体验产品不足，难以适应自驾游、自助游、网上预订等多元需求趋势，文化内涵挖掘不够，加上宣传力度不足，文化旅游仅仅停留在崆峒山大景区旅游上，对其他旅游资源开发力度不够，没有形成完整的文化旅游产业体系。

## 二 促进崆峒区县域经济社会发展的对策建议

（一）转变创新农业生产方式，加大对农业龙头企业的支持力度，提高农业现代化水平

按照做大总量、培育品牌、集群发展的方向，坚持用工业化思维谋划农业，促进加工型龙头企业聚集发展，鼓励农业产业化龙头企业利用资本市场发展壮大，重点围绕果菜、畜草产业开发，大力开发生化药品、骨系列产品、牛肉熟食品、果汁等产品，重点扶持和培育一批市场潜力大、产业关联度大、规模集约水平高、辐射带动能力强的骨干龙头企业，拉长做粗产业链条，让农户更多分享农业全产业链和价值链增值收益。加大对农业产业化龙头企业的扶持，尤其是高效农业、循环农业、生态农业等的支持力度。像天源生态农业园，集红牛养殖、瓜蔬种植、农业观光旅游、农业休闲娱乐、废弃物回收利用、饲料加工等为一体的循环农业，实现了农业生产的集约化、规模化和产业化，市场潜力大、产业链条长、农产品附加值高，经济效益明显。

（二）因地施策，多元化培育精准脱贫和富民强县产业

按照区别对待、精准施策的原则，根据自然环境、资源状况、贫困程度、致贫原因等差异性，因地制宜，不断培育和发展富民新

业态，用工业化理念谋划农业、企业化管理运营农业、市场化方式拓展农业，形成多元脱贫和富民产业体系，拓宽贫困群众的增收渠道。峡门乡的山口村和颉岭村是以回族为主的民族村，实施精准扶贫以前，两个村的自然环境恶劣，生活条件差，群众居住较为分散，精准扶贫、脱贫难度大，根据实际情况，对其进行了精准扶贫易地搬迁，搬迁之后，贫困群众的生活条件和公共服务设施得到很大改善，但增收难成为影响扶贫效果的重要难题，为此，县、乡、村结合贫困群众的实际情况，在原来一家一户分散养牛的基础上，创建了集中居住、集中养殖、人畜分离的养牛模式，不但扩大了一家一户的养牛规模，而且在养殖技术、牲畜防疫、饲料加工等方面实现了共享，降低了养殖成本，增加了收入，提高了养殖的规模效益和经济效益。

（三）加大农村生态环境整治和治理力度，确保农村生态环境有效改善

加大农村环境整治项目设施建设和人员投入，尤其是乡村环境监测设施机构和专业环境监测人员，深化"以奖促治"政策，加大财政投入，完善乡村环境治理基础设施建设和人员投入，推进农村环境综合整治，逐步解决农村生活污水和垃圾处置问题。推进畜禽养殖污染防治，严格控制农药、化肥使用，加强农资废弃包装物、农膜、尾菜的治理，开展耕地土壤环境调查与修复试点，全面实施农村生态环境风险防控体系，确保农村生态环境有效改善。

（四）增加基础教育投入，完善普、职业教育体系，提升教育水平

进一步增加基础教育投入，尤其是农村基础教育投入，提高农村基础教育水平，缩小城乡之间的教育差距。完善职业教育体系建设，为全区经济社会发展培养所需的专业人才。实现义务教育均衡发展，职业、成人教育层次更加合理，民族教育加快发展，教师队

伍整体素质更加优化，信息化和教育技术装备更加先进，城乡教育发展水平更加均衡，教育质量和效益更加优异，形成结构合理、多样化开放性、现代化高质量的国民教育体系，实现教育强区目标。

（五）加大交通基础设施建设资金投入，补齐县域经济发展短板

按照目前省、市公路建设三级事权划分，道路建设土地征收、道路建设和道路养护等费用由国家和县级财政共同承担，随着土地价格和公路建设与养护成本的不断增加，县级财政尤其是贫困县投入已经捉襟见肘，这就需要改变县域公路建设等资金投入方案，加大国家财政负担比例，减轻县级财政负担，为县域道路基础设施建设提供资金保障，切实增强交通运输对本区发展的支撑能力。

（六）积极培育新动能，促进生态文化旅游产业融合发展

文化旅游产业作为目前发展新旧动能转换的先导产业，在崆峒区具有良好的发展前景。借助目前丰富的文化旅游资源，应积极探索多元投入与运营模式，广泛引入社会资本和PPP模式，引进先进的管理模式和运营理念，在围绕中华道教第一山——崆峒山、打造崆峒山道教文化产业园的基础上，充分挖掘全区历史文化资源，在传统旅游产品基础上，大力拓展旅游空间，积极开发道源文化研学旅游、自驾车旅游、崆峒山低空观光旅游等新业态旅游产品，打造多元文化旅游产品，丰富全区旅游产品体系。

## 第二节　静宁县

聚焦问题、精准施策与县域经济发展。
——静宁县县域经济社会发展中存在的问题与对策建议

近年来，静宁县按照"城镇工贸、南部果菜、北部畜薯"的区

域布局，做大做强果品、包装材料、现代物流三大产业。目前，静宁苹果、纸箱包装等产业已走在了全省乃至全国前列。突出抓好现代农业、地方工业、基础设施、商贸流通、社会事业、改善民生六项重点。锐意进取，合力攻坚，全县经济社会平稳健康发展。在县域经济发展过程中积累了一些先进经验，取得了一些成绩，但在发展过程中也表现出一些问题。

## 一 静宁县县域经济社会发展过程中积累的经验

（一）积极培育优势产业，探索苹果产业发展新模式

静宁县果品产业发展起步早，目前已经粗具规模。与此同时，在不断因地制宜、创新发展模式的基础上，已探索出了适合静宁自然环境的乔化密植苹果栽培技术。在苹果栽培集中区，建立了现代苹果栽培高新技术示范园区，示范园区集苹果品种改良、栽培模式创新，高新技术推广于一体，引领苹果产业转型升级，探索苹果种植新理念，示范苹果栽培新模式，培训提升果农种植苹果技术。此外，充分发挥示范园区内科技人员专业技术优势，积极为全县苹果种植提供技术支持和指导，较好地解决了果农种植苹果过程中遇到的一些难题，为全县苹果栽培提供了可靠的技术保障。

（二）以优势产业为依托，发展关联产业

充分利用苹果产业的发展优势，积极推进纸箱包装关联产业的发展，不仅能有效的解决苹果包装问题，而且还为周边区域提供了纸箱包装服务，在一定程度上促进了静宁第二产业的发展。同时，探索发展苹果深加工产业，积极推进苹果醋和苹果汁等苹果深加工产业发展，积极拓宽产业链。

（三）紧紧围绕优势产业，广泛开展职业教育培训

静宁县职业教育紧紧围绕群众所需，切实解决老百姓的适用技术难题，在全县积极开展苹果种植、病虫害防御等技术培训，有效

提升了全县果农的苹果种植水平。此外，根据全县劳务人员发展方向，积极开展其他各项技能培训，积极实施教育脱贫、技术脱贫。由此，静宁县被评为国家职业与成人教育示范县。

（四）因地制宜，探索发展旱作农业

根据县北部的气候特征、地形地貌，积极争取上级政府的资金及政策支持，开源节流、整合资金，在县北部山区修建了万亩机修梯田，大力发展以马铃薯、全膜玉米为主的旱作农业，为县北部群众脱贫致富创造了条件。

## 二 静宁县县域经济社会发展中存在的问题

（一）经济总量小，地方财力弱

2015年静宁县人均GDP为10860元，仅为全省人均水平的1/3，全国人均水平的1/5，经济总量小、人均水平低、发展滞后仍是静宁县发展的主要矛盾。2015年地方财政收入2.05亿元，财政支出27.5亿元，地方财政收入仅占财政支出的7.3%，自有财力严重不足，财政收支矛盾突出，投入能力十分有限，薄弱的财政对支持经济发展的动力不足。

（二）经济结构不合理，产业发展层次低

静宁县农业仍处于由规模扩张速度向质量效益转变阶段，基础薄弱、发展方式单一、产业链条较短、现代化装备不足、服务体系和市场营销滞后，规避风险能力有限。工业以劳动密集型行业为主，科技含量普遍较低，缺乏大企业支撑，农副产品加工产业附加值低，处于行业中低端，缺乏市场核心竞争力。第三产业以运输、餐饮等传统服务业为主，新兴服务业发展缓慢，拉动经济增长的作用不明显。

（三）贫困程度深，脱贫难度大

按照2800元的新标准测算，全县仍有贫困村150个，贫困人口达 8.95 万人，贫困面高达 19.9%，主要分布在自然条件差、土地贫瘠、交通不便的西北部和中南部山区，扶贫成本高，脱贫难度大，扶贫攻坚的任务十分艰巨。同时，**精准扶贫机制有待创新改善**，主要体现在缺乏动态性、贫困等级划分标准过于细化、较多地体现出平衡式扶贫，在一定程度上脱离了精准扶贫的战略部署。

（四）果品产业链较短，富民而不强县

县南部已经发展起百万亩苹果种植区，县北部发展建立了早酥梨等果品产业，这些果品产业已经成为富民产业，有效地带动了全县人民的致富。但是静宁县果品大部分只作为农业初级产品在市场销售，存在产业链条短、产业链条窄等问题，没有有效带动全县工业的发展，没有形成强县的优势产业。

（五）果树老化，果业收入进入换档期

静宁苹果产业经过 20 多年种植，部分果树树龄长，出现老化现象，严重影响了苹果品质和产量，面临更新树种，由此进入 3—4 年的苹果收入断档期的问题，在这期间，将导致部分果农缺乏有效收入，这在一定程度上阻碍了苹果树的更新换代，影响了苹果种植新技术、新品种的推广。

（六）自然条件恶劣，旱作农业抵御自然灾害能力弱

目前，静宁县将发展旱作农业作为县北部重要产业，并形成了一定规模，但与之相配套的基础水利设施尚未建立，这使得每年旱作农业发展状况过分依赖气候状况，抵御不利气候及自然灾害的能力较弱，形成了一种"靠天"发展农业的现象。而静宁县地处黄土高原丘陵沟壑区，自然条件严酷、生态环境脆弱、矿产资源匮乏。十年九旱，水资源奇缺，主要河流常年断流，工程型、资源型缺水矛盾突出，人均水资源拥有量是全省的 1/5、全国的 1/8。山旱地占总耕地面积的 92%，土地贫瘠，土壤有机物含量低，干旱、冰雹等自然灾害频发，无疑影响了旱作农业的发展。

### (七) 瓶颈制约因素突出，基础设施欠账大

县域横向骨干交通网尚未形成，县乡道路建设标准低。城市道路断头路多，交通拥堵和脏乱差的问题突出。农村道路、住房、信息等基础设施瓶颈制约还没有完全破解。水利基础设施建设滞后，城乡居民饮水较为困难，全县仍有1.45万人存在饮水不安全问题。城乡电网结构不优，仍有150个自然村没有通动力电。农村人口居住分散，危旧房改造的任务还十分繁重。

### 三 促进静宁县县域经济社会发展的对策建议

#### (一) 进一步发挥苹果产业的富民效应

目前，静宁县果园面积在100万亩以上，瓜果面积在55万亩以上，产量达到70万吨，产值28亿元，建成了33.6万亩绿色果品，苹果已成为静宁县的富民产业，苹果产业对静宁县农民实现脱贫致富起到了重要作用。下一步，要紧紧抓住苹果这一富民产业，在适合种植苹果的区域，积极种植苹果，扩大种植面积。一方面让全县老百姓尽可能多地从中得到直接收入；另一方面，提高就业人口，从中获得劳动收入，可以进一步发挥苹果产业的富民效应。

#### (二) 进一步发挥苹果产业的关联效应

静宁县苹果产业经过近40年的发展，已经粗具规模，在静宁县县域经济社会发展中占据重要地位，已发展成为静宁县的支柱产业，这就要求进一步充分发挥苹果这一支柱产业的辐射带动效应：一是积极发展以苹果产业包装的纸箱包装产业；二是积极发展以苹果产业深加工为主的食品产业；三是积极发展以苹果储藏为主的仓储产业；四是积极发展苹果运输服务业，实现苹果产业链的全产业链发展模式。

#### (三) 发挥苹果产业的创新示范效应

静宁县苹果产业发展早，在苹果产业的发展过程中不断创新种

植模式，培育新品种，积累了一定的创新经验，已经建立起来苹果产业科技示范园，对静宁县其他产业的发展具有一定示范带动效应。苹果产业科技创新的这种做法可以推广到静宁县的其他产业。例如，在静宁县北部发展起来的早酥梨产业和旱作农业，通过技术创新，探索出更多适宜静宁县自然环境和地理特征的早酥梨品种和旱作农业发展新模式。

（四）做大做强"静宁苹果"品牌

适应市场新要求，积极强化品牌意识，以提高市场竞争力。一是树立品牌意识，完善自身形象、通过宣传、专家讲座等逐步树立农民、农民专业合作社及企业的品牌意识，普及相关法律法规知识，规范商标注册和品牌使用行为。二是推进标准化生产，加强静宁苹果"三品一标"（有机、绿色、无公害，农产品地理标志）建设步伐。以标准化生产为核心，建立一整套从生产、采收、贮藏、加工、包装到运输的质量标准体系。三是加强品牌管理，完善监管体系。政府职能部门要充分利用法律手段和行政手段加强对市场的监管管理，规范市场竞争秩序，严厉打击以假乱真、冒牌销售的行为，加大商标品牌保护力度，为品牌创建培育提供保障。四是加强宣传，构建营销网络。充分利用大众传媒工具，增加投入，多渠道宣传推介，塑造品牌形象，创建知名品牌。在品牌推广和营销中，注重挖掘品牌的历史底蕴和文化内涵，实现文化营销，提升品牌价值。使"静宁苹果"成为静宁县的金字招牌和全国知名品牌。

（五）积极培育新动能

一是深入挖掘人文旅游资源，不断推进旅游产业发展。静宁县是人文始祖伏羲的诞生地，也是革命文化资源比较丰富的地方，静宁还有悠久的优秀传统文化，红军长征三次经过静宁。这为发展红色旅游和人文旅游提供了丰富的资源禀赋，应充分发挥主观能动性，在红色资源和人文资源上丰富内涵，挖掘人文底蕴，不断提升静宁旅游产业发展。此外，利用苹果发展的优势，充分探索苹果生态采摘旅游及美丽乡村旅游。

二是深入挖掘、整合现有工业资源，积极推进工业项目建设。摸清现有工业资源储量，充分利用资源禀赋，按照国家供给侧改革的战略部署，积极响应大众创新、万众创业的号召，积极淘汰污染大、能耗高的产业。创新产业发展模式，以果品产业为依托，积极发展高效的果品深加工及其相关包装产业。以畜牧产业为依托，积极发展畜牧产业的深加工。

（六）创新扶贫方式，由"输血式"扶贫转换为"造血式"扶贫

静宁是国家扶贫开发工作重点县、六盘山片区特困地区和甘肃省中部18个干旱县之一。贫困面大，贫困程度深，扶贫难度大。为此，要深入分析致贫原因，因人因户施策，切实做到精准扶贫。由过去直接帮扶输血式扶贫变为通过技术培训、产业扶持造血式扶贫。对于缺乏技能的贫困人员，充分利用静宁良好的职业教育基础，通过教育培训提高生产生活技能，让每一位贫困家庭中有一技术人员，实现技术扶贫。对于居住在不适宜人类发展山区的家庭，多方施策，实施扶贫易地搬迁。对于因自然灾害而返贫的人员，充分运用保险、社会救助、风险保障基金等多渠道保障措施防止因灾返贫。同时，加大农业保险力度，稳定农户的收入，巩固扶贫成果。

（七）坚持走出去与引进来相结合，实施人才强县策略

产业的发展，管理水平的提高，创新能力的提升，发展方式的转变均离不开人力资源。对于革命老区来说，更加迫切需要懂技术、会管理、具有前瞻意识和超前发展思维的优秀人才。为此，一是提高本土优秀人才的水平，用好本土人才。对于本土人才，一方面加大力度培育，另一方面坚持走出去，提高本土人才的视野和专

业水平。二是优化县域环境，拓宽发展渠道，引进和吸引优秀人才。建立激励约束机制，为各种人才提供能干事、干成事的发展空间，为实现静宁县县域经济的跨越式发展提供智力支持。

（八）多措并举，创新融资方式，积极推进公共基础设施建设

长期以来，静宁县财政支出一直远远大于收入，财政自给率不足 10%，按照上级政府部门的要求，一些公共基础设施项目需要由县一级财政配套一定比例的资金，按照静宁现有财力无法满足配套，从而导致地方债务不断加重。为此，静宁县需要做好基础设施建设上政策的加法和减法，积极争取县级财政对公共基础设施建设的零比例配套，由此节约财政资金可以用于发展农业、工业和科技创新支出，从而摆脱"经济落后→财源短缺→投入不足→经济落后"的恶性循环的局面。此外，利用多种融资方式进行融资，如 PPP 项目，积极引导社会资本参与全县公共基础设施建设。

## 第三节　泾川县

推进特色农业产业化与规模化，运用社会资本促进生态旅游资源开发。

——泾川县县域经济社会发展中存在的问题与对策建议

泾川县位于陕甘交界处，是甘肃的东大门，自然条件优越，区位优势独特，是国家农业部划定的全国优质苹果最佳适生区，苹果产业是泾川县首位产业。此外，泾川县文化资源丰富，以西王母文化、佛教文化、生态文化为代表的特色地域文化交相辉映、独具特色；多处温泉资源、红色资源、生态旅游资源尚未开发，拥有良好的发展基础和开发潜力。

## 一 泾川县县域经济社会发展中存在的问题

经过近年来的持续努力，泾川县县域经济发展取得了长足进步和明显成效，但仍存在以下几个方面的问题。

**（一）果品产业链较短，龙头企业缺乏竞争力**

泾川县将苹果产业定位为首位产业、富民产业和支柱产业，泾川苹果的品质不亚于静宁苹果，但没有树立类似"静宁苹果"的具有较强竞争力的泾川苹果品牌，导致泾川苹果市场价格走势偏低，竞争力不强，营销渠道较窄，果农收益较低。此外，在产业链条延伸和龙头企业发展方面，也缺乏果汁饮料加工、纸箱发泡网制造、冷链运输等果业深加工企业和配套企业，没有发挥支柱产业的上下游关联效应，苹果产业还停留在初级产品生产阶段，导致苹果附加值偏低，发挥富民效应作用还有待加强。

**（二）蔬菜业种植品种单一，科技含量不高**

虽然部分蔬菜示范园用到了无滴膜、遮阳网、多层覆盖等新技术，但还有很多设施如蔬菜的滴灌技术、穴盘育苗、防虫网、黄板幼杀等先进适用技术未能应用。一些优、新、特品种还未完全应用到实际生产过程中，像人参果、袖珍西瓜、草莓等时鲜品种还很少，种类单一，经济效益增幅不大，形成丰产不丰收的状况。

**（三）富民产业现代化职能较弱，缺乏创新意识**

泾川果蔬业总体农业现代化职能较弱，没有形成区域化布局、专业化生产、规模化建设、系列化加工、社会化服务、企业化管理等为一体的现代综合经营体系，没有发挥先导产业的创新引领作用，吸收当地就业能力较弱；此外，泾川特色手工艺制品工艺精美、文化内涵丰富，但生产方式尚处于作坊阶段，生产规模小、产品附加值低。

**（四）川区产业发展滞后，特色农业种植未形成规模**

泾川属于典型"两山夹一川"地形，中间的川区土地肥沃、水资源较为丰富，总体发展条件优良，但其发展优势没有得到充分发挥。川区产业发展单一，山地闲置面积大，特色农业尚未实现规模化生产经营，农业种植的现代化水平和产业培育水平也较低，导致川区百姓收入来源较窄，收入微薄。

（五）旅游业发展滞后旅游资源开发不足

泾川县具有丰富的旅游资源禀赋，以西王母文化、佛教文化、生态文化为代表的特色地域文化交相辉映、独具特色；丰富的温泉资源、红色资源和生态旅游资源尚未开发。但由于县级财政资金紧张，又没有社会资本介入，泾川生态旅游文化资源的整体开发一直停滞不前，其巨大的开发价值和开发潜力没有转化为实实在在的经济效益。

（六）现代物流基础设施较为落后，物流产业发展相对滞后

现代物流业基础设施落后，物流基础设施建设长期存在投入不足的问题，现代化水平普遍不高。物流企业建设相对滞后，物流企业配送能力不强，物流企业仍是以运输、仓储为主，还处于较落后的发展阶段，物流企业的效率不高，服务内容有限，还没有形成完整的物流信息网络和综合的物流服务理念，尚未形成真正意义上的专业物流企业。

（七）农村生态问题突出，环保机制不完善

农村环保意识不强、公共服务能力薄弱、基础设施建设滞后已成为污染治理的突出问题。多数乡村还没有实现垃圾统一收集、统一转运、安全处置。大量垃圾被随意堆放，环境质量较差。个别垃圾清运的乡村也只是将垃圾收集倒入塬边沟畔，填埋场未做防渗漏处理，对地下水和生态环境构成潜在威胁；农村环保管理体制机制不顺，职能部门执法缺位，难以形成执法合力，大多乡镇除保洁员队伍外没有专门的环保管理机构，环境监测和环境监察工作尚未覆盖整个农村地区。

## 二 促进泾川县县域经济社会发展的对策建议

根据习近平总书记系列讲话精神，特别是视察甘肃时"八个着力"重要指示精神，以及"五位一体"总体布局、"四个全面"战略布局和甘肃省第十三次党代会提出的战略部署，结合本次的实地调研，就上述几个方面的问题提出以下对策。

（一）延长产业链条，打造本土品牌

一方面，在苹果产业链条延伸和龙头企业发展方面进一步加大扶持力度，在深加工上持续跟踪扶持。要基于本地特色，在"农"字头上做文章。随着工业现代化发展，催生现代农业配套体系的建设，比如苹果包装、储存、运输等配套设施产业体系；另一方面，要加大泾川苹果的品牌营销力度、拓宽销售渠道，积极尝试"互联网+"模式，打造泾川县自己的苹果品牌，进一步发挥泾川苹果的富民效应。

（二）因地制宜，培育富民产业

泾川苹果产业链条延伸空间较大，通过培植当地农业企业，以及与外来企业合作等方式，创新农业管理模式，以工业企业的组织模式管理农业，将农民变为职工，可以解决当地农民就业以及照看子女、老人等一系列民生问题。此外，积极调动具有就业意愿的农村剩余劳动力，将手工艺制品从作坊模式变成产业模式，在传承非物质文化遗产的同时，提高农村贫困户的自身造血能力。

（三）引入社会资本，创新发展理念

发挥市场在资源配置中的决定性作用，引入社会资本和社会企业，为休闲、养生、温泉等资源的开发利用带来运作的新理念、新模式、新想法。在社会资本介入旅游资源的同时，要突出富民理念，带动景区周围农户一起致富，要让人民有更多获得感和幸福感。

（四）重视川区产业培育，促进川区农民增收

高度重视泾川县川区特色农业的产业培育，充分利用地理区位优势，立足长远，因地制宜，制定川区的产业发展规划，通过举办培训班，入户走访等方式，动员群众预留地块，同时把果蔬生产的新技术、新品种、新知识送到农民手中，提高果蔬技术人员和农民的理论知识水平和实践能力。镇村干部和技术干部要在作物栽植初期把关指导、跟班作业、协调服务、督促检查，统一调用机械进行旋耕。组织群众整修地块及上山路，使川区特色农业经营逐步走向规模化、产业化、标准化，从而实现川区群众脱贫致富。

（五）加快物流基础设施建设，大力推进电子商务发展

加快物流基础设施建设。充分发挥区位和产业优势，以铁路、高速公路为主线，依托工业集中区，聚集各类要素，推动商品、运输、仓储、货代、联运、快递和信息平台等现有资源的有效整合和服务延伸，形成洼地效应。大力培育现代物流企业，支持有条件的农产品经营企业和农业合作经营组织积极开展农超对接、农餐对接，延伸产业链条，建立长期稳定的外销合同，扩大外销市场。引导骨干生产加工企业内部物流全部实现社会化，积极发展第三方物流，降低企业成本，提高市场竞争力。

此外，泾川应抢抓建设"电子商务进农村综合示范县"的重大机遇，培育农村网络消费市场，提升农产品外销的种类和规模，持续完善商业网点体系，巩固和提升"万村千乡市场工程"建设成果，实现重点乡镇全覆盖，不断拓宽"工业产品下乡、农产品进城"的快速流通渠道。

（六）深化农业农村改革，提高现代农业产业化水平

稳步推进土地流转，健全土地流转交易市场及县乡村三级土地流转服务网络。制定土地承包经营权入股发展农业产业化经营的政策，鼓励承包经营权向专业大户、家庭农场、农民合作社、农业企

业流转，发展多种经营模式。加快农村合作经济组织发展，大力培育家庭农场，扶持发展规模化、专业化、现代化经营。鼓励引导工商资本发展适合企业化经营的现代种养加工业。深化农业管理体制改革，大力加强各方面协调，逐步形成农产品生产、加工、销售、对外贸易一体化管理体制。

（七）拓宽发展思路，培育发展新动能

《中共中央关于制定国民经济和社会发展第十三个五年规划的建议》指出县域经济发展的核心词是特色化、工业化。泾川应尽快建立本地苹果品牌体系，精耕品牌营销，搭建特色农产品销售平台，从过去单纯的提供农产品供给，到迈向现代化种植、加工、销售、出口、采摘、旅游为一体的大型农业综合体，提升农业综合效益。同时将"互联网+"模式落到实处，建设以品牌企业为主导、专业市场为导向的新业态集群。

以工业生产的组织方式来进行农业生产，实现农业工业化。因此，泾川县招商引资的思路也应转变，不应强求工业发展，招商引资应基于当地特色，与首位产业和支柱产业相结合，走农工相结合的道路。

（八）建立健全生态建设监管机制，着力构建循环经济产业链

建立政府统一领导，环保部门统筹协调，有关部门分工负责，全社会共同参与的工作机制，建立农村环境保护的长效管理机制，形成分工明确、协调有力、措施到位、齐抓共管的工作格局。将农村生态环境保护工作列入政府绩效考核内容，推行领导干部任期生态环保目标责任制，制定考核办法，推进农村生态环境保护制度化。

此外，泾川应抢抓建设国家生态安全屏障综合试验区的重大机遇，以全国生态文明示范工程试点县和国家循环经济示范县建设为平台，以实施重大生态建设工程为抓手，推动形成绿色发展方式和

生活方式，实现绿色发展、循环发展、低碳发展。主要污染物排放达到总量控制目标，重点区域和流域环境质量持续提升，生态屏障功能显著增强，实现经济社会可持续发展。坚持"减量化、再利用、资源化"的原则，推进"农业—工业—文旅—商贸—城镇"大循环的前提下，紧扣绿色果蔬、畜牧养殖、地方工业、文化旅游、商贸物流五大产业深度开发，着力构建循环经济产业链。

（九）创新扶贫方式，积极探索"三变"改革新途径

泾川县作为2017年农业部、中央农办确定的100个农村集体产权制度改革试点县之一，应牢牢把握政策机遇，积极探索"企业+村集体+合作社+农户"的模式，加快发展农民合作社和企业等新型经营主体，在山、水、田、林等自然资源和文化长廊等公共服务设施的开发过程中实现资源变股权、资金变股金、农民变股东。在吸收社会闲散资金的同时，吸引当地居民回乡创业，力求从长远角度实现村集体和农户的稳定增收，实现精准脱贫。在推进"三变"改革过程中，坚持以产业为基础，富民为目的，因地制宜，抓特色、抓规模、抓长期，充分发挥村级组织的"末梢神经"作用，严格考核督促，对贫困户优先确权，激发村民致富的积极性。

## 第四节 华亭县

促进产业深化，开展环境整治，扩展脱贫途径。

——华亭县县域经济社会发展中存在的问题与对策建议

华亭县地处陕甘宁三省（区）交会处，现辖10个乡镇、1个街道办事处、1个省级工业园区，101个行政村，26个社区，总面积1183平方公里，总人口19.6万人。华亭历史悠久，生态良好，资源富集。年平均气温7.8℃，降水量580毫米，平均海拔1300

米，境内关山林区被列为甘肃优质肉牛生产基地和中药材、干果生产基地，森林覆盖率达到 37.3%，煤炭地质储量近 34 亿吨，年产量 1500 万吨，年发电量 15 亿千瓦时，是全国十四大产煤基地重点县之一。结合实地调研，发现华亭县县域经济发展中仍然存在产业结构调整缓慢、工农业污染严重、农业发展缺少资金等问题。

## 一 华亭县县域经济社会发展中存在的问题

### （一）经济对资源型工业依赖强，产业结构调整缓慢

从 2013 年开始，受国家关闭落后煤矿、煤炭行业去产能等政策因素以及煤炭市场持续低迷、价格下跌、销售不畅等市场因素的影响，华亭县县属矿井先后停产整顿，全县经济增长速度放缓。2013—2016 年全县地区生产总值年均增长不到 6%，财政收入年均下降近 8%，第二产业增加值年均增长不到 5%，特别是 2014 年，煤炭价格步入"冰点"，吨煤均价降到 230 元，全县地区生产总值不足 41 亿元，财政收入仅为 5 亿元。全县经济发展对资源依赖性强，煤炭工业增加值占地方限额以上工业增加值的比重达到 80% 以上，呈现"一煤独大"的现象。非煤产业数量少、规模小，抵御市场风险的能力比较弱，结构调整步伐缓慢，任务艰巨。

### （二）工业减排任务重，农业环境污染凸显

随着经济总量的增长，能源资源消耗持续增加，主要污染物新增量大，环境容量有限，重点行业、重点企业的减排空间日益缩小，削减任务十分艰巨。虽然国家新的环境质量标准已颁布实施，但是华亭县由于环保基础设施还比较薄弱，县城生活污水没有做到全收集、全处理，煤尘污染、建筑扬尘污染、餐厨油烟污染和农村面源污染等突出问题依然存在，污染的深度和广度逐步扩大，改善环境质量的难度持续增加。由于华亭县地处干旱与半干旱地区，农业生产中地膜的大量使用，造成"白色污染"日趋加重，农药、化

肥的大量使用，使得食品安全问题日益突出，对人民群众健康造成的隐性风险日益加大，农村环境脏、乱、差的问题始终没有从根本上得到解决。

（三）农业企业缺少持续资金流，对当地就业的带动作用不强

农业发展具有周期长、见效慢的特点，使当地农业企业仅仅依靠自身难以提供持续、充足的现金流以谋求发展，以致出现在三至五年的瓶颈期缺少现金支持的现象，且农业企业缺少可抵押的固定资产，很难从金融机构取得资金支持。例如，甘肃省中兴堂生物工程有限公司，该公司成立于2014年，近三年来先后投资500万元建成了芍药、文冠果育苗基地，投资3000万元种植芍药6000亩、文冠果1000亩，由于芍药、文冠果果实三年才可投入后期加工，该企业目前面临现金流短缺的情况。另外，农作物的劳动力需求具有季节性，农忙时需要大量劳动力，农闲时几乎不需要劳动力，而农村青壮年劳动力大多选择进城务工，劳动力不足和过剩同时存在，使得农业企业对当地的就业带动作用不强。

（四）缺少支柱产业，扶贫工作艰巨

华亭县自然条件相对较差，88%的耕地为山坡地，有8个乡镇75个村地处林缘区，片区内建档立卡贫困人口4352户14047人，占到全县贫困人口的81.2%，基础条件薄弱，经济发展缓慢，群众居住分散，自我发展能力不强，生产生活条件极其艰苦。2014年年底全县贫困人口人均可支配收入为3073元，2015年年底全县贫困人口人均可支配收入为3716.34元，与全县2014年、2015年农民人均可支配收入分别相差3260元和3388.81元。截至2015年年底，全县仍有15个建档立卡贫困村，1.73万建档立卡贫困人口，分布在98个行政村，贫困面达12.67%，脱贫攻坚任务重、难度大。

华亭县贫困人口的致贫原因复杂多样，其中因病、因学、缺技术、缺劳力等致贫原因突出，导致贫困的根源是立地条件差、受教

育程度低、增收产业缺乏、社会保障水平低等多种因素叠加。随着扶贫工作的开展和深入，华亭县贫困乡村面貌发生了较大变化，但由于贫困片区村庄布局分散，人口居住零散，村与村之间跨度大，水、电、路等基础设施配套难度大，教育、医疗、文化活动中心等公共服务设施建设成本高，造成乡与乡之间、村与村之间、群众与群众之间的发展差距大，贫困乡村发展底子薄、欠账多，实现均衡发展的任务十分艰巨。

（五）教育投入不足，办学条件和师资力量弱

学前教育建设项目少，农村公办幼儿园数量明显不足，乡镇中心幼儿园、村级幼儿园覆盖率低于全市平均水平。农村义务教育阶段学校规模普遍偏小，有70%的农村小学规模在100人以下，办学经费紧张，学校基础设施的运行、维修和基本教学设备的更新艰难。中央、省、市财政对高中教育项目补助甚少，高中教育经费严重不足，学校的办学发展非常困难。在广大村级小学，教师任教科目与所学专业不配套，跨专业代课现象比较普遍，体音美专业教师短缺，致使体育及艺术类课程教学质量不高，制约着学校办学水平。

截至2016年年底，华亭县中小学建成电子白板教室仅303个，其中网络进教室的班级不足30%，教育信息化建设任务艰巨，教育信息化水平和优质教学资源辅助课改的作用还未充分发挥。

（六）旅游基础设施薄弱，服务业发展水平较低

华亭县重点景区的住宿设施、餐饮服务设施落后且服务水平较低，不能满足日益增长的旅游需求。部分景区开发速度缓慢，景点的市场化程度低，旅游项目的综合带动能力差，经济效益没有凸显。缺少整体的旅游资源挖掘和规划设计，旅游产品单一，基本上都是观光型旅游产品，缺少复合型旅游产品，旅游产业未能形成较长的产业链条。旅游收入基本依赖于门票收入，而餐饮、娱乐、购

物、休闲、养生等收入占有的比重相对较低。没有专业的旅游商品生产企业，也是制约旅游经济发展的因素之一。

**二 促进华亭县县域经济社会发展的对策建议**

（一）深入发展传统煤炭行业，促进能源产业一体化

对于煤电产业的深入发展主要应从两方面着手：首先，改造落后的传统煤电技术，有序开发能源资源，加快发展能源资源的就地转化步伐，促进能源产业上下游一体化发展，发展煤炭产业的精深加工，提高资源开发附加值及资源综合利用效率。其次，在工业转型的过程中，重点控燃煤、抑扬尘、治废气，加强电厂脱硫脱硝设施运行与监控，重视环境整治，推进燃煤企业脱硫脱硝工程，降低煤炭在能源消费中的比重。

（二）鼓励循环经济发展，开展环境综合整治

坚持以循环经济理念为指导，依托煤炭资源和传统工业优势，结合工业园区国家级循环化改造示范试点园区和安口镇省级循环经济示范镇建设，在提升传统工业的同时，培育生态工业，不断壮大煤化工、装备制造、新型建材等产业，促进工业循环、低碳、科学发展。

开展农村污水简易处理设施建设试点，实施绿化、美化、亮化、净化工程，进一步完善农村生活垃圾集中清运处理机制，推行"户清、社集、村运、镇（乡）处置"的垃圾分级管理处置模式，彻底解决农村垃圾污染问题，建立农村环境保护长效运行机制。普及环境保护知识，在全社会营造一个良好的氛围来感染、激励和引导居民，使人们的思想意识、法律道德观念、行为规范与环境、经济、社会协调发展相适应。

（三）培育生态农业新动能，开拓农业发展新模式

鼓励农业与旅游业结合，发展生态农业。引进推广新品种、新

技术、新模式，制定规范化生产程序、农药化肥投入监管与产品质量标准，确保蔬菜质量。东华镇生态农业观光示范园一方面为旅游业增添了新的景观，另一方面改变了传统的农业生态结构，加速了传统农业向现代新型农业的转变，建立起了一个适合县情的农村经济可持续发展的高效农业系统。通过招商引进的甘肃中兴堂生物工程有限公司，通过流转土地建成了芍药种植基地，逐步探索"公司+基地+农户"的发展新模式。核源果业有限公司承包经营的神峪乡袁庄核桃标准化管理果园，不但改善了农业生产条件，还对遏制水土流失、环境恶化起到了良好作用。

（四）解决农业企业资金流短缺问题，探索融资新模式

农业产业具有周期长的特点，使得农业企业在生产的关键时期往往会出现资金流短缺，为解决当地农业企业缺少有效抵押而导致贷款难的问题，可以尝试以下两种解决措施：第一，将农户的扶贫资金作为股金投入农业企业，一方面解决了农业企业融资难的问题，另一方面也使得农户的扶贫资金实现了保值增值；第二，组建专门的农业企业抵押担保公司，给当地的农业企业提供担保，从而取得商业银行贷款，一方面可以解决农业企业的融资难问题，另一方面也可以降低商业银行的贷款风险。

（五）培育多元富民产业，拓展脱贫途径

坚持脱贫攻坚与特色优势产业开发相结合，与整村推进"连片开发"相结合，与开发自然资源、人力资源相结合，与易地搬迁、科技智力扶贫相结合，与基础条件改善、社会事业协调发展相结合。首先，壮大富民产业，发展草畜、核桃、药材、蔬菜四大主导产业，拓展发展多元产业，积极开发生态观光旅游园、民俗体验园、乡村旅游园、养生休闲园等新业态。核源果业有限公司承包经营的神峪乡袁庄核桃果园基地采取现场操作实践为主、理论讲解为辅的培训方式，积极向林果技术人员、职业中学学生和农户大力推

广各种实用技术,促进核桃产业快速发展,增加农民收入,为全乡精准扶贫精准脱贫乃至小康社会建设提供产业支撑。其次,通过招商引进华亭鑫宝鹿业、甘肃中兴堂、深圳仁通葛业等龙头企业,建成百亩葛根试种基地、百亩药材景观园和千亩油用芍药种植基地各一处,通过农业企业带动当地劳动力就业,实现产业脱贫。

## 第五节 崇信县

构建新型产业体系,加强配套设施建设,实现精准脱贫。
——崇信县县域经济社会发展中存在的问题与对策建议

崇信县位于甘肃省平凉地区东部,东靠泾川、灵台两县,西与华亭县接壤,北连平凉市,南与陕西省陇县毗邻。崇信县煤炭资源丰富,开发历史悠久,是原国家15个重点矿区和全国100个重点产煤县之一,也是国家14个重点能源基地之一——黄陇煤田的一部分。2015年,崇信县地区生产总值完成25.4亿元,同比增长5.6%;人均地区生产总值达到24637元(人口按10.33万人计算)。伴随着经济的发展,崇信县仍然存在工业结构单一、旅游资源挖掘不足、工农业污染严重等问题。

### 一 崇信县县域经济社会发展中存在的问题

(一)经济稳增长压力较大,转型升级任务艰巨

2017年,崇信县民间和工业投资下滑严重,分别下滑60%和30%以上,固定资产投资没有完成预期目标,与年初制定的目标任务相差较大,经济稳增长压力依然较大。并且当地经济对资源的依赖性特征明显,煤电产业占到工业经济90%以上,三次产业比重为28∶36∶36,转型升级任务艰巨。过分依赖煤电产业,其他产业数

量少、规模小，抵御市场风险的能力比较弱，整体来看，崇信县经济结构调整步伐缓慢，任务艰巨。

（二）工业结构单一，产业链条短

"十二五"期间，崇信县煤电产业实现增加值占到全县工业增加值的92%，产业结构单一，存在"一煤独大"的能源发展格局，能源产业结构不尽合理，光伏、风电、清洁燃料等新型能源尚处于起步阶段，对能源产业工业增加值贡献尚未形成规模。煤电产业属于资源消耗型工业，全县以煤为主的资源开发转化进展缓慢，能源外输主要以原煤、电力为主，精煤、水煤浆、型煤等新型洁净煤占比较小，缺少原煤的深加工企业，资源优势没有充分转化为经济优势，能源的综合利用水平较低，产业链条短，产品附加值不高，市场竞争力弱。

（三）文化旅游资源挖掘不足，配套设施建设滞后

崇信县历史悠久，最早可以追溯至夏朝，文化资源丰富，但是对于区域内文化旅游资源挖掘研究不充分，旅游与文化、中医药、养生等产业融合缺少创新和举措，没有形成独具特色的文化旅游产品，以至于旅游业对当地经济的带动作用较弱。并且旅游配套的基础设施建设滞后，全县没有高速公路，铁路运力较小，通往景区的道路等级低，路况普遍较差，以高等级公路为主的旅游线路在短期内难以形成，交通成为制约当地旅游发展的"瓶颈"。

（四）工农业环境污染问题突出，环境保护压力大

崇信县地处我国黄土高原，属于干旱半干旱气候，生态环境脆弱。长久以来，当地煤炭工业的发展对自然环境造成了破坏。植被减少、水土流失、废气排放、扬尘污染，给当地环境保护造成压力，在追求经济发展的同时，没有处理好和环境保护的关系。除此之外，农村环境污染日益突出，"白色污染"日趋加重，农药、化肥大量使用，造成土壤、水质污染的隐性风险日益加大。

## （五）社会保障覆盖面较窄，服务设施配套不足

以最低生活保障、养老保险、基本医疗保险为重点的城乡社会救助体系已初现成效，但还不能满足所有困难群众的需求，个别城乡困难群众还没有纳入社会救助范围，特别是农村低保覆盖面还较窄，截至"十二五"末，崇信县有农村贫困人口1.97万人，而享受低保对象只有8700人，占全县贫困人口的44.2%。截至"十二五"末，全县有60岁以上老年人11252名，占全县总人口的11.2%，全县已进入人口老龄化阶段，而全县养老服务设施偏少，除福利机构以外，农村互助老人幸福院、社区老年人日间照料中心、老年人综合服务中心等养老服务设施项目建设资金来源渠道单一，民间资本投入不足，缺口较大，建设数量和服务设施配备相对滞后，不能满足人口老龄化的发展趋势和需求。

## （六）教育资源有待优化，教师素质需提升

近年来崇信县教育教学水平逐年提升，但高中教育质量与周边教育强县相比还有很大差距，小学和初中教育质量参差不齐，全面提升教育质量的长效机制还没有形成。随着城镇化步伐的加快，农村学生不断涌向城区，致使城区教学用房紧张，活动场地不足，"大班额"问题严重，而农村学校资源闲置，办学规模和效益不高。教师学历结构、队伍结构不尽合理，全县幼儿教育、艺术教育和职业教育专业教师短缺，各层次、各学科骨干教师相对较少，缺乏有一定影响力的名师和领军人才。

## （七）异地扶贫搬迁难度大，脱贫增收渠道狭窄

经过十余年的搬迁，崇信县可调整的村级集体土地越来越少，安置区原居住的大多数群众又不愿意把交通便利、相对肥沃的土地兑换、转让给搬迁户建房，加之国家严格的土地保护政策，目前安置区土地调整难度越来越大。而且移民搬迁群众原来居住的地方耕地面积大，群众土地情结较重。搬迁后，部分群众仍需要到原

来的地块种植、养畜，给生产生活带来巨大不便；还有部分群众需要离开原来的耕地，由于耕地减少，将会出现一大批剩余劳动力，如何提高有限土地的产出率，合理转移劳动力，将直接影响农民增收。

## 二　促进崇信县县域经济社会发展的对策建议

### （一）深入发展传统煤电业，提高可再生能源比重

对于煤电产业的深化主要应从两方面着手：首先，改造传统、落后的煤电技术，有序开发能源资源，加快发展能源资源的就地转化步伐，促进能源产业上下游一体化发展，发展煤炭产业的精深加工，提高资源开发附加值及资源综合利用效率。其次，在工业转型的过程中，重点控燃煤、抑扬尘、治废气，加强电厂脱硫脱硝设施运行与监控，重视环境整治，推进燃煤企业脱硫脱硝工程，降低煤炭在能源消费中的比重。

### （二）发展农产品深加工产业，培育现代农业新动能

崇信县应围绕全平凉市建设全国农区绿色畜牧基地、全国优质苹果生产基地的定位，依托"平凉红牛""平凉金果"的品牌优势，坚持千家万户饲养和小区规模养殖相结合的方式，加快红牛系列产品精深加工，拓展延伸产业链条。制定和落实优惠政策，引导龙头企业采取"企业+农户""企业+基地+农户"的发展模式，创办油用牡丹种植示范基地，大规模发展订单生产，加快建立企业与农户的利益联结机制，增加农民收入，提升农户发展产业的组织化程度。

### （三）整合文化旅游资源，推动一二三产融合发展

确定可以引领当地旅游业发展的景区，通过空间扩展、完善基础服务设施和旅游体验项目开发，将龙泉寺打造为精品景区，带动华夏古槐王、五龙山两个景区发展提质增效。坚持产业融合发展思

路，推进旅游与文化、养生、商业、农业、体育等产业的融合，通过行业之间的互动互促，做到政策、项目、资金优势叠加，形成旅游发展合力。以旅游为载体，大力发展生态观光农业，崇信县"汭龙堡"农耕文化生态苑位于国家4A级旅游风景名胜区龙泉寺脚下，是当地以体验品味黄土风情线、乡村游为主导的乡村生态文化旅游度假苑，是崇信县发展全域旅游综合体的重要组成部分，以此为载体建设旅游专业村和旅游名村，引导农村、农户脱贫致富，通过多种形式推动乡村旅游的多样化、互补性发展。

（四）积极发展富民产业，实现精准脱贫

根据全县具体情况，因地因户而异地制定精准扶贫、脱贫政策。在自然条件和劳动力允许的乡村，可以依托"牛、果、菜"主导产业、油用牡丹等特色产业，实现贫困村富民产业覆盖，通过土地、资金与劳动力的集中，促进种养结合、一二三产融合，推动农业发展方式由传统向现代、由粗放向集约、由自给自足向市场竞争、由单一型向复合型的转变，通过建立企业与农户之间的利益联结机制，让农民直接成为农业产业链、供应链、资金链、价值链的投资者和受益者，使产业扶贫更加具体化、更有操作性，扩大贫困群众的生存空间、生产空间和发展空间。

对基础条件差、扶贫成本高、就地脱贫难的贫困村社，因地制宜易地搬迁安置，配套建设基础设施。崇信县新窑镇赤城移民社区针对林缘区贫困群众扶贫成本高、就地脱贫难的问题，实施整体搬迁，建造了独具特色的幸福大院，解决了农村鳏寡孤独老人的养老问题，使新窑镇地处林缘山区的188户、599名群众在搬出大山后，可以享受均等化、属地化社区服务，40户、81名无力建房的特困群众搬出危旧房，迁入新居。

## 第六节　灵台县

> 以工业化思路，推动现代农业发展。
> 以差异化政策设计，促进县域经济发展。
> ——灵台县县域经济社会发展中存在的问题与对策建议

甘肃省平凉市灵台县位于陇东黄土高原南缘，属黄土高原沟壑区、泾河与渭河之间，地势西北高、东南低。东南与陕西省长武、彬县、麟游、千阳、陇县接壤，西北与本省崇信、泾川县毗邻。县境内水源丰富、土壤肥沃，是陇东传统的农业区，素有"粮仓"之称。历史悠久，文化积淀深厚，有丰富的古商周遗存。气候条件较好，有利于粮食和经济作物的生长。灵台县有丰富的煤炭、石油、天然气等自然资源，其中煤炭资源储量在 15 亿吨以上。煤质以低中灰、低硫、特高热值为特点。灵台县经过近年来的持续努力，县域经济发展取得了长足进步和明显成效，但发展过程中仍存在一些问题。

### 一　灵台县县域经济社会发展中存在的问题

#### （一）经济总量偏小、财政运行困难

经济总量偏小是灵台县经济发展面临的首要问题。2016 年灵台县地区生产总值为 31.4 亿元，位列平凉市七县区倒数第二位。在拉动 GDP 增长的三驾马车中，投资起到了决定性作用，消费的基础作用没有得到有效发挥，出口额仍为零。财政运行困难是灵台县经济发展中另一个突出问题。一方面，由于缺乏规模税源、税基不稳等原因，全县财税自给率仅为 5%，大量财政支出需依靠上级财政转移支付。加之"营改增"之后，全县税源急剧萎缩，预计很长一段时间财政收入都将持续负增长。另一方面，由于基础建设欠账

多、脱贫攻坚任务重，财政支出包揽项目多、供给范围大，各种配套资金逐年增加，使得财政支出每年以20%左右的速度增长。财政赤字逐年扩大，目前县政府负债高达5.1亿元，负债率74%。受财政困难影响，好的新项目不能实施，已开展的项目也无法保质保量完成。

（二）产业结构不合理，产业链条短、附加值低

产业结构不合理、"一产独大"现象突出、产业附加值不高、产业链条短、龙头企业带动作用不明显等产业结构性问题较为突出。第一产业中的粮食作物比重大，"牛果菜"产业链条不完备。农业产业中玉米、小麦等粮食作物比重大，林果药材等经济作物比重小，仍以传统粗放的生产方式为主。受制于自然区位、基础条件等因素影响，靠天吃饭的问题没有得到根本解决。近年来大力发展的"牛果菜"产业仍处于发展初期，未形成完备的产业链条，链条中的高附加值生产环节都不在灵台当地，对县财政的贡献低；苹果产业并未形成自主品牌，部分苹果需要依托"静宁苹果"商标进行贴牌销售；合作社作为企业与农户的桥梁在苹果产业发展中的作用发挥不够突出。

第二产业中的工业过于薄弱，结构单一，发展规模小。受国家去产能政策影响，煤炭资源发展缓慢，加之生产工艺落后，产品附加值低，仍处于资源供给阶段。第三产业整体发展水平低，电子商务受交通、人才、资金、技术等因素制约没有在产品销售品牌推广等方面发挥实际作用。

（三）基础设施薄弱

近几年，灵台县不断加大基础建设力度，顺利实施了一批水利、交通、供电项目，全县基础建设水平得到大幅提升，基本完成水、路、电、网全覆盖。但是，由于基础薄弱、资金有限、历史欠账多等问题，灵台县现有基础设施建设水平仍不能满足全县经济发

展需要，道路交通建设和农田水利建设尤为突出。灵台县至今未与高速公路网联通，公路等级低、通行能力差、省道与农村道路衔接不畅、农村断头路多等交通瓶颈大大制约了灵台县经济发展水利方面，虽然灵台县水源充足，年均降水量大，但由于水利设施陈旧老化，季节性、工程性缺水问题严重，人均水资源占有量分别仅为全国、全省平均水平的21%和45%。灵台县水利设施多建于20世纪，维护成本过高导致年久失修，大部分已丧失功能，加之灵台季节性降水特征明显，降水多集中在6月、7月、8月，由于缺少排水蓄水设施，集中降水的季节低洼农田遇雨成涝，其他季节又会出现缺水现象，对农业生产造成不利影响。

（四）要素投入少，发展动能旧

资金和劳动力等传统生产要素投入不足，县级财政收支严重不均衡，自有资金配套能力弱，农村劳动力流失严重，现存劳动力依赖于留守妇女、老人等。信息技术等现代化要素投入匮乏，电子商务、物流及互联网平台等起步晚，发展程度低。传统生产要素与现代化生产要素投入不足、配置低效，没有充分实现融合发展，发展动能旧，严重制约县域经济发展。

（五）经济社会发展政策适用性不高

经济社会发展政策未做到"因地制宜"，"一刀切"式的政策没有兼顾到各地的具体情况，也无助于地方经济特色化、专业化发展，一些政策在县一级实施难度大，甚至制约了部分县域经济的发展。以灵台县为例，灵台县工业过于薄弱，没有形成工业产业链条，仍处于资源供给阶段，财政收入依靠煤炭资源开发，国家去产能政策实施后对当地财政收入的影响远远大于东部发达地区。去产能过程中县级企业由于规模小、产量低等问题，总是先于市省级企业被关闭，进一步导致县域经济发展失去造血功能。县级没有完成国家、省、市级下达项目的配套资金的能力，使得很多项目无法完成或无法保质保量完成。此外,新出台的财税政策规定企业注册地纳税使得列入的企业大量使用当地的自然资源、劳动力资源、优惠政策却并未对当地收入产生应有的带动作用,进一步加剧了地区间经济发展差距。

**二 促进灵台县县域经济社会发展的对策建议**

(一)提升"牛果菜"等首位产业的富民效应,以工业化思路发展现代农业

着力培育壮大特色产业,延长农业产业链,让农户更多分享农业全产业链和价值链增值收益。坚持发展以苹果产业、蔬菜产业、肉牛繁育养殖为主导的特色农业,积极探索"三变"模式对当地农民脱贫增收的作用。积极扩大有机苹果、蔬菜种植面积和现代化肉牛养殖规模,在此基础上不断延伸上下游产业,建立一条从育种育苗、养殖种植、冷链加工、仓储物流、多元销售为一体的现代化农业产业链。以工业化思路促使当地农业发展成为具有产业规模大、产业链条完备、繁育技术先进、品牌竞争力强、销售路径畅通等特点的现代化农业产业。

(二)积极培育新动能,转变发展方式

依托以皇甫谧为代表的传统中医药文化产业,大力发展中药材种植、中医药生产、中医学养生文化为一体的大健康产业。加大跨区域旅游合作力度,重点打造国家级红色旅游经典景区和精品线路,加强旅游品牌推介,着力开发红色旅游产品和当地历史文化遗址,打响"商周文化名城·针灸养生胜地"品牌,培育具有较高知名度的旅游节庆活动。构建现代化服务业体系,大力发展居民家庭服务等生活性服务与仓储物流、金融保险、信息数据等生产性服务行业。积极培育当地经济发展新动能。

(三)加强基础设施建设,加快破除发展瓶颈

进一步加大基础建设的投入力度,提升综合承载能力。积极推

进灵台县高速公路与国道、省道建设，加大县乡道路管护，打通与周边交通大动脉的连接通道，提升内畅外联水平，做到村村通、户户通。大力推进农田水利、安全饮水、自来水入户工程建设，切实解决人民群众生活用水和农业工业生产用水问题。加快建设灵台县公共服务设施建设，特别是农村排水、排污、供暖等基础配套设施建设，不断提高综合承载能力、对生产要素的聚集能力和对城乡居民的服务水平，加快破除发展瓶颈的制约。

（四）强化政策保障，实施差异化扶贫

顶层政策设计时不仅要考虑效率，更要兼顾公平，根据县域发展特点，出台差异化政策就尤为必要。如在保证全国去产能任务完成的同时，能够对贫困地区实行差异化去产能，即在保证全国完成煤炭、石油等能源去产能任务的同时对西北贫困地区进行一定的政策倾斜，通过产能置换政策，增加发达地区去产能数量，适当降低贫困地区去产能比例，减少由于去产能对贫困地区经济发展带来的负面影响。尽快调整现行财税政策，企业当地生产当地纳税，不能让招商引资反而成为地方经济发展的负担。加大金融扶贫力度，建立健全农业贷款和保险机制，鼓励和引导商业性、政策性、开发性、合作性等各类金融机构加大对扶贫开发的金融支持，不能让融资难、融资贵成为当地农业产业发展的制约因素。

## 第七节　庄浪县

深化"放管服"改革，引入社会资本。

孵化发展新动能，完善基础设施建设。

——庄浪县县域经济社会发展中存在的问题与对策建议

庄浪县是全省18个干旱贫困县、43个国家扶贫开发重点县和六盘山区特困片区开发重点县之一，贫困人口多，自然气候干旱，生态环境脆弱，资源特别是水资源匮乏，水土流失严重，农村饮水安全工程和城区供水得不到有效保障，制约了庄浪县经济社会的进一步发展。

## 一　庄浪县县域经济社会发展中存在的问题

通过对云崖寺景区、关山大景区、韩店美丽乡村、茂源果品经销有限公司、万泉镇山地沙田苹果示范点、庄浪县马铃薯脱毒种薯繁育中心等地的调研，发现庄浪尽管水资源匮乏，但区位条件独特，地域特色明显，庄浪人民归属感、主观幸福感较高，拥有较好的发展基础和开发潜力。庄浪县经过近年来的持续努力，依托百万亩梯田的资源优势，将沙地苹果、马铃薯脱毒制种、畜牧、蔬菜、中药材作为提质增效的富民产业，在经济社会发展方面取得了长足进步和明显成效，但仍存在以下几个方面的问题。

### （一）农业现代化程度较低，农业科技投入不足

庄浪县在推动当地特色现代化农业产业（如沙地苹果、马铃薯脱毒种薯繁育）发展的过程中，不肯把经营管理权下放给企业，先进育种技术、栽培技术和灌溉技术（如滴灌技术）也因投资资金的匮乏而无法普及，导致农产品技术含量和经济效益总体较低，无法发挥现代农业产业的创新引领作用。

### （二）旅游资源配套服务设施滞后，运营管理缺乏市场意识

庄浪地处陇山支脉，自然人文景观荟萃，丰富多彩，独具特色。拥有百万梯田生态旅游资源、国家级森林公园云崖寺、省级文物保护单位云崖石窟及紫荆山、陈家洞、吴王坟山、关山天池等许多自然和人文景观，生态文化旅游资源较为丰富。但由于政府不肯下放经营管理权，市场缺乏活力。投资资金的长年匮乏，导致景区

内道路不通达，配套服务设施滞后，管理经费严重不足，未能充分发挥旅游资源的市场价值。

### （三）文化资源产业化程度低，特色文化产品挖掘不够

庄浪有丰厚的传统文化，而形成产业的只是其中很小的一部分，许多独特的文化资源依然藏在深闺，甚至濒临灭绝，已开发的民间民俗文化产业如马尾荷包、毛笔、纸织画、木雕工艺品生产等存在着规模小、品牌少、没有创新、没有竞争力等问题；庄浪有百万亩水平梯田，被命名为"全国梯田化模范县"，在30多年的梯田建设中磨砺出了"实事求是，崇尚科学，自强不息，艰苦奋斗"的庄浪精神，并有"书画之乡""体育之乡"的美誉。对这些宝贵的文化资源，缺乏深层次的挖掘、整理和创意，没有形成特色文化产品。

### （四）美丽乡村统筹管理滞后，易地扶贫搬迁户建房贷款难

庄浪县美丽乡村建设初期投入资金较大，但后期维护特别是基础设施保养维护经费不足，管理人员缺失，管理机制不健全。由于大部分村镇建设缺乏统一规划和统筹协调，导致农村生活基础设施分散或重复建设，从而影响农村环境的有效治理。此外，易地扶贫搬迁户自建房贷款政策没有完全落实，农产品通常无法作为贷款抵押物，农户贷款额度少、贷款难，还贷压力较大。

### （五）水资源深度短缺，制约经济社会发展

庄浪县人均水资源205方，只有全国人均水平的1/10、全省人均水平的1/5，水资源深度短缺。庄浪县作为农业大县，水资源短缺成为制约经济发展的主要因素。现有的水资源开发利用水平严重不足，生活用水难以满足，工业用水更无法满足。

### （六）教育资源配置不均衡，寄宿制学校短缺

随着城镇化步伐的加快和人民群众对优质教育资源的迫切追求，城镇学校学生大量增加，"大班额"和"入学难"问题比较突

出；农村学校生源逐年减少，出现了资源闲置现象，人民群众盼望良好教育与优质教育资源相对短缺的矛盾十分突出。在整体教育质量建设方面，普通高中质量城乡之间有较大差距；义务教育质量乡镇之间，乡镇内部中心小学与其他小学之间有一定差距；高学历、高层次教师人才队伍短缺，一些教师和教学管理人员教育理念比较陈旧，管理方法相对落后，不能完全适应素质教育和新课改的要求。此外，寄宿制学校短缺，目前全县共有寄宿生34639人，有寄宿制学校5个，容纳住宿生6000人，有33712名学生在校外寄宿，数量大，安全隐患多。

（七）卫生计生人才短缺，医疗卫生资源配置不足

人才短缺是制约卫生和人口事业发展的最大短板。全县卫生人才总量不足，高学历、高层次专业人才紧缺，乡镇卫生院人员结构不合理、资质偏低，乡村医生队伍不稳定、断档断层，卫生人才引进培养、使用管理、激励约束机制还不够科学完善，亟待从根本上解决人才引进难、留不住的问题。公共卫生和医疗服务体系不能有效衔接。此外，目前全县医疗卫生资源相对不足，配置不够合理，基层医疗卫生服务体系还不够健全，健康产业发展滞后，难以满足人民群众不断增长的多层次、多元化的医疗卫生健康服务需求。实施"全面二孩"政策后，妇幼健康服务资源不足的矛盾日益加剧。

## 二 促进庄浪县县域经济社会发展的对策建议

根据习近平总书记系列讲话特别是视察甘肃时提出的"八个着力"重要指示精神，以及"五位一体"总体布局、"四个全面"战略布局和甘肃省第十三次党代会提出的战略部署，结合本次的实地调研，就上述几个方面的问题提出以下对策。

（一）深化"放管服"改革，发挥市场活力

庄浪苹果、脱毒种薯在甘肃甚至全国范围内都具有一定影响

力，应尽快引进社会资本，以企业为主导，市场为导向，优先发展庄浪特色农产品和现代化农业产业链，同时深化农业科研机构与企业、高校合作，进一步增加农产品附加值。生态文化旅游资源也要下放经营管理权，在社会资本介入旅游资源的同时，必定会带来新理念、新模式、新想法。政府要在其中发挥更好的引导作用，要突出富民创收，带动景区周围农户一起致富，让人民有更多的获得感和主观幸福感。

（二）拓宽发展思路，培育新动能

《中共中央关于制定国民经济和社会发展第十三个五年规划的建议》里面提到关于县域经济发展的核心词是特色化、工业化，在这样的大背景下必须强调特色和专业。庄浪应尽快建立当地苹果、种薯品牌体系，精耕品牌营销，搭建特色农产品销售平台，从过去单纯的农产品供给，到迈向现代化养殖、加工、销售、出口、采摘、旅游大型农业综合体，提升农业综合效益，同时应将"互联网+"模式落到实处，建设以品牌企业为主导、专业市场为导向的新业态集群。

（三）完善农村基础设施建设，建立均衡的基础设施供给制度

美丽乡村建设不仅关注乡村环境，同时注重农村的产业发展、农民增收以及公共服务和基础设施保障。农村基础设施建设是发展现代农业、建设美丽乡村的重要物质基础。政府财政支农资金是农村基础设施建设的主要资金来源，但政府资金投入交易成本高，严重影响了财政支农的政策效应。因此，应该建立自下而上的农村基础设施决策机制，实现农村基础设施供给主体和资金渠道的多元化。此外，对于易地扶贫搬迁户，一方面要落实金融扶贫贷款政策，适当放宽贷款条件，另一方面要切实了解他们的生活难处，将帮扶落到实处。

(四) 整合扶贫开发项目资金，加大农村危房改造投入监管力度

积极整合扶贫开发等项目建设资金，争取帮扶单位的帮助和支持，不断加大对农村危房改造的投入力度。此外，应实施严格质量标准和施工规范，督促各乡镇严格按照危改工作有关要求，按时按质完成危改工作，及时掌握各乡镇的工作动态，帮助解决具体工作中存在的问题和困难；加强对危房改造资金管理，严格按照《甘肃省农村危房改造补助资金管理办法》规定，设立专户存储，专款专用，建立严格财务制度和公示制度，加强对项目资金的监管，确保危改资金安全高效安全运行。

(五) 依法保障文化产业投融资，强化政府行为自我约束

在文化项目管理方面，强化政府行为的自我约束，明确管理权限，明晰执法程序，简政放权，重心下移，要着眼于减少审批环节，降低经营成本。尽快完成文化事业中涉及文化产业的改制工作。对应该走入市场的部分，应完整剥离出经营性的文化资产，使之按现代企业制度的要求，产权明晰，权责分明，自主经营，自我约束，自负盈亏，放开搞活，做大做强。按照"补偿成本、依法纳税、合理收益、节约资源、促进发展及考虑社会承受力"的原则，确定各类可经营项目的收费标准（价格）。对经营收入不足以收回成本的项目，通过配置政策或高收益经营项目或给予一定的财政补贴，保障投资者获得合理的投资收益。

(六) 确保教育投入，健全教育监督体系

完善机制，建立起中央、省、市县分级负担的财政教育投入稳定增长机制，努力增加教育经费预算，新增财力要向教育倾斜，切实提高财政教育支出占公共财政支出的比例。多渠道筹措教育经费，继续增加对教育的投入。完善教育督导机构和队伍建设，健全教育督导和教育评价机制，督促各级各类学校认真贯彻落实教育法

律、法规和政策，依法履行职责，依法治校，依法施教，促进全县教育走向科学化、法制化的发展轨道，促进全县义务教育学校经费投入、办学条件、师资水平、管理水平和教育质量基本均衡。

（七）加强卫生计生人才队伍建设，扎实推进健康扶贫工作

健全卫生计生人才多渠道培养机制，实施卫生计生人员继续教育培养基地建设项目，加大全科医师转岗培训力度，重视青年人才和后备干部培养，每年确定10名青年人才实行跟踪培养。建立定期招聘补员制度，建立一支队伍稳定、结构合理、素质较高的卫生人才队伍。认真落实《庄浪县精准扶贫卫生计生支持计划实施方案》，健全基层卫生计生服务体系，提升基层医疗卫生服务能力，提高新农合保障水平，改革健康促进模式，发挥中医药特色优势，落实计生优惠政策。在建档立卡贫困人口中实施健康扶贫行动，贫困人口参合率达到全覆盖，贫困村群众获得公共卫生计生和基本医疗服务更加便捷均等，基层医疗卫生、公共卫生服务水平进一步提高，让群众因病致贫、因病返贫问题得到有效缓解。

（八）通过水资源调配缓解水资源短缺问题，普及节水灌溉技术发展旱区农业

缓解庄浪县水资源短缺问题的主要方法是从其他地区调水，政府水务部门应积极与省委省政府水资源部门协调磋商，争取二期引洮工程延伸至庄浪县，并在未来通过白龙江引水工程彻底解决庄浪县水资源短缺问题，使庄浪县水资源调配与其他县区同步进行。此外，在农业用水紧张的条件下，庄浪县应通过引入社会资本和现代农业企业，效仿河西走廊地区绿洲农业的发展模式，发展现代节水灌溉农业，提高农业现代化水平和技术水平，增加农户收益。

（九）创新扶贫方式，积极探索"三变"改革新途径

庄浪县是全国生态环境建设示范县，也是中国梯田化模范县，庄浪县应结合自身区位条件，抓住省上"三变"改革政策机遇，以

产业为导向,富民为目的,因地制宜,努力将"青山绿水"变为百姓的"金山银山"。积极探索"企业+村集体+合作社+农户"的模式,加快发展农民合作社和企业等新型经营主体,在山、水、田、林、路等自然资源以及广场、文化长廊等公共服务设施的开发过程中实现资源变股权、资金变股金、农民变股东,在吸收社会闲散资金的同时,吸引当地居民回乡创业,力求从长远角度实现村集体和农户的稳定增收,实现精准脱贫。

# 第十章

# 一县一策系列·庆阳篇

## 第一节 西峰区

> 加快美丽乡村建设,加大工业园区投入,打造商贸物流中心。
> ——西峰区县域经济社会发展中存在的问题与对策建议

"十二五"时期,面对错综复杂的经济情况,西峰区以党的十八大和习近平总书记系列重要讲话精神为指导,全面深化各项改革举措,强化基础设施建设,调整优化产业结构,加大脱贫攻坚力度,着力保障改善民生,全力维护社会稳定,攻坚克难、奋力作为。经济发展速度不断加快,经济发展质量不断提高。为"十三五"时期经济社会转型升级,全面建成小康社会夯实基础。虽然西峰区经济社会发展取得显著成就,但在发展中仍然存在一些需要重视和加以解决的问题。

**一 西峰区县域经济社会发展中存在的问题**

(一)农民合作社组织化程度较低,农产品加工业滞后

目前农民专业合作经济组织正处于成长阶段,规范化程度较低。生产管理手段落后,劳动效率低下,生产要素严重缺乏,扩大

再生产基础薄弱，资金缺乏保障。多数合作社在社员培训、拓展经营、开展标准化生产等领域的服务能力有限，带动农户数量较少。例如，陇清 SOD 奶蜜有机苹果标准化管理科普示范基地生产的苹果口感清脆、鲜美多汁、营养丰富，但该基地目前仅靠出售初级产品获取利润，获益方式单一，缺乏深加工，产业链条短。西峰区几乎没有农产品深加工产业，农产品初加工也仅为简单的分选、包装等，产品附加值较低，未能打造成知名品牌，市场占有量小，产业化经营体系还未形成。

（二）工业发展缓慢，园区竞争力不强

西峰区工业发展缓慢，产业层次偏低，仍以传统产业、加工型企业居多，代表未来发展方向的新兴产业、高新技术产业缺少大项目、好项目支撑，产业链短，集聚度低，导致整体竞争力较弱，工业经济发展缓慢，支撑作用不强，工业反哺农业能力较弱。

目前，西峰区工业园区建设受财政资金限制，基础设施建设缓慢，园区建成道路 7 条，在建 2 条，供排水、污水处理等基础设施正在逐步推进。工业园区建设整体处于企业集中向企业集群的过渡阶段，目前已入驻企业 25 户，建成投产 9 户，在建 5 户，签约入驻 11 户。入驻园区的企业大多规模小、科技创新能力较弱、档次低，入园企业间技术和产品关联度不高，产业链不长，难以形成园区产业优势。

（三）财政税收来源单一，增长后劲不足

西峰区财政税收来源单一，固定财源支撑乏力，现有企业受经济发展趋势影响，生产难以形成规模，工业园区正在建设当中，新的税收来源也难以上规模。当前，正值脱贫攻坚关键时期，民生建设与民生保障范围不断扩展，财政的刚性需求持续上升，有限的财力来源难以满足迅猛增长的支出需要，支出压力凸显，财政收支矛盾异常突出。改善与保障民生的资金不足、加快城区建设与消化历史债务的矛盾日益显现。受区域因素影响,税源缺乏新的增长点,税收增长乏力,财政收入增长后劲严重不足。

(四)旅游建设配套设施不够完善,旅游环境尚未成熟

旅游景点的吃、住、行、游、娱、购等要素,是相辅相成、共生共荣的。六大要素的配套方面,西峰区虽然做了不少工作,但还不能适应当前的形势,特别是在餐饮、购物等方面还没有形成团队接待能力。近几年的假日经济已经显现了这方面的不足,虽然具有旅游资源,但由于投入运行的旅游景点或配套环境设施存在着较大的缺陷,没有形成有效益的旅游接待线路,同时在宣传和促销等方面的力度也不够强,旅游景点品位不突出,品牌不彰显。

(五)脱贫内生动力不足,扶贫难度较大

当前,贫困户脱贫内生动力不足,主要表现为:一是"不愿",部分贫困户把贫穷当作一种习惯,主观上或不具备脱贫摘帽的心理准备,或缺少主动脱贫的意愿;二是"不敢",受条件所限,部分贫困户发展信心不足,不敢突破自身局限脱贫致富;三是"不能",由于发展生产要素短缺,虽然有脱贫致富的想法,但心有余而力不足;四是"不会",部分贫困户在脱贫工作中找不到切入点和突破点,不知如何脱贫。农村基础设施建设亟待加强,贫困户所在地区,自然条件差,交通不便,公共服务不到位,导致扶贫难度较大。

(六)美丽乡村建设过程中村、镇干部存在畏难情绪,农户积极性不够

广大干部是美丽乡村建设的倡导者和执行者,农民群众是村庄的主人,是美丽乡村建设的直接受益者,是村庄建设的主体。但就目前情况来看,少数村镇干部存在着畏难情绪和"等、靠、要"的思想,工作主动性、大局性不够强,相关职能部门参与度不高,没有真正形成齐抓共管的局面。农民群众参与建设的主动性、积极性

还未被充分调动起来,存在着"干部干、群众看"的现象。对一些乡风文明,软实力建设方面热度不够,养老设施服务滞后,缺少人文关怀。各职能部门对美好乡村建设投入项目资金各自为战,没有形成工作合力,未实现效益最大化。

## 二 促进西峰区县域经济社会发展的对策建议

**(一)增强工业反哺农业能力,积极发展农产品加工业**

按照做大总量、培育品牌、集群发展的方向,促进加工型龙头企业聚集发展,加快建设全国绿色农产品加工示范区。通过扩大宣传、项目推介等措施,加大招商引资力度,引进、培育和壮大一批农产品加工、贮藏保鲜、运销龙头企业。加快现有企业升级改造,提高经营质量,提升企业档次和加工能力,发展具有出口潜力的农业。鼓励引入新的营销理念,成立配送中心、发展超市连锁经营等,拓宽农产品流通渠道。规范企业行为,推行"绿色通道",营造公平竞争环境,保证农产品运销畅通。

**(二)提高工业园区服务质量,孵化企业促发展**

要加快工业园区的建设步伐,构建和完善相适应的园区管理机构是当务之急。这样不仅能明确园区的建设主体,还可以积极主动地安排好园区规划、环境评估、基础设施建设等工作,为招商引资创造良好的条件。支持中小企业走专业化、差异化发展道路,企业的发展就是园区的发展,因此,为企业谋发展才是园区改善"软环境"的根本所在,工业园区要帮助企业解决好诸如资金、人员等需求的困难,打通园区与企业,园区与金融机构的有效商业对接通道,使园区成为企业的帮扶平台和孵化器,扶持企业发展壮大,把项目孵化成产业。

**(三)壮大工业经济,增地方财政收入**

以工业转型升级为主线,以工业园区建设为抓手,以实施重大项目为突破口，做强工业经济总量，增强财源发展的内生动力。以"石化园区、工业集中区"两大园区为载体，坚持走集约化、规模化、节约化发展道路，强化发展支撑，提高资源承载能力，着力实施新型工业强区战略，构建产业特色优势突出、区域协调发展的产业格局，调整优化产业结构，拓宽财政收入来源渠道，提高经济增长对财政收入的贡献率，为夯实财源奠定坚实基础。

（四）发挥区位优势，进一步拓展商贸流通布局

西峰区是庆阳市重要的商贸、物流中心。同时，作为甘肃省东翼发展的主战场，庆阳至上海、银川新航线顺利开通，银西铁路开工建设，西峰区的区位优势、后发优势更加凸显。西峰区要大力发展现代物流业，电子商务业，引导企业参与，积极推进专业市场建设。鼓励大型流通企业向农村延伸经营网络，拓展网点功能。加大对重点领域和薄弱环节的支持力度，推动商贸流通产业加快发展。强化规范市场经济秩序，切实保障和改善民生。着力将西峰区构建为产业结构合理、集聚效应明显、区域辐射力强、服务功能完善的区域性商务中心区。

（五）加快旅游产业配套设施建设，积极培育发展新动能，促进生态文化旅游深度融合

近年来，西峰区经济面临持续下行的压力，支撑经济发展的传统动能逐渐弱化，处于新旧动能接续转换、经济转型升级的关键时期。西峰区紧抓国家、省、市关于旅游业发展的政策机遇，在旅游景区建设、旅游资源开发、旅游产业培育、旅游商品挖掘、旅游人才培养等方面做出了不懈努力，旅游产业近年来发展迅猛。今后，西峰区要以"人文生态休闲旅游胜地"为战略目标，通过发挥中心城区的区位优势，构建大旅游、大市场、大平台的发展格局，着力把旅游业培育为西峰区国民经济的战略性支柱产业及人民群众更加满意的现代服务业。在旅游产业发展工作中主动适应新常态，落实

新理念，突出问题导向，积极查短板、找痛点、谋对策，精准发力，不断补齐制约旅游产业发展短板，培育西峰区旅游发展新动能。着力实施项目带动战略，精心策划和重点开发一批具有代表性的文化旅游精品项目，以项目建设引领文化旅游产业快速发展。打造以休闲、观光、旅游、农业等为一体的田园生态旅游综合体，有效带动区域内农业向规模化、多元化、现代化发展，大力支持诸如天富亿生态民俗村这样的综合性文化旅游项目。在具体开发建设上，坚持以"高标准，有效益"为核心，尽量避免遍地开花、盲目投资的现象。景区开发要按照国家 A 级标准建设，旅游接待新建的宾馆饭店要以星级标准起步，防止造成不必要的浪费。

（六）引导转变贫困户观念，率先改善基础设施条件

破除贫困心理，引导群众"愿脱贫"，"扶贫先扶志"，贫困地区固有的旧的传统观念和长期的贫困状态导致部分贫困户养成对贫困生活的适应和惯性，造成贫困状态和贫困心理的长期稳定。在脱贫致富的过程中，要加强宣传引导，着力推动贫困户转变思维方式，破除陈旧的思想观念，引导贫困户树立谋发展、想发展的信心和信念，激发其自身发展动力。加大贫困乡村道路扶贫力度，提高路网通达能力和服务水平，加大贫困地区抗旱水源建设、中小河流治理，促进"五小水利"建设向贫困村倾斜，建立从"源头"到"龙头"的农村饮水扶贫体系，积极改善贫困地区基础设施条件。

（七）加强典型引领，多方整合资源，建设美丽乡村

按照"示范带动、重点培育、全面推进、彰显特色"的要求，在全区科学选取典型。以什社乡李岭村为典范，组织其他乡镇学习李岭村的建设之路。李岭村始终坚持科学规划布局美、村容整洁环境美、创业增收生活美、乡风文明身心美的新农村建设标准，坚持把美丽乡村建设与产业发展、农民增收和民生改善紧密结合起来，强化基础设施，完善公共服务。以村部文化广场为中心，配套完善

服务设施，加快建设三大集中居住区，完善村民安置、垃圾填埋等八大功能区，扮靓生态文明村的"底色"。李岭村十分重视居民尤其是儿童、青少年的教育，开设"四点半"课堂，组织离退休教师、包村干部依托农家书屋、文化室，对村里的留守儿童、学生进行辅导。全区应积极组织其他乡镇到李岭村实地学习，汲取经验，广泛推行李岭村模式。

美丽乡村建设必须充分整合各种资源，拓宽资金渠道，发挥资金效益最大化。整合项目资源，把美丽乡村建设通过不同渠道争取到的项目资金整合到一起（如农房改造、村庄整治、饮水工程等项目），建立财政专项资金。发动社会力量共同参与美丽乡村建设，如鼓励村企结对共建，鼓励金融资本参与建设，鼓励社会贤达捐资兴建美丽乡村相关基础设施，降低村民所承担的费用，同时加大对资金使用的审计监督力度。

## 第二节 庆城县

发挥资源优势，促进产业转型，重塑历史名城。
——庆城县县域经济社会发展中存在的问题与对策建议

"十二五"时期，庆城县紧紧围绕"县域经济总量不大、结构不优、加快转变发展方式迫在眉睫、脱贫摘帽任务艰巨"的实际情况，紧抓脱贫攻坚、项目建设、产业转型的重大机遇，科学谋划、精准发力，找准经济增长的着力点，补齐短板。积极克服新常态下的各种困难，统筹做好稳增长、促改革、调结构、惠民生等各项工作，基本完成了"十二五"规划确定的目标任务，实现了经济平稳较快发展和社会和谐稳定，为全面建成小康社会奠定了坚实基础。在肯定成绩的同时，也要清醒地看到，发展中仍存在一些突出矛盾和问题。

## 一 庆城县县域经济社会发展中存在的问题

（一）经济增长乏力，产业急需转型

庆城县因油而兴，是长庆油田的主产区，以石油为代表的"黑色"产业一直在拉动经济高速发展。40多年来，油田的开发建设带动了庆城经济社会的快速发展，财政收入、三产服务业发展以及群众的生活消费水平，一度走在全市乃至全省前列。2004年以来，长庆油田开始布局大调整，马岭炼厂、油建公司等多家油田三产企业相继注销、搬迁或撤并。油田搬迁撤并，财政收入不断滑坡，2009年一年减少税收过亿元，县级财政收入大幅减少。

（二）果业配套服务体系薄弱，果品质量不高

全县果业技术服务体系薄弱，尤其是缺乏技术推广队伍，加之基础设施、思想理念等因素的影响，果业创新能力、新技术研发能力不强。受乡村劳动力外出务工的影响，现有果农的农作物规模和技术水平不高，接受新技术能力差，在新技术的应用、推广方面不主动、不配合，致使技术落后，在花果管理等方面投入不足，影响果品质量。同时产业化程度不高，企业和农户间风险共担、利益共享的机制不健全。全县果品加工能力仅占总产量的34%，深加工程度不够。龙头企业是发展果业产业化的火车头，它的带动能力强弱决定了果业产业化的规模进程和效益。目前，庆城县果业企业大都处于发展初期，规模小，投入不足，规模效益低，带动能力不强，产生的经济效益和社会效益相当有限。

（三）旅游资源缺乏有机整合，核心定位不清晰，中心不突出

庆城县旅游资源呈弱、散状态，尚未形成有竞争力的旅游拳头产品，从庆州古城到岐黄中医药文化博物馆，再到薰衣草庄园，各景区、景点单打独斗、自谋营生，发展无序孤立。旅游资源缺乏深

层开发,未形成区域旅游一体化的联合效应,市场竞争力较弱。而现代旅游业是一个大旅游的格局,与过去圈地经营的旅游模式有很大差距,原有的以景区为核心的规划已不能满足全域旅游的新思路,需要一个具有全局性、前瞻性、战略性的旅游规划来引导旅游资源整合及引领旅游项目进驻。

(四)文化旅游产业宣传力度不够,基础设施仍需完善

庆城县历史文化悠久,最早可以追溯到夏商周时期,但其文化内涵没有被充分挖掘,景点知名度低,文化旅游宣传力度不够,很多唯一性、独特性的旅游资源没有得到宣传推广,旅游营销理念落后,推介方式上对现代媒体利用不够,人力资源开发不足,缺乏一支强有力的宣传、解说队伍,影响了旅游资源的深度挖掘。各景点基本处于初级开发阶段,经营方式粗放,吃、住、行、游、购、娱、厕七大因素一体化程度极低,二次消费较低,造成旅游经济效益不明显、游客舒适度和满意度得不到提高,在很大程度上影响了旅游整体形象。

(五)教育发展不均衡,资金投入缺口大

近年来,庆城县以建设教育强县为目标,加大教育事业的发展,教学质量明显提高,但与人民群众对教育均衡发展的期望和优质教育日益增长的需求相比,还存在一定的差距。中小学布局调整和资源配置尚未完全到位,农村优质教育资源相对缺乏,全县义务教育资源紧缺,整体水平较低。县城学校与农村学校教育差距大,与农村学校相比,县城学校师资优势较强,教育资源扩充较快,吸引了农村生源与师资,拉大了城乡教育差距。师资力量配置不均衡,学科结构性短缺矛盾突出。由于庆城县经济发展基础薄弱,县财政对教育的支持力度还非常有限,教育发展所需的资金投入缺口较大,严重制约着庆城县教育改革与发展。

(六)饮用水安全形势严峻,水质保护检测亟待加强

饮用水安全问题,直接关系到群众生命健康和社会稳定,切实

做好饮用水安全保障工作,是一项重大的民生工程。庆城县由于地表水匮乏,不具备修建大型有水源保障的骨干供水工程条件,供水范围十分有限,部分油区群众存在用水困难。县财政困难使地方配套资金不到位,影响了人饮工程建设进度。水源地保护措施不力,城区饮用水水质不达标。水质检测实验室的检测设备由于缺乏资金投入,依然陈旧、落后,水质保护检测能力亟待加强。

(七)贫困户主观脱贫意识差,产业扶贫带动能力不强

贫困对象精准识别难,贫困户的贫困程度难以鉴定。在依据家庭人均收入确定贫困的条件下,由于缺乏刚性标准,农民收入渠道多杂小且难以核算,要把贫困家庭贫困程度进行排列、比较确定精准贫困户较为困难。多数贫困人口文化素质低、思想保守、思维观念还停留在自给自足的自然经济时期,没有发展动力,安于现状。国家诸多惠农政策的实施和兑现,使部分贫困户产生了严重的依赖思想。农业产业链"链短幅窄",现有产业项目结构单一,抗风险能力不足,集约化、规模化、产业化程度不高,产业结构调整推进慢,导致贫困群众增收渠道狭窄。

## 二 促进庆城县县域经济社会发展的对策建议

(一)工业转型,农业增效,旅游兴业

依托油田闲置资产,大力发展油煤气下游产品、建筑建材、服饰加工、小商品生产等,构建加工制造业支撑体系。农业不强,农民不富,庆城的经济发展就无保障,加快培育农业农村发展新动能,努力让农业强起来、农村美起来、农民富起来,大力支持发展苹果等优势特色产业,提升农业综合效益,促进农民持续增收。依托人文资源和产业特色,将旅游作为后发赶超的新业态、新产业,与脱贫攻坚、美丽乡村、环境保护、城镇建设、产业结构调整结合起来,整合优势文化旅游资源,促进第一、第二、第三产业融合

发展。

（二）推进果业标准化生产，加快产业链延伸

在自然条件和产业基础较好的地区，集中连片布局，完善道路、水利等基础设施，选用优良品种，合理选择栽培模式，应用先进技术，高标准建设标准化果园，以苹果为重点，优化栽培模式。根据不同区域的土壤、水源等条件，选择合适的栽培模式，提高单产水平和经济效益。加强果业与其他产业的融合对接，重点加强与科研机构、高等院校的合作，在全县范围内推进"西农模式"，借助西北农林科技大学的研究成果推进果业创新发展，促进科研与实践的对接；加强果业与食品加工业的融合发展，开发果汁、果脯、果酱、苹果圈、果醋、果酒、果胶等系列产品，延伸产业链条。

（三）积极推动文化旅游深度融合

庆城县的旅游业，需要改变小、散、弱的现状，加大资源的整合力度，科学规划，合理布局，突出特色，培育系列旅游产品。充分挖掘现有旅游资源，把全县旅游资源进行整合，形成整体，树立品牌，不断提高规模档次和竞争力。交通、建设、旅游等部门要相互协调，尽快完善一日游旅游专线。推动地方传统文化与旅游产业的结合发展，充分开发利用各种有形文化遗产和无形文化遗产资源，不断丰富旅游产品的民族文化内涵，增强旅游吸引力。全力打造一批具有吸引力、影响力、竞争力的文化旅游品牌。打造以"红色南梁、岐黄故里、周祖圣地、民俗庆阳"为主题的多元文化旅游景点。推广文化节庆活动品牌，按照定位准确、主题突出、特色鲜明、梯次发展的要求，继续办好中国庆阳香包民俗文化节、中国庆阳农耕文化节等文化节庆活动，搭建招商引资平台，促进文化交流。加强文化旅游品牌宣传推介，开展多层次、高水平和全方位的宣传推介营销活动。充分运用网络媒体、手机媒体、数字电视等新传媒手段，组织开展文化旅游品牌推介和展示活动，形成多角度、

高密度、立体式宣传阵势。在巩固传统客源市场的基础上，积极拓展新的客源市场。

（四）稳步推进教育布局调整，加大教育投入力度

大力发展教育事业，稳步推进教育布局，实现教育资源合理布设。全力推进素质教育，提高教育质量，为经济发展打好基础铺垫。突出师资力量和教学设施向农村倾斜，推进义务教育均衡发展。进一步完善教育投入机制，根据教育布局规划，重点保障保留学校的资金投入，避免重复建设和投入的浪费。各相关部门要注重理解国家投资政策，把握国家资金投向，积极配合教育部门做好项目前期工作，及时提报一批教育基础设施项目。并在此基础上，主动加强与上级的沟通与联系，对申报的项目主动做好跟踪服务，以争取上级对庆城县义务教育建设更大的扶持。

（五）加快供水设施改造建设，完善饮用水卫生监测

庆城县政府及相关部门要加强组织领导，着力加大投入，采取有效措施，加强水源地保护，完善供水设施改造建设，提升县城供水能力，满足县城生产和生活用水需求。建立科学、规范、完善的饮用水卫生检测体系，强化饮用水检测力度，全力保障饮用水水质安全。采取多种形式，加大水污染防治法等相关法律法规的宣传力度，在全县形成自觉保护水源地的良好观念；要强化综合治理，加大执法力度，减少污染，净化水体，建立生态补偿机制，强化源头治理，切实将水资源保护同经济社会发展同步进行。

（六）深化认识，凝聚力量，强力推进脱贫攻坚战

一是加强力量，强化指导。村镇干部要进一步提高认识，加强村、镇两级扶贫攻坚队伍建设，配备一批熟悉农村工作、有事业心、有干劲、有担当的年轻干部充实到一线担任辅导员或技术员，更好地指导各村扶贫工作。县直单位和乡镇班子成员联系辅导帮扶到村，技术干部联系到村到产业，镇村干部结对帮扶到户，确保产

业扶贫充实而具体，教育扶贫因人施策，健康扶贫因病下药，政府兜底有序给力。二是部门联动，合力攻坚。确保帮扶措施有针对性、有操作性，确保帮扶活动取得实实在在的成效。三是紧盯国家持续加大对扶贫工作投入的政策机遇，加强衔接沟通，积极主动争取，促进低收入农户稳步增收。四是对扶贫项目资金全程跟踪管理，确保资金安全有效使用。建议把全县所有部门用于行业扶贫的资金整合起来，统一调配使用，发挥资金的倍增效益、聚合效益。

## 第三节　镇原县

突破发展资金瓶颈，创新产业发展模式，发挥首位产业富民效应。

——镇原县县域经济社会发展中存在的问题与对策建议

面对新形势，镇原县立足"中国杏乡""全国优质瓜果生产基地重点县""全国粮食生产先进县"等目标，围绕"绿色经济、特色产业"进行发展，全面推进特色农业产业、城乡基础设施、生态旅游、社会事业及民生发展等各项重点工作，开创了经济快速发展、社会全面进步、人民安居乐业的良好局面，为"十三五"可持续发展奠定了良好的基础。但在发展过程中也存在诸如基础设施建设滞后、投入资金不足、农业企业融资难等问题，制约了镇原县经济社会的可持续发展。

### 一　镇原县县域经济社会发展中存在的问题

**（一）基础设施建设滞后，物流成本高企**

近年来，镇原县基础设施建设边缘化趋势明显。庆阳市已建成投入运营的福银高速，即将投建的雷西高速、银西铁路，均未经镇原辖区，唯一一条二级公路尚在建设之中，商品货物输出输入困难，运输成本相较毗邻市、县翻倍增加，影响了居民生产生活，也制约着县域经济社会发展。

（二）公路建设投入不足，后期养护难度大

除缺乏途经县域的高速公路外，省级公路和乡村公路建设资金投入不足、手续烦琐、后期养护困难等问题也日益严峻。县域省级公路、乡镇公路和乡村公路建设资金由国家和县级财政共同承担，乡村公路国家每公里按照20万元预算，但实际投入高达80万元，实际上每公里乡村公路国家投入14万元，县级财政需投入66万元，远远超出县级财政能力，加上公路建设手续烦琐，建设成本更高。公路建成后，后期养护也主要由县级财政来承担，一般乡镇公路在使用五年之后就需要进行大的养护，资金投入大，县级财政投入难以为继，后期养护维护成本更高。

（三）精准扶贫、脱贫任务艰巨，富民效应不明显

扶贫攻坚任务依然艰巨，贫困人口相对集中在生态脆弱区和基础设施建设滞后的地区，贫困程度深、返贫率高，扶贫工作任务繁重。但是精准扶贫项目中的特色富民产业较少，全县范围内农业产业现代化水平较低，农业产业合作组织规模小、发展慢，农民收入增长不显著。

（四）农业企业融资难，可持续发展能力较低

镇原县农业资源丰富，农业特色产业发展迅速，农业项目建设成效显著，但由于农业的特殊性，农业企业融资难问题较为突出。由于农业前期投入大、生长周期长、资金回收慢，一般要经过3—5年的持续投入，才会有经济效益，这就需要企业有稳定的资金支持，但农业企业不能满足银行等金融机构的融资条件，又由于土地的集体所有性质，企业也无法利用土地办理抵押贷款，导致企业后续资金投入不足，可持续发展能力较低。

（五）工业基础薄弱，园区以传统产业和劳动密集型产业为主

镇原县地方工业基础相对薄弱，金龙工业集中区目前入驻企业虽然达到20户，但大部分入园企业以传统产业和劳动密集型产业为主，科技含量低，部分企业对环境污染危害大，环境不达标，大部分处于停产和半停产状态，部分企业主导产品不突出，经营规模较小，缺乏市场竞争力。像成立于1998年的甘肃新一代有限公司，主要生产果肉脯、杏仁粉等休闲食品，但生产设备相对落后，自动化程度不高，以劳动密集型为主，产品种类单一，缺乏品牌效应，市场竞争力较低。

（六）新型城镇化建设步伐加快，但乡镇集聚能力弱

"十二五"时期新型城镇化建设成效显著，城镇化率达到27.03%，城镇基础设施建设步伐加快，城市规模迅速扩大。但乡镇等小城镇建设进程缓慢，缺乏详细的小城镇建设与发展规划，乡镇建设缺乏特色，人口聚集不明显，对周边农村的吸引力和辐射带动作用有限。

（七）农村教育设施严重不足，学前教育师资匮乏

总体来看，镇原县教育基础设施得到有效改善，但城乡差距依然突出，尤其是在教育基础设施和师资力量方面，农村教育基础设施严重不足，比如运动场所，全县300所中小学只有1所有标准化操场。学前教育师资匮乏，2016年新建村级幼儿园173所，教师短缺200多名，导致城乡教育质量差距不断扩大。

（八）农村低保政策实施难度大，动态管理难

农村居民收入难以核准，低保户标准核定难度较大，加上农村低保工作监督机制不够健全，导致农村低保工作实施难度较大，部分低保对象脱贫后，清退难度较大，尤其是三、四类低保，类别之间差距很小，评选标准难以衡量，无法做到公平公正。

（九）财政资金困难，专项配套资金难以兑现

县级财政困难，但很多基础设施项目建设需要县级财政配套，

这就给县域经济社会发展造成了严重阻碍。以公路建设为例，2017年计划完成农村公路20条，总长441.8公里，总投资额66971.73万元（其中国家投资40225.48万元，县级自筹26745.89万元），但配套资金至今未到位，另如教育、医疗等公共服务领域的配套资金难以兑现等，严重制约了县域经济的发展。

（十）环境保护设施和环境治理人才缺乏，环境治理任务重

环境质量改善任务繁重，小城镇集中供热和入户排污管网建设相对滞后，土壤污染管理能力亟须提升，空气污染历史欠账大。农村垃圾处理设施不健全，截至2015年，215个自然村中只有45个村实现了垃圾集中处理，无法对乡镇环境变化做出有效监督。

## 二 促进镇原县县域经济社会发展的对策建议

（一）加大基础设施建设投入力度，补齐交通设施短板

"要想富，先修路"，交通设施建设在县域经济发展中发挥着至关重要的作用。镇原县交通设施相对落后，尤其是高速公路网和省级公路网建设滞后，农村路网建设不健全，严重制约了商贸物流的发展。在县级财政配套资金有限的情况下，要积极争取多方资金，大力争取国家和省市项目资金支持，同时探索政府主导、民间资本参与的多元投融资体制机制，扩大建设规模，补齐县域经济发展短板。此外，应加快推动电网建设，酌情增加发电企业年度电量计划，完善电信普遍服务补偿机制，进行重大水利工程、中型水库、病险水库水闸除险加固、灌区续建配套与节水改造等项目建设，推进土地整治和高标准农田建设，完善县域基础设施条件。

（二）因地制宜，多管齐下，构建多元精准扶贫、精准脱贫体系

镇远县是国家贫困县、革命老区县，也是六盘山片区58个扶贫攻坚重点县之一，贫困面广、程度深、贫困人口规模大，扶贫任

务艰巨。根据不同的致贫原因和贫困程度，结合贫困村、贫困户的不同特点制定多元精准扶贫政策就显得尤为重要。由于自然条件恶劣和基础设施落后等原因引起的贫困群体，通过依托小城镇和中心村集中安置，实现易地搬迁脱贫；针对收入低下、缺乏增收项目的贫困户，因地制宜，立足资源禀赋，重点发展苹果、草畜、苗林、瓜菜四大县域特色产业，带动贫困户脱贫致富；通过培育和引进大型扶贫龙头企业、扶贫专业合作社和扶贫专业大户，吸纳贫困人口就业和带动贫困人口发展种养业，提高贫困群众收入水平；根据"宜农则农、宜工则工、宜商则商、宜游则游"的产业发展原则，借助镇远县优势文化旅游资源，大力发展乡村旅游，助力精准扶贫脱贫。除此之外，电商扶贫、金融扶贫、教育扶贫、医疗扶贫等也是构建多元扶贫机制不可缺少的组成部分，只有多视角、多层次、全方位脱贫攻坚，以产业扶贫为突破口，大力发展富民增收项目，才能按时完成精准脱贫目标。

（三）壮大特色农业产业，调整优化产业结构，发挥优势产业富民效应

农业仍然是县域经济发展的基础，应着眼区位优势、着力特色优势、调整产业结构，重点突出玉米、小麦、马铃薯三大粮食品种生产优势，将其作为特色产业，积极培育名优产品基地，打造高原夏菜、优质黄花、晚熟西瓜、优质螺旋菜、优质中药材、设施蔬菜六大特色农产品基地。着力推进以"中盛"为代表的畜牧养殖加工一体化建设模式，延伸种植养殖产业链，提升农业产业附加值，积极探索企业规模养殖、大户专业养殖、农户分散养殖等不同养殖方式相结合的模式，带动农民脱贫致富，打造养殖业大县。按照"大规模、高起点、强带动、外向型"的要求，进一步发展壮大农业龙头企业规模，增强龙头企业的辐射带动功能，引进一批诸如中盛、新一代、绿源等科技含量和现代化程度高的现代农产品加工企业，

促进农产品加工业转型升级，推动产业结构调整，助推县域经济良性发展。

（四）创新融资模式，促进农业企业可持续发展

国家精准扶贫资金基本上是以一家一户为单位进行发放的，扶贫资金主要用来生活支出，很少用于再生产或扩大再生产，扶贫资金的经济效益和回报率较低。农业企业在带动群众脱贫致富、增加农民收入等方面具有积极的引导和示范作用，但由于农业企业的小微特点，使其难以从金融机构获取后续发展资金。可以考虑通过政府审核担保，将精准扶贫资金及扶贫贷款以贫困户名义入股农业企业，使资金变资本，群众作为资金所有方获取企业分红，农业企业作为资金使用方承担扶贫贷款利息，促进农业企业可持续发展和贫困户永久脱贫的双重效应。

（五）以科技创新驱动产业园区发展，实现县域工业产业提质增效

做大做强油气煤炭资源开发、特色农畜产品加工、能源化工配套及循环产业等"八大产业"，以工业区为载体，以市场为导向，以科技创新为动力，以产业结构调整和工农业循环发展为主线，走新型工业化道路，增强支柱产业发展动力，积极推进工业化与信息化深度融合，促进以资源开发为主向加工制造、农产品加工、生物产业、生产性服务业及新能源产业转型，优化县域工业产业结构。

（六）特色城镇与新农村建设协调推进，实现城乡一体化协调发展

城镇化是县域经济社会发展的重大引擎，县域新型城镇化应以特色城镇和新农村建设为重点，以增加农民收入和人口聚集目标，以特色科学规划、分步实施、整体推进，建设完成一批经济繁荣、产城融合、设施完善、功能齐全、特色鲜明、环境优美、生态协调、治安良好、文明进步的特色城镇和新农村，促进城乡经济的共

同繁荣和协调发展。结合镇远县实际，围绕特色资源，打造一批"亦农亦工宜商宜游"的特色小城镇，提升集镇品味，增强承载能力和辐射带动能力，最终实现城乡融合和一体化协调发展。孟坝镇按照"文教重镇、宜居新镇、生态大镇"的建设目标，积极探索以城带乡、城乡融合的发展模式，将小城镇建设、土地利用、环境保护、产业发展等多个规划有机结合，通过创新户籍管理模式、土地制度改革、招商引资办法，立足资源禀赋、产业基础交通区位优势，实现人口、产业、城镇、新农村建设良性互动、协调发展。

（七）实施农村低保动态管理，改革低保对象类别和资助办法

根据农村低保对象收入等变化情况，在统筹考虑城乡居民可支配收入、城乡人口总量和上级财政投入的基础上，对低保对象和低保金额实施动态管理，做到应保尽保，提高困难群众基本生活救助补助资金使用效率。对目前低保对象四类划分办法进行改革，建议取消三、四类低保对象，将其资金投入一、二类低保对象，提高一、二类低保水平，切实落实低保的社会保障功能。

（八）加大国家财政在公共基础设施及公共服务等领域投入，减轻县级财政债务压力

按照目前公共基础设施建设资金投入办法，大部分基础设施建设需要县级财政进行相应配套，但由于县级财力有限，2015年地方公共财政财力总计为29.1796亿元，其中地方财政收入3.1907亿元，上级补助收入25.9889亿元，公共财政总支出为26.3796亿元，其中地方级支出为19.4342亿元，上级专项支出为6.9454亿元，按照县级财政收入来看，县级财政工资支出都无法保证（2015年财政工资支出10.4309亿元），因此大部分开支需要上级财政转移支付，县级有限的财政收入很难保证有关公共基础设施等项目配套资金到位，一定程度上严重影响了公共设施等项目的按期实施。因此，建议关乎民生的乡村道路建设维护、教育、医疗等公共基础

设施和公共服务项目,由上级和中央财政转移支付负担,减轻县级财政压力和债务压力。

(九)加强基层环保设施建设和人才培养,有效监督乡村环境治理

通过加强城乡尤其是乡镇一级环境检测机构与人员配置,增加乡村环境整治投入,加强乡村环境整治力度,使农村生产生活废弃物得到有效处置,点面源污染得到有效控制,集中式饮水水源得到有效保护,初步解决农村"脏、乱、差"问题,同时加大乡村环境保护宣传力度和监督督查力度,建立城乡一体化的环境整治长效机制,使乡村的生活和生产环境得到改善。

## 第四节 正宁县

调整产业结构,减少低效旅游开发,打造首位富民产业。
——正宁县县域经济社会发展中存在的问题与对策建议

正宁县位于子午岭西麓,陕甘宁三省交界处,分为四塬三川。境内景点较多,有子午岭、调令关等八个自然风景区,黄帝衣冠冢、仰韶文化遗址等古迹,民间刺绣工艺品在国内较为知名。年平均降水量623.5毫米,气候条件较好,有利于粮食和经济作物的生长。县内石油、天然气、煤炭等矿产资源富集,其中煤炭储量超过19亿吨,正宁县周家乡年产800万吨核桃峪煤矿即将建成投产,罗川年产500万吨煤矿即将开工建设。

自改革开放以来,特别是党的十八大以来,正宁县在县域经济社会发展过程取得了较大进步,但在发展过程中也存在问题。

### 一 正宁县县域经济社会发展中存在的问题

正宁县自然条件优越,地势较平,降水较为丰富,适宜农作物

生长。但是县城建设滞后，基础设施较为落后，工业产业占比较低，产业结构不合理等问题依然比较突出。

（一）经济体量小，脱贫任务艰巨

正宁县是国家级扶贫开发重点县，贫困面广，贫困程度深，从各项经济指标来看，正宁县远远落后于全省、全国的平均水平。脱贫任务很艰巨，截至2016年年底，全县还有9.75%的贫困发生率。

致贫原因较为复杂，如历史遗留、交通不便等，但是重要的原因是经济结构不合理，第一、第二产业占比太小，第三产业占GDP比重较高（自2012年起第三产业占比就超过了60%，2015年第三产业占比达到了68.32%），是三、一、二产业结构，第三产业被动呈现虚高状态。其次是县城基础设施建设滞后，交通、供排水、供暖、供电、绿化等严重落后。

（二）县级财政困难，推动经济发展资金少

财税制改革之后，税源减少，收入增长困难，县财政收入任务完成困难。属于县级财政三大支柱之一的烟叶种植受气候影响较大，正宁县的平均降水量虽然可以满足烟叶的生长，但是其降雨周期并不与烟叶生长周期一致，导致正宁县烟叶减产，并且烟叶品质不良也影响了财政收入。县级财政极度困难，自给率不足10%，主要靠财政转移支付，收支矛盾十分尖锐，保障发展能力不足；县域经济总量小、基础薄、实力弱，尤其缺乏大项目、好项目支撑，发展不平衡不充分的问题还很突出。财政资金的短缺往往导致项目建设缓慢，不能按时开工，规划往往流于形式，这也是正宁县跨越式发展的一个瓶颈。

（三）对农业支柱产业的扶持力度不够

林果产业是正宁县的第一支柱产业，全县果树已经达到22万亩，林果产业不像苗林产业，没有国家的投入，只能依靠县级财政，但是县级财政极度紧张，林果产业每年只有200万元的预算资金，正宁县20多万亩的第一产业——林果产业的栽、管、技术推广严重缺乏资金。林果产业需要大量高技术人才，很多现有技术推广人员都已经快到退休年龄，缺乏新鲜血液补充。正宁县矮化苹果由政府投资，在政府的引领下采取"企业+合作社+农户"方式经营，前期投资、管理风险较高，种植收益让利给农户。建议进一步推进土地流转，进行大规模、高技术的果业种植和深加工，在此基础上发展与农业配套的工业，完善旅游基础设施，如冷链运输、旅游资源、交通设施。

（四）旅游项目投资回报率低，发展目标不明确

子午岭原始森林、黄帝冢、罗川古城等自然文化景观是正宁县独有的旅游文化资源，但是这些景区普遍存在投入大、收益低、发展目标模糊的问题，景区建设投资多达上千万元，但地处偏僻且客流量稀少，每年带来的旅游收入颇少，在规划中需要十几二十年才能收回投资，资源投资效率极低。

（五）生态保护压力大，环境修复任务重

正宁县是资源大县，正宁县已探明煤炭储量19亿多吨，其中宁正煤田18亿多吨，核桃峪800万吨矿井正在建设之中，石油、天然气储量也比较丰富。但矿产开采造成的水土流失现象较突出，尤其是黏土矿的开发，"先破坏、后治理"的现象仍然存在，目前地企双方虽然落实了治理责任，但曾经掠夺式、破坏性的开采造成的生态损失在短期内难以修复，加之历年开发建设项目造成的水土流失问题并没有得到彻底治理，这些都严重影响着当地群众的生产生活。

（六）区域发展差异明显，社会事业发展滞后

正宁县区域发展差异依然明显，城乡二元结构矛盾突出，县城、小城镇和新农村建设还未形成良性互动机制，农村基础设施建设滞后，欠账较多。城镇功能不齐全，辐射带动能力不强，生产、

生活垃圾及污水无害化处理程度不高。社会事业发展滞后,正宁县经济正在加速发展,但是公共服务均等化水平不能完全适应形势发展需要,群众在上学、就医、行路、饮水、社保、安居等方面还有许多问题需要解决,社会管理创新也有不完善的地方,社会发展的"短板"问题还很突出,促进社会和谐共享任重道远。

## 二 促进正宁县县域经济社会发展的对策建议

**(一)降低环境污染,提升经济发展质量**

正宁县生态敏感性高,正宁县处在西部扶贫地区与子午岭生态保护区的交叠地带,在城镇化增量空间拓展方面,要主动对接国家主体功能区的生态保护要求、划定自身生态红线、合理论证城镇空间增长边界,对生态环境进行强制性保护,维护区域可持续发展的生态安全格局。例如正宁县核桃峪煤矿、宁正煤田矿区,建设年产2000万吨的大型煤炭基地,是甘肃省煤炭开发史上规模最大、投资最大的规划,对甘肃未来的能源发展格局和经济社会发展会产生巨大的拉动作用。但是在开发过程中要严格把控环境红线,做好环境保护预案,借力扶贫政策的扶持,推动地方经济发展从资源密集型驱动转向绿色、效率驱动。

**(二)推进工业强县战略,大力培育地方工业**

在做大实体经济上求突破,坚持工业强县不动摇,突出首位产业,扶持中小企业,培育新兴业态,为县域经济发展提供强力支撑。

坚持集约开发、深度转化、生态优先、转型升级的原则,加快煤电冶材一体化建设,促进绿色低碳、循环高效发展,全力支持华能公司加快核桃峪矿井三期工程建设,力争完成投资11亿元,确保年内出工程煤50万吨,为2019年建成投产奠定基础;超前谋划煤电外送通道建设,继续抓好正宁电厂一期前期工作。围绕煤炭主业延链、扩链、补链，加快外围产业和配套服务业开发，打造能源低碳循环发展试验区。大力培育地方工业，按照企业入园、产业集中、要素集聚的思路，主动承接央企和东部产业转移，全力推进周家和县城工业集中区基础设施建设，积极兴办农产品精深加工、机械制造、清洁能源、电子商务等一批工业企业。

（三）衡量投资与收益，选择适当的项目建设

国家、省、市高度重视革命老区县域经济的发展，加大政策扶持引导力度，加大财政资金投入，加大招商引资活动，并且出台相关政策、构建相关项目，促进县域产业发展。同时正宁县要对一些项目的合理性进行论证，一些耗资颇大、收益不明显的项目，可以考虑不予发展。优先投资一些与民生息息相关、能够拉动就业、快速增长收入的项目，一些偏远的旅游景点建设，受区位限制，客源少、投入大、见效慢，对此类项目应加以严格论证，谨慎投资，避免盲目投资和资金浪费。结合正宁县的发展状况，应重点优先投资城镇公共交通事业、农业支柱产业及与民生息息相关的富民产业，以此促进正宁县域经济发展。

（四）推进"三变"改革，发挥林果等首位产业的富民效应

农业产业集中发展可以促进区域经济发展，是打造区域品牌不可缺少的条件，同时也是提高现代农业发展竞争力、提升农民收入的重要基础。立足于正宁县区域资源优势和区域特色，根据当地独特的地理、气候、环境等特点，不断优化农业生产区域布局和产品结构，重点发展以苹果、苗林为代表的现代农业产业化的特色产业链。正宁县已经围绕林果产业建立了"企业+村集体+合作社+农户"方式经营的现代农业示范区，由政府及本地的企业家投资建立起相关产业基础设施（例如矮化密植苹果），农民以劳动力和土地入股，农民变股东。入股农户成为合作社、企业的股东后，实现在家门口就业，由过去的

旁观者变为参与者，农户与经营主体"联产联业""联股联心"。用集体资产使用权及农民土地承包经营权方式，使股权形式入股经营主体，让集体经济组织和农民拥有法人经济实体的股权，真正发挥林果等首位产业的富民效应。

（五）强化规划战略引领，加快城镇建设步伐

围绕城镇提质扩容，在完善承载功能上求突破。着眼创建新型城镇化建设示范区，强化项目支撑，拓展发展空间，全力打造生态园林和宜居宜业城市。科学定位发展方向，合理谋划空间布局，彰显地域特色风貌，严格执行"多规合一"统筹城乡规划，加大规划执法力度。

按照县城整体规划和功能区块，推动旧城改造与新区扩容同步推进，全力加快县城集中供热二期、公交平台等工程建设，统筹推进绿化、亮化、美化工程，建设汽车城等专业市场，开通两条公交线路，完善市政公共服务设施，促进县城建设向内涵提升方向转变。加快推进小城镇建设，配套建设街区道路、供排水、公厕、休闲广场、生态绿地等公共设施，多方参与，共建共治，争创国家级卫生县城，着力营造亮丽宜居的人居环境。

（六）加强生态环境保护，提升环境质量

牢固树立"绿水青山就是金山银山"的理念，全力打造黄土高原生态宜居福地，统筹推进"山水林田湖草"生态保护修复工作，全面削减燃煤污染，严控扬尘污染，防治农业面源污染防治，确保污染源达标排放。加强子午岭自然保护区和饮用水源地保护。强化环境执法监管，严厉打击环境违法行为，不断提升环境质量，努力建设天蓝地绿、山清水秀的美丽正宁。

## 第五节 宁县

补齐基础设施短板，转变产业发展思路，落实"三变"改革。

——宁县县域经济社会发展中存在的问题与对策建议

宁县位于庆阳市南部，是甘肃省东南边境县份之一，总面积2633平方公里。宁县自然条件优越，地势较平，降水较为丰富，适宜农作物生长，农业以南区草、东西果、中片菜、川区枣、全县牛为指导，突出开发草畜、果品、瓜菜三大重点产业。宁县县域内煤炭、石油、天然气等矿产资源储量丰富。"十二五"时期特别是党的十八大以来，宁县的县域经济发展取得了长足进步和明显成效，但由于发展起点较低，产业基础薄弱等原因，仍存在以下几个方面的问题。

### 一 宁县县域经济社会发展中存在的问题

（一）第二产业发展缓慢

无农不稳，无工不富，只有发展工业才能富裕起来，但是在宁县，工业发展较为缓慢，这是有多方面原因的。一是宁县工业基础薄弱，没有先发优势；二是宁县交通不便，基础设施较为落后，工业发展受到限制；三是当地资源开采受到环保政策限制，无法完成转型升级。在工业发达地区，工业基础较为雄厚，去产能对工业升级转型的影响较小，但是在宁县，由于工业基础薄弱且环保政策限制严格，刚刚发展起来的企业无法完成转型升级。

另外，国家对民营企业的消防环保要求较为严格，而环保设施动辄要求投入几千万元，但是，宁县民营企业规模较小，由于环保不达标等政策因素难以发展壮大。还有一些其他因素也在制约着宁县的工业发展，例如企业的用地审批各个环节上也比较繁杂、金融系统对实体经济尤其是民营经济的支持力度也不够。

（二）农业产业发展模式对农民增收效应不显著

海升现代农业示范区草莓和苹果的育种、生产均采用国外先进技术，例如以色列滴灌以及传感技术、美国草莓品种、荷兰苹果品种、斯里兰卡进口培养基质。园区投入成本高，收益大，且成本回收较快，兼具深加工技术，主要是省外销售和出口，具有显著的经济效益、社会效益。示范区采用企业化管理，吸收了当地一部分劳动力，还使得部分外出务工村民选择返乡务工，解决了留守子女问题，对经济、社会具有正面贡献，应在全县推广。但是海升集团在当地流转1.7万亩土地建立起了农业示范区，当地农户仅能得到每亩500元的土地流转费用，并没有深入地参与到农业产业化进程中来。仅仅是将土地资源"租用"给企业，当地农民与海升集团仅仅只是租用土地与农忙时节被雇用的关系，并没有真正形成"资源变资产、资金变股金、农民变股东"的"三变"模式，在未来的发展中，"三变"改革应当运用到类似海升的农业企业中，切实实现"资源变资产、资金变股金、农民变股东"，促使农业龙头企业与当地农民形成利益共同体。

（三）县城基础设施落后

宁县是国家级扶贫开发重点县，是农业大县、财政穷县、工业弱县，经济结构单一，工业基础薄弱，基础设施落后，这种基础设施的落后表现在各个方面，例如县城基础设施发展水平低，具体表现为交通路网破旧，市政基础设施落后，垃圾、污水处理能力滞后，绿化面积少；又如工业集中区配套的电力供应、供水、污水处理、废气处理等相关工业基础设施并不十分完善。

（四）工业集中区利用率低

宁县在"十二五"期间建成了长庆桥工业集中区与和盛工业集

中区，为宁县的工业发展提供了平台，发展起来了装备制造园与通达果汁厂，改善了经济结构单一的现状，但是还存在工业聚集区利用率低的现象，只有两三家企业正常生产，经济效益低，对县级财政贡献不大。近几年建设的莲花池景区等旅游景区，由于刚刚起步，并且景区道路、游客休憩住宿餐饮等相关设施并没有修建完善，所以旅游景区带来的经济效益并不明显。

（五）旅游资源需要整合，设施建设投入不足

首先，宁县旅游业起步晚，由于资金投入的不足，近几年建成的景点景区体量小、项目少、吸纳能力不强；同时开发旅游资源资金的短缺致使建成的景区规模小、容纳游客少、接待能力低、平均花费少、经济社会效益不明显。其次，功能配套不完善，进入景区的旅游道路接入性差，服务接待功能亟待提升。最后，旅游资源整合程度不够，境内的旅游景区点目前还没有融入陕甘宁旅游圈，游客主要以县内、周边游客为主，省外游客较少。

（六）项目支撑不足，人才缺口较大

宁县项目建设与国家有关部委、省市部门汇报衔接不足，没有将本县项目积极与国家和省上计划对接。招商引资力度不足，好的企业招不来留不住，人才和技术短缺，既缺乏一般人才，更缺乏高层次、复合型人才，高学历、高职称人才仅占人才总量的 4.5%、0.6%，科技力量薄弱，科技创新不大，高新技术引进难、消化难。

## 二 促进宁县县域经济社会发展的对策建议

（一）工业发展要扬长避短，发挥县域优势，以农业发展带动工业发展

环保与工业发展两手都要抓，既不能为了发展工业而污染环境，也不能不发展工业。在这两者之间要找到一个平衡，既要满足环保的要求，也要发展工业带动就业，还要符合当地的资源条件和

地理环境。宁县的优势在于劳动力较为充裕,特色农业优势明显。劣势在于交通不便,基础设施落后,交通运输成本高。将当地的苹果瓜菜直接运输到外地销售,成本高、收益低。当地农业产业还停留在初级产品生产阶段,农产品附加值偏低,但是当地已经开始针对性地发展相关农产品上下游产业。例如通达果汁厂,利用当地苹果产业进行果汁加工,收益明显增加。发挥特色农业产业优势,以农业带动工业发展,实现农业产业化和农业工业化,以此提高农民收入水平。

(二)落实"三变"改革,建立苹果产业发展平台

宁县已经引入了民间资本,创立了"海升模式",建立了现代农业示范区,但是并没有建立起企业与农户深入结合的命运共同体,未来要进行"资源变资产、资金变股金、农民变股东"的"三变"改革,要让贫困地区的土地、劳动力、资产、自然风光等要素活起来,让资源变资产、资金变股金、农民变股东,让绿水青山变金山银山,带动贫困群众增收。要建设现代化农业,转变农业发展方式,通过苹果产业这个平台,加快发展做大"蛋糕",又要在共享发展中分好"蛋糕",实现共同富裕。

现代农业与农业产业链的发展要遵循当地独特的地理、气候、环境等特点,宁县要打造以苹果为代表的现代农业产业化的特色产业平台。农业产业集中区的发展可以促进区域经济发展,是打造区域品牌不可缺少的条件,同时也是提高现代农业发展竞争力的重要基础。实践表明,农业产业平台是依靠当地优势产业,依靠地区人缘和地缘的社会背景形成的,农业产业平台是推动现代农业发展的重要力量。

(三)加强基础设施建设,提高园区运行效率

基础设施是经济发展和工业化进程的先行投入,在财政资金有限的情况下,政府相关部门应该与银行、企业搭建起政、银、企合

作共赢平台，确保生产性基础设施的优先发展。同时争取国家及省市的资金扶持，加大对工业园区的投入力度，选择合适的招商引资项目，出台相关政策，加强县域单位参与项目建设，促进县域产业发展，避免工业园区低效运行。

（四）持续壮大工业经济实力

坚定不移实施工业强县战略，大中小工业并举，速度质量效益并重，切实增强地方工业发展实力。加快推进工业集中区建设。实施园区集中供热、污水处理项目，实施道路绿化、亮化工程，提升园区承载能力。加快新庄煤矿建设，优化石油、天然气开发环境，支持企业扩能增产。扶持壮大中小企业，积极搭建银企对接平台，协调解决企业融资难题，培育小微企业。

（五）突出项目支撑，着力夯实经济发展基础

深入实施项目驱动战略，不断壮大县域经济总量，拉动经济稳定增长，加快项目建设，精心谋划争取。紧盯国家和省上最新投资政策导向，精心谋划论证一批大项目、好项目。加强与国家有关部委、省市部门汇报衔接，积极争取本县重点建设项目列入国家和省级项目之中。加强招商引资，始终坚持把招商引资作为项目工作的重中之重，积极搭建创业平台，落实各项优惠政策，吸引民营企业投资兴业，鼓励支持在外务工人员、大中专毕业生返乡投资家乡建设，创办实体经济增加县域经济发展活力。

## 第六节　合水县

加强基础设施建设，打造强势主导产业，建设美好幸福合水。
——合水县县域经济社会发展中存在的问题与对策建议

近年来，合水县以建设"五大基地"（国家大型能源基地

的能源生产与配套服务基地、丝绸之路经济带绿色农产品生产与出口创汇基地、陕甘宁接壤地区子午岭森林旅游与养生基地、黄土高原生态文明建设与保护示范基地、庆阳市东部重要经济增长极）为目标，致力于建设经济富裕、生态秀美、文明法治的幸福美好新合水。但由于资金缺乏、产业结构不协调等导致了合水县县域经济发展缺乏支撑，合水县县域经济仍然存在着亟待解决的问题。

## 一 合水县县域经济社会发展中存在的突出问题

### （一）农业结构不尽合理，农民收入来源窄

合水县是农业县，农民的大部分收入都来自农业，收入相对单一，受地理位置等的影响，农村工业、建筑业、批发零售业、贸易餐饮业、科教文卫业等都不能发展壮大。近年来，各级党委政府围绕农民增收为中心，狠抓农业结构的调整，取得了一定的成效，但是受农民文化程度、思想认识、市场机制培育等各种因素的制约，农业结构不合理的问题始终没有得到很好的解决。一是农产品结构不合理，产品的质量不高，名特优产品比例低，缺乏竞争力。二是初级产品多，加工产品少，精深加工产品更少。三是产业化程度不高，在合水县支撑农民持续增收的产业只有苹果、蔬菜，高质量的产业格局还没有完全形成。

### （二）融资平台单一、金融产品创新不够

目前，合水县龙头企业、中介组织、社会团体等的自我发展主要依靠银行贷款，然而一些新型现代化融资渠道如股权投资、产权交易、融资担保等十分缺乏，全县贷款数额与"三农"和小微企业的融资需求相比有很大缺口，需要多元化的金融组织来满足。农村金融机构偏少，服务覆盖率低，融资渠道仍以县农村信用联社为主力军，农村信贷供给稀缺，信贷结构不平衡，农户贷款、农村个体

工商户贷款、农业基础设施建设贷款比例低。合水县各商业银行间提供的金融服务大同小异，缺乏有特色、高质量的服务产品。金融产品创新力不强，产品单一，服务的内容主要集中在存贷、支付结算、代收代付、个人理财、现金管理等比较传统的项目，新开发的产品和服务未能完全适应县域经济发展的需求。

(三) 经济发展缺乏新动能，产业结构调整压力大

经济新常态是当前中国经济发展的全新坐标，新常态下经济粗放式发展的老路既行不通又走不远，必须开辟新的发展路径。从合水县的现实情况看，县域产业以农业产品初级加工和传统服务业为主，特色产业规模较小、特色不强，经济发展质量和水平较低，在促进旅游业深度开发、三产融合发展、特色产业培育壮大、商贸物流体系建设等方面的动能不足。同时，农业产业优势以及重大项目的带动效应都不明显，苹果产业是合水县第一大特色主导产业，但因为缺少加工运销龙头企业的带动，还没有真正形成"公司+基地+农户"的产业化发展格局。工业经济基础差，总量小，结构性矛盾突出，且企业数量少、规模小、市场知名度不高，多为加工型小企业，缺乏支撑县域经济发展的大型工业项目。石油产业链条没有延伸，只是单纯地输出石油，这对带动就业、经济可持续发展都产生了不利影响。

(四) 基础设施薄弱，规模化发展受到制约

近几年，合水县不断加强基础设施建设力度，顺利实施了一批水利、交通、供电项目，全县基础设施得到大幅提升，基本完成了水、路、电、网全覆盖。但由于基础薄弱、资金有限、历史欠账多等问题，合水县目前的基础设施建设水平仍不能满足全县经济社会发展需要。畜牧养殖、瓜菜、苹果等主导产业对水、电、路等要求较高，全县公路合计仅2186.1公里，落后的基础设施条件制约了这些主导产业的规模化发展。

## (五) 生态问题突出,环境修复压力大

合水县是庆阳市的石油大县,目前已探明石油储量 2.7 亿吨,占庆阳市总储量的 6.7%,石油等资源开发为当地经济发展带来收入的同时也造成诸多环境问题。石油、煤炭开采造成的水土流失现象较突出,"先破坏、后治理"的现象仍然存在,目前地企双方虽然落实了治理责任,但油田过去掠夺式、破坏性开采造成的生态损失在短期内难以修复,加之历年开发建设项目造成的水土流失问题并没有得到彻底治理,这些都严重影响着当地群众的生产生活。

## (六) 县级财政不足、财力缺乏,致使经济发展缺乏后劲

在 2015 年,合水县财政支出达到 139626 万元,但是财政收入仅为 34215 万元,资金短缺制约着县域经济发展。县级财政保障能力不强,致使城市基础建设薄弱(2015 年交通设施建设的支出为 2919 万元,同比下降 37.8%)、经济发展内生动力不足;资金落实困难,造成地方财政压力大,对家庭困难学生的资助尚未实现全覆盖;由于全国经济下行的总体趋势,且省市扶持工业经济发展的资金多倾斜于中央、省属大中型企业,致使合水县招商引资难度较大,同时,工业企业效益差,产品少,缺乏市场竞争力,在科技方面的投资也相对不足(2015 年在科学技术方面的财政支出同比下降 34.5%)。资金问题导致合水县工业发展滞后、民生改善程度较弱、县域经济发展后劲不足、全面建成小康社会任务繁重。

## (七) 精准扶贫动态管理工作缺失,"等靠要"思想严重

扶贫对象精准是精准扶贫的基础,但是动态管理工作名存实亡,贫困户的精准识别困难;近年来出现了贫困户因连续领取国家补助资金,生活条件超过非贫困户的情况,低保评定受到家族势力、思想观念的严重影响,基层干部在实践中容易发生平均主义的

政策执行偏差，这些情况都不能准确反映到动态管理工作中来。农民的"等靠要"思想严重，有些地方农户小富即安，不思进取，不求致富，地方政府、干部和贫困户缺乏脱贫的主动性和积极性，不仅是客观上不能退，而且主观上存在不愿退、不想退的思想，想通过继续保留贫困的帽子，作为主要收入来源，从而影响整体扶贫和脱贫的效果。

## 二 促进合水县县域经济社会发展的对策建议

**（一）加快农业和农村经济结构战略性调整，扩大农民收入**

不断壮大苹果、畜牧、瓜菜、黄花菜四大主导产业，以龙头企业带动发展，推进农业产业化经营，带动合水县生猪、肉牛的发展。通过建立相关加工企业或协会，形成农产品产—供—销一体化发展格局。大力调整农业内部结构，建设优质特色农产品基地，在合水县内形成段家集獭兔、肖嘴甜椒、板桥和固城瓜菜、老城果用瓜、太白水稻、何家畔和吉岘及西华池镇等苹果、蒿咀铺和太莪畜牧、店子药材的农产品产业区域带。

**（二）加大项目资金投入，为经济发展注入活力**

首先要拓宽融资渠道，政府相关部门为银行与企业间联系牵线，积极推广 PPP 模式，鼓励私营企业、民营资本与政府进行合作，参与公共基础设施的建设，搭建政、银、企合作共赢平台。其次要争取国家及省市的资金扶持，加大经费投入力度，设立科技创业专项经费，在草畜、果业方面增加保险补贴。最后，国家、省、市都应重视革命老区的县域经济发展，加大政策扶持引导力度，加大财政资金投入，加大招商引资力度，出台相关政策、构建相关项目并将项目下放，促进县域产业发展。

**（三）加快产业转型升级，提升产业结构层次**

一是要优化产业区域布局，加快企业组织、产品结构的调整，优化投资结构。二是要加大招商力度，提升经济质量，利用县内煤炭石油、瓜果草畜、特色蔬菜等优势资源，以"海升""西农""中盛"模式为样板，改造提升果业、草畜业发展。三是要提升产业层次，完善流通网络，大力发展现代商贸流通，结合互联网＋，落实"一带一路"部署，进行优质果蔬培育，培育一批带动农民增收显著、品牌效应强、辐射带动面广的龙头企业。

（四）加大基础设施建设投资，加快物流运输系统建设

在基础设施建设方面，一是加大苹果、蔬菜产业方面的基础设施建设投资，对种植苹果、蔬菜点上的水电路等基础条件进行调查，针对不同地域水电路现状，积极与扶贫、交通、电力、水务、农发、工信、国土等部门汇报衔接，争取机耕道路、冷链用电、灌溉用水、企业用地等项目资金扶持；二是加快物流运输系统建设，如加快建设西合高速公路，西合高速公路是庆阳市东大门高速出口、青兰高速和甜永高速连接线，该项目的建成将对合水县经济社会发展具有重要意义。

（五）加强环境污染治理力度，大力发展生态型循环经济

在环境治理方面，应加强污染治理力度，保护地下水，推行清洁生产，提高工业废水处理技术水平等；积极开发生态农业、生态林业、生态畜牧业、生态旅游业，大力发展生态型循环经济。把建设生态环境与落实产业富民、工业强县战略结合起来，依托子午岭丰富的自然景观和人文景观，重点开发生态旅游产业。深入推进子午岭生态屏障，葫芦河、县川、固城川、马莲河四大生态走廊"一屏四廊"建设。

（六）发展富民产业，加大社会保障力度，实现精准脱贫

一是培育多元富民产业，实现"一乡一业"产业对接，开展"一村一品"产业培育工程。合水的苹果属于富民产业，全县果园种植面积达28万亩，占全省种植面积的10.77%，应该

大力推广矮化密植建园，积极拓展苹果销售市场，延伸产业链条，使全县苹果产业规模化、标准化以及产业化的水平不断提升。苹果产业作为县域富民产业和精准扶贫项目，要整合扶贫资金，让贫困户管理果业，加大贫困户扶持力度。同时，蔬菜种植面积逐年扩大、产量稳步增加、品质不断提升，助农增收潜力凸显，目前全县人均蔬菜占有量600公斤，蔬菜产业人均农民纯收入680元，因此蔬菜产业可以作为第二精准扶贫项目发展壮大。二是不断加大困难群众基本生活保障工作力度，突出保障重点，坚持依法施保，主动救急救难，加强安全管理，进一步加强困难群众基本生活保障工作的组织领导，形成工作合力，广泛宣传政策，严格责任追究。三是集中精力实施住房改造、安全饮水、农网改造、道路畅通、产业培育、公共服务、金融支撑、能力素质提升的"八大工程"。

## 第七节　华池县

壮大优势产业，优化能源生产，立足红色资源，助推产业富民。

——华池县县域经济社会发展中存在的问题与对策建议

华池地处甘肃省东端，辖6镇9乡111个行政村，总人口13.4万人，其中农业人口11.4万人，是国扶贫困县和甘肃省18个干旱困难县之一。依据甘肃省委、庆阳市委对华池发展的功能定位和战略部署，在总结多年发展经验的基础上，华池县确定了以红色旅游开发为引擎，加快能源化工、草畜苗林等主导产业培育，探索风电煤炭资源的路子。结合此次华池县实地调研情况，就本县经济社会发展方面存在的问题提出相关建议对策。

## 一 华池县县域经济社会发展中存在的问题

**（一）基础设施建设滞后，产业扶贫成效不明显，扶贫开发难度大、成本高**

一是尽管全县减贫增收的效果显著，截至 2016 年，全县贫困面由 30% 降至 1.43%，但在全县的偏远山村还有很多农民吃不上水、看不起病、住不上房。要实现全县全面整体脱贫，不仅对基础设施的投入需求大、产业布局难、扶贫成本高、脱贫难度大，更给下一步扶贫攻坚工作带来了极大困难。二是受自然地理条件限制，华池县山大沟深，人口居住分散，全县贫困人口大多分布在交通不畅的边远山头村，群众行路难、饮水难、灌溉难、看病难、上学难的问题十分突出，极大地影响了困难群众的生产发展和生活水平的提高。三是在精准扶贫到户实施过程中，由于各户的情况和产业发展需求不同，造成个别贫困户对扶持项目不感兴趣，参与的积极性不高、产业项目推进落实困难；同时，大户带散户、公司带农户、合作社带社员涉及贫困户甚少，多数贫困户缺乏技术指导，产业扶贫效果不明显。

**（二）社会事业基础薄弱，资源配置不尽合理，城乡发展不平衡**

一是教育资源不足，中小学办学条件在城乡、区域、校际间存在较大差距，教育建设用地和建设资金投入短缺，基本办学条件改善步伐缓慢；教师数量总体不足，农村幼儿师资、中职"双师型"教师尤为短缺，教师整体素质有待进一步提高。二是文化产品的生产和文化活动的配送，政府仍然占据主导地位，社会参与力量相对较弱。三是社区卫生服务机构建设滞后，标准化村卫生室建设缺口较大，民营医疗机构数量不足，竞争能力不强，传染病防治、突发公共卫生事件处置应急装备缺乏，检验检测手段落后。四是社会保障体系亟待完善，扩面征缴难度加大，企业拖欠社会保险费居高不下；农村社会保障水平低，覆盖面小、保障体系不健全，大部分乡镇企业和私有企业以及农村劳动力就业的国有企业、城镇集体企业对农村劳动者的社会保障基本空白。五是全县城乡公共文化基础设施设备建设薄弱，城市重大标志性、功能性文化基础设施建设滞后，公共文化场馆设施相对简陋。

（三）草畜产业投入不足、技术落后、产业化程度低

一是县级财政资金紧张、广大农民投入有限，草畜产业在不少地方尚未列入政府财政预算，缺少专项资金扶持，还没有形成企业、社会、群众、政府多方面的投入机制，影响了草畜产业发展进程。二是全县缺少龙头企业，现有加工企业规模小，目前仍以自然配种、粗放养殖等低技术含量项目为主，对畜产品的开发处于低加工阶段，如红南梁农业科技发展有限公司仍以养殖、饲草料生产为主，在培育、引进、推广新品种方面明显落后。三是现有草产品档次低，距国内外草产品市场需求差距大；县内没有专门的草原站，从事草产业的技术人员稀少、技术力量薄弱，种草养殖户急需解决的良种、饲料、贷款、防疫治病、技术服务和产品销售等没有保障。

（四）小杂粮生产水平低、商品质量差、加工企业少、种植分散

一是受传统种植习惯和思想观念的束缚，农民商品经济意识不强，荞麦、大豆、红小豆、糜子等小杂粮的生产在一定程度上仍停留在自给自足的基础上，产量低、科技含量不高，特别是高科技含量的优质高产、专用名牌品种少。二是小杂粮产业"产、供、销"一条龙发展机制没有形成，生产加工基地具有规模和区域优势的企业少，在产品开发、宣传、市场营销方面更是力不从心，难以适应市场经济的需要。三是种植面积虽大但集约化程度低，以农户分散

生产为主，不利于规模经营，增加了收购、流通难度，影响新品种、新技术推广应用。

（五）苗林产业发展滞后、收益周期长、造林绿化难度不断加大

一是受自然环境和社会经济因素的制约，全县苗林产品产量低、规模小、精深加工产品少、产品销路不畅；同时苗林产业效益周期长、前期造林投入大，影响农民植树造林的积极性。二是目前造林地的立地条件较差，难利用地、陡坡、深沟、阳坡等区域零星且坡度大，造林难度大。

（六）石油开采占主导地位，其他产业发展受阻

一是由于市场、政策限制等方面的原因，大量的原油通过管道输送到外地加工，石油资源优势不能变成经济优势，并且当地财政还受到原油、成品油价格不稳定的影响。二是目前石油产业占到县域经济总量的76.5%，地方工业仅占县域经济总量的18%，过度依赖石油资源，致使经济发展结构失调、比重不合理。三是受"去产能"的影响，华池县丰富的石油、风能、天然气资源难以发挥优势，现有企业发展前景不容乐观。

（七）旅游基础设施薄弱、配套服务滞后、发展资金不足、机构设置不合理

一是华池县各类红色旅游资源"养在深闺人未识"，没有列入红色经典旅游路线中，周边的崆峒山、六盘山区等景区也都对华池县的旅游知名度和吸引力形成了屏蔽。目前仅有本省和一些与南梁革命历史有渊源的老革命家属、部分党史研究者对南梁的革命历史有所了解，有限的知名度与打造"中国南梁"红色旅游品牌的要求还有较大差距。二是华池县旅游景区以红色旅游为主，多为单一的纪念馆模式，缺乏参与性、体验型的项目，"吃、住、行、游、购、娱"等旅游配套服务也没有跟上，导致游客滞留时间短，经济收益

不理想。三是区内无高速公路、铁路，难以与外部形成便利的旅游通道，直接影响着游客量的持续增长。四是南梁景区被省上确定为2020年建成5A级景区的20大景区之一，中央、省、市先后投入南梁景区建设资金2.67亿元，县财政筹措资金0.9亿元，而目前，尚有缺口资金4.53亿元，巨额资金投入缺口严重制约景区发展。五是县级旅游部门职能弱化。2012年县政府机构改革时，将县旅游局、文化局、广播电视局合并，使得县旅游局成为挂牌机构，难以适应当前旅游事业的快速发展。

（八）资源开发不合理，生态环境破坏严重。

目前，华池县工业废水排放量居高不下，工业固体废物综合利用率低，许多乡镇缺乏污水排放系统和垃圾处理设施。由于石油开采导致华池县多处地方发生水质蠕变、水质变苦、水位下降、水井干涸现象。由于固体废物处理少，分散焚烧或随意抛入河沟、堆放河岸路旁、村前村后，既影响环境美观，又污染环境。柔远河沿岸大量垃圾和工业废料倾倒河中，使河床淤积，流域水体受到严重污染。

## 二 促进华池县县域经济社会发展的对策建议

（一）全面完善基础设施建设，强化基础支撑能力

一是将更多的资源向农村尤其是贫困地区倾斜，按照基础设施、公共服务均等化的要求，缺什么补什么，差多少填多少。通过整合国家、省、市、县、乡帮联资源，以及社保、低保、贷款、救济等政策资源，坚持水、电、路、田、房、网一体化治理。提升农村路网、整体改良基本农田、促进安全饮水全覆盖、改善农村人居条件、提升农村用电质量、实施信息网络接入工程，全面改善农村基础条件。二是优先支持"连成网"的出境路、打通"断头路"，把农村公路与国省干线、高速公路等主要道路靠拢连接，与工业园

区、物流园区连接起来，形成四通八达、交替循环、"血脉畅通"的公路网络。突出解决县乡之间、乡镇之间、村与村之间的连通，争取到2018年年底实现组组通油（水泥）路的目标。

(二) 因村因户施策，实现精准扶贫，突出特色产业，助农长效增收

一是对贫困户实行动态管理。对识别出来的贫困户建档立卡，根据建档立卡数据，再次认真分析每户贫困户致贫的主要原因，并结合贫困程度，按照"一村一策，一户一策"的要求，逐村逐户量身定制帮扶计划，细化帮扶任务、标准、措施和时间节点，做到号准病脉、开好处方、抓出良药。二是积极推行"公司＋基地＋贫困户"等产业化发展模式，发挥龙头企业、专业合作组织、致富能手的引领和带动作用，把贫困群众的利益联结起来，引导其通过土地流转，增加租金收入和务工收入，助推贫困村经济发展、贫困户增加收入。三是积极扶持发展特色产业的龙头企业、专业合作组织、产业大户和致富带头人，鼓励其带领贫困户共同发展草畜产业、特色种植业、苗林产业、劳务经济、南梁旅游农家乐等特色产业，引导贫困群众兴办实体、就近务工；对扶贫投入力度大的企业，在行政审批、税收、资金等政策上予以倾斜。同时，加大金融扶贫力度，通过双联惠农贷款、妇女小额担保贷款、易地扶贫搬迁农户建房贷款等为一体金融保障体系对资金短缺贫困农户发展产业给予支持和帮助。

(三) 加快发展社会事业，促进经济社会全面协调发展

一是在现行体制下，加大中央对地方的一般性转移支付力度，确保基层政府履行公共服务职能的必要财力。尤其对特别困难农村地区社会事业发展，增加专项资金投入并减免贫困地区配套资金。二是坚持学前教育抓普惠、义务教育抓均衡、职业教育抓多元、高中教育抓提质，全面完成县城学校"一迁二搬三改善"、列宁学校

扩建和全面改薄任务；坚持"两免一补"惠农政策，加大对农村基础教育投入的倾斜力度，完善义务教育经费保障机制，免除中等职业学校贫困学生和涉农专业学生学费；大力开展农村教师素质提升工程，全面提升农村教师素质。三是深化文化体制改革，基本建立覆盖城乡、便利高效、保基本、促公平的现代公共文化服务体系；提升公共文化设施建设、管理和服务水平，继续抓好"四馆一院一中心"项目建设，完成二将城（大顺城）、绥远寨（骆驼城）遗址保护和展示利用项目规划设计工作；充分利用现有城乡公共设施，统筹建设集宣传文化、党员教育、科技普及、普法教育、体育健身等多维一体的基层公共文化服务中心，配套建设群众文体活动场地；开展多形式的文化惠民活动，发展村史、民俗、传统工艺、"非遗"等不同类型的乡村记忆博物馆，加快推进"历史再现"工程建设，充分挖掘地区文化资源，使广大群众共享文化发展成果。四是要不断提升公共卫生服务能力，将"大卫生大健康"理念融入公共政策和公共事务管理，推动"健康华池"建设；全面推开城镇居民基本医疗保险制度，进一步完善新型农村合作医疗制度，确保参合率稳定在98%以上；提升乡镇卫生院服务能力，完成乡镇卫生院标准化建设，加强乡镇卫生院队伍建设，提高乡镇卫生院设备水平，推进基层医药卫生体制综合改革。五是全力做好"五项保险"扩面工作，完善职工养老保险制度体系，实施职业年金、企业年金制度，健全医疗保险稳定可持续筹资和药费报销比例调整机制，改革医保支付方式，实现住院病人费用网上直接结算。积极发展社会福利和残疾人、慈善事业，关爱农村留守群体，创新社会救助机制，加强保障性住房建设，筑牢困难群众基本生活防线。

（四）加大政府扶持力度，培养草畜肉三位一体人才，积极发挥龙头企业带动作用

一是政府要从投入、税收减免、银行贷款、招商引资等方面制

定切实可行的扶持政策和投入保证，营造一个宽松的成长环境；采取舍饲棚圈、饲草基地、优质种羊和饲草加工机械"四配套"的标准，大力实施"百千万"养羊工程，同时通过以粮代赈、无偿提供牧草种子、优先提供扶贫资金、免征各种税负等经济政策调动群众的积极性。二是要利用各类宣传工具，特别是县域内外的科技致富典型进行现身说法，增强群众科技意识；充分发挥县职业中专、大学生创业基地等阵地作用，选送有一定文化程度的青壮年农民进行系统培训和创业实践，培养"专业+就业+创业"三位一体人才。三是要抓好龙头企业建设，引进中天羊业等知名企业，建设现代化的肉羊屠宰加工生产线，加大对草产品、畜产品、肉产品加工企业的扶持力度，把农民手中的资源、技术人员的技术、企业老板的资金三个生产要素有机结合起来，力争在"十三五"期间建成几个有影响力的龙头企业，形成产供销一体化经营格局。

（五）践行品牌战略，打造龙头企业，着力培育壮大特色产业，不断增强"造血"功能

一是政府要积极做好小杂粮绿色农产品和无公害基地认证工作，加强陇东牌玉米、荞麦、红小豆、大豆等品牌宣传，研发小杂粮酒、面粉等新产品，拓展销售渠道，积极发展特色农产品交易市场，鼓励周边城镇大型零售超市与域内合作社开展农超对接。二是要努力争取省市县项目支持，对现有小杂粮加工企业在原料收购、厂房建设、新产品研发销售上给予扶持力度，形成市场连龙头、龙头带基地、基地连农户的利益共同体。三是要划定小杂粮种植基地范围，集中连片开发整治，成立小杂粮专业合作社，仿照林镇双塔中药材种植农民专业合作社的案例，借鉴其"企业+合作社+基地+农户"的经营模式，做大做强农民合作社和龙头企业，鼓励特色农产品品种保护、选育和生产示范基地建设，积极推广适用新品种、新技术，打造一批特色农产品加工示范园区，鼓励农民以资

金、技术等入股农民合作社，支持龙头企业、合作社等新型农业经营主体与村集体、农户建立紧密型利益联结机制，采取保底收购、利润返还等方式，延长农业产业链，让农户更多分享农业全产业链和价值链增值收益，实现合作共赢。四是推进县域经济第一、第二、第三产业融合发展，加强农村物流服务体系建设，大力发展电子商务，依托本县良好的自然环境，积极发展休闲农业、生态农业，打造一批具有较大影响力的养生养老基地和休闲度假目的地，积极发展特色经济林产业和林下经济。

（六）着力打造特色中药材基地，因地制宜延续退耕还林

一是要充分利用中药材种植天然优势，大力度融入陇东中药材种植加工基地发展商品经济林，建设若干个百亩林业科技示范点，特别要以黄芩、丹参、当归、黄芪、独活、甘草等为重点，发展特色中药材基地。二是争取国家政策倾斜，延续退耕还林还草的补助制度。以往只有 25 度以上的坡耕地才纳入退耕还林范畴，但实际上 25 度左右的坡耕地农民也无法种植农作物，还留有大量荒地，因此相关政策需因地制宜考虑当地实际情况。

（七）争取相关扶持政策，优化能源生产结构，培育能源生产新动能

一是建议参照长庆油田在榆林、延安的做法，按照"共同建设、共同使用、共同养护"的原则，鼓励中央企业和地方国有企业、民营资本组建混合所有制企业，因地制宜勘探开发县域石油、天然气等资源，县级财政除了享受石油开发税收方面的优惠政策外，还应享受每吨原油 550 元的石油开发费和生态补偿费，以及每开采一吨原油补贴 50—100 元的道路维修费，以支持地方经济社会发展和生态修复。二是积极引导油田企业参与地方经济建设，在文化教育、人员招募、厂区建设、井站水源供应等方面给予一定倾斜，同时在保证开发质量的基础上，鼓励一批资质高、有开发经验

的民营企业参与勘探、开发招投标，引进装备制造和维修服务项目，打造与资源开发相匹配的装备制造产业基地，从而促使原有的公有制油田经济向小微工业经济产业延伸；引导社会资本积极参与本县矿产资源勘查开发，支持开展油气田综合利用示范基地和绿色油气田建设。

（八）整合红色文化、特色文化及自然资源，打造系列文化名片，加大景区基础设施建设和旅游宣传推介力度

一是按照"一核两带三区"的发展布局，立足红色旅游资源，整合各类优势资源，加大跨区域旅游合作力度，重点打造国家级红色旅游经典景区和精品线路，加强旅游品牌推介，着力开发红色旅游产品，特别是对习仲勋在南梁时的革命事迹做深度挖掘整理，使华池县的红色资源纳入延安红色旅游圈中，促使人们尽快形成"到延安旅游不看南梁等于白看"的观念。二是加快建设旅游服务设施，配套建设一批美食中心、康乐中心、休闲中心、购物中心，努力在游、购、娱、吃、住、行六个环节上齐头并进，在观光、休闲、体验三种形式上互为补充，加快推进旅游过境地向旅游目的地转变，真正让游客进得来、留得住、游尽兴；继续推动产业互动，积极把白瓜子生产加工、小杂粮种植、草畜产业融入旅游环节中，打造绿色生态农家旅游业；同时依托子午岭林区大力发展森林生态旅游，建设森林景观。三是加快建成新堡—大凤川—抗大七分校—张岔—寨子湾—南梁—县城、新堡—大凤川—抗大七分校—张岔—寨子湾—刘坪—县城两条旅游环线，完善各主要景区内交通基础设施。四是积极争取投资优惠政策，实现多元化的招商引资途径；同时建议每年财政上单独列出一块专项资金支持旅游宣传；五是建议比照国家、省市旅游管理机构设置，将县级旅游部门列入政府直属机构，增加人员编制，实现对各旅游景区的统一管理。

（九）严抓环境质量，防控并举，实现资源开发与环境保护和谐发展

一是要抓好石油资源污染防治问题。要从源头抓起，强化环保职能，高度重视环评工作，严格落实油田开发过程中各项环保措施。二是强化资源危废管理。油田生产单位在生产作业过程中，产生的油污泥、落地原油、废水、含油岩屑等危险废物，要妥善保存，禁止将危险废物混入生活垃圾或其他废物中处理。三是保障水源安全。要把城乡居民饮用水源作为重点工作来抓，建立常态化的水源巡查机制，切实提高水源质量。四是强化责任意识，构造生态实体。要加强法律监管力度，加强群众环境教育，开展污染土地治理，进行河道改造和水域疏导，建设区域性防护体系。大力开展植树造林，严控林木采伐量，从根本上构造生态屏障，实现资源开发与环境保护和谐发展。

## 第八节　环县

加强基础设施建设，加快易地扶贫搬迁。

探索富民产业发展新思路，促进县域经济快速发展。

——环县县域经济社会发展中存在的问题与对策建议

近年来，环县以打造"五地两区一中心"（全省重要的现代优质羊肉基地、全省重要的优质紫花苜蓿商品草基地、陇东最大的新能源示范基地、陇东重要的红色革命旅游胜地、全国重要的道情皮影产业基地、陇东重要能源基地核心区、全省优质小杂粮种植加工示范区、区域交通枢纽及重要商贸物流集散中心）为目标，保持了经济发展、政治稳定、社会和谐的良好局面。但由于自然条件、资金缺乏等原因导致经济发展支撑不足，县域经济仍然存在着亟待解

决的问题。

## 一 环县县域经济社会发展中存在的问题

**（一）农业产业基础薄弱，规模化程度不高**

环县农业生产存在基础薄弱、低质低效、粗放经营的现象，农户仍然以传统的种植、养殖业为主，受干旱、缺水、无霜期短等自然因素的制约，多为传统农业种植。草畜业作为环县的首位产业，目前主要以一家一户种、养为主，"龙头企业＋农户"和"合作社＋农户"的大规模种养还比较少，首位产业很难形成规模，由于单个农户资金少、劳动力缺乏、抗风险能力较弱等原因，难以形成大规模种养，增收效果不明显。

**（二）工业结构单一，缺乏龙头企业**

环县工业企业数量少、规模小、精深加工能力弱、产品档次低、市场占有份额小。主要龙头企业还处于成长壮大期，尚未形成带动农民增收显著、品牌效应强、辐射带动面广的龙头企业。企业"少、小、弱"和产业链条"短、细、散"的状况还没有得到根本改变。

**（三）旅游业发展乏力，资源整合程度不够**

环县旅游业起步晚，由于资金投入的不足，近几年建成的景点景区体量小、项目少、吸纳能力不强。同时开发旅游资源资金的短缺致使建成的景区规模小、容纳游客少、接待能力低、平均花费少、经济社会效益不明显。旅游配套设施不完善，进入景区的旅游道路接入性差，服务接待功能亟待提升。旅游资源整合程度不够，境内的旅游景区点目前还没有融入陕甘宁旅游圈，游客主要以县内、周边游客为主，省外组团游客极少。

**（四）自然环境恶劣，生态环境脆弱**

环县地处毛乌素沙漠南缘、陇东黄土高原丘陵沟壑区，境内海拔高度在 1200—2089 米之间，全县以丘陵为主，境内多山、多沙、多灾、少雨、少林，水土流失、风蚀沙化严重，耕地严重不足。森林植被稀疏，大风、扬沙、沙尘暴等灾害性天气频繁发生，年均降水量 300 毫米左右，蒸发量接近 2000 毫米，无雨则旱、有雨成灾，生态环境极其脆弱。

（五）基础设施建设滞后，经济发展受到制约

由于环县境内地域广，群众居住分散，道路、水、电等基础设施难以到达，相当一部分群众出行、吃水、用电等仍较困难。基础设施建设需求大、欠账多、压力重与基础攻坚效益低并存。全县 21 个乡镇均无污水处理厂，无排污设施，只有一座垃圾填埋场，村上无垃圾回收车，与农村基础面貌的快速改善不相适应。滞后的基础设施是农林牧业生产和全县经济发展的主要瓶颈。

（六）县级资金短缺严重，财政配套压力大

随着环县经济社会的快速发展，脱贫攻坚、生产发展、民生改善都需要大量资金，各类配套资金需求量逐年增加，财政刚性支出只增不减，但县级财政的年均自给率不足 10%，保发展、保稳定、保民生等各项支出长期依赖于转移支付，地方财源支撑经济社会发展能力不足，县级财政配套压力大。

（七）"等、靠、要"思想严重，缺乏脱贫致富的积极性

长期以来，环县一些贫困户依靠国家脱贫扶贫资金形成了"等、靠、要"的陈旧思想观念，地方政府、干部和贫困户缺乏脱贫的主动性和积极性，不仅是客观上不能退，而且主观上存在不愿退、不想退的思想，想要继续保留贫困的帽子。例如在易地扶贫搬迁过程中，部分贫困户存在故土情节等思想而不愿意搬迁，甚至有些贫困户认为搬迁脱贫后，将无法拿到扶贫款而不愿意搬迁，这些观念和思想都严重影响了精准扶贫、脱

贫的进程和效果。

（八）因病、因学、因婚致贫问题突出

贫困户医疗、教育、婚姻等支出负担重。一是家庭出现重大病患者时，虽然有医疗保险报销，但由于家庭劳动力丧失或因为照顾病人而暂时缺失劳动力，导致该户的生产发展停滞而陷入贫困。二是家庭同时供养两个及以上大学生的贫困户家庭消费支出远远超过了他们的家庭纯收入，也会陷入贫困。三是受地方风俗影响，农村结婚彩礼、婚丧嫁娶等操办费用逐年攀升，使相当部分农户借债数额增大，这也是致贫的重要原因之一。

## 二 促进环县县域经济社会发展的对策建议

（一）以土地流转和产业扶持为重点，确保易地搬迁精准脱贫

由于山大沟深，村民居住分散，以车道乡为例，几公里才有一家农户，生产方式仍以粗放的散养放牧为主，既不便于管理又不利于生态保护，给村级基础设施建设带来了困难，应该出台环县易地搬迁生态移民专项规划。实行易地搬迁之后，若部分贫困户距离其耕地较远，耕种成本将大大上升，影响贫困户的可持续发展，可根据具体情况，一方面将距离居住地较远的土地进行流转，解放出来的劳动力可以进城务工，增加收入；另一方面借助环县养羊产业的优势，在新农村附近集中发展养殖业，实现人畜分离，以"合作社+农户"模式，在技术、资金、市场等方面统一为农户提供帮助，提高养殖经济效益。

（二）"三变"改革推动首位产业发展，兼顾多元产业

"三变"改革是农村产权制度的一次重大变革，对于破解当前"三农"发展瓶颈具有"牵一发而动全身"的重大效应，是一项重要理论创新、实践创新、机制创新。其核心就是实行"股份制合作"，让农民拥有股份，打造"股份农民"，在"耕者有其田"的

基础上，通过"三变"改革，实现"耕者有其股"。草畜业作为环县的首位产业，其经济收益远远大于粮食作物种植，可以通过土地流转，进行"合作社+农户"和龙头企业大规模种植两种模式实现规模经营，并与加工企业进行对接，实现订单生产，延长产业链条，降低市场风险，稳定种植户和种植企业收入水平。除了草畜业之外，因地制宜发展多种产业，像小杂粮种植、优质核桃种植、枸杞种植、中药材种植等富民产业，开展"一乡一业""一村一品"产业培育工程，多元产业并举切实提高贫困户收入水平，加快精准脱贫步伐，带动环县经济发展。

（三）发展黄土高原梯田农业景观带观光旅游，发挥文化旅游产业的富民效应

环县处在黄土高原沟壑地带，塬、梁、峁地形交错，不利于大型农业机械耕作，目前仍以"二牛抬杠"的传统耕作方式为主，农业生产效率低下。随着经济的发展，人们对文化旅游产业的需要愈加旺盛，作为黄土高原特有的地形地貌，环县发展黄土高原梯田农业景观带观光旅游将大有作为，通过将塬、梁、峁地形改造成黄土梯田，根据粮食作物和树木开花结果的颜色特征，在梯田上种植"赤、橙、黄、绿、青、蓝、紫"五颜六色的农业观光带，打造首个黄土高原梯田农业景观带旅游项目，拓展以窑洞为主的传统民居的住宿、娱乐等功能，以此带动农家乐、观光农业、生态农业等旅游相关产业发展，提高农民的收入水平，切实发挥文化旅游产业的富民效应。

（四）加强生态环境治理和基础设施建设，夯实脱贫攻坚基础

在退耕还林、退牧还草和防护林建设等生态项目上要加大对干旱贫困地区的倾斜照顾力度，同时，结合全省全域无垃圾创建工作，加大对农村环境综合整治的支持力度，在资金和项目安排上予以倾斜。每年庆阳市下达的退耕还林指标是15万亩，但是环县地

域辽阔面积广大，如果按照这个速度修复，生态环境改善的难度将比较大，应当加大退耕还林、造林绿化的扶持力度。同时，在加大易地搬迁力度的基础上，持续增加基础设施和公共服务投入力度，尤其是乡村道路、自来水、电等基础设施建设和教育医疗等公共服务建设，不但要实现新农村之间的道路连通，也要完善未搬迁群众的基础设施和公共服务，进一步夯实脱贫攻坚基础。

（五）加大项目资金投入，增强经济发展后劲

经济要发展，一定的资金投入必不可少。目前虽然有扶持地方工业发展的一些贷款政策，但实际上银行只是表面应付并无实际举动，纯属政府单方面构想，银行大量资金都投资到房地产，不愿意支持地方小型工业建设。因此要加大省级财政对地方的支持力度，加大税收返还力度，缓解环县财政压力，推进县域经济发展进程。环县发展基础薄弱，历史欠账较多，要实现2020年完全脱贫，重点项目建设和资金投入是关键。为此，通过政府投资、民间筹资、银行融资来解决项目资金问题就显得尤为重要。

第十一章

# 一县一策系列·会宁篇

深化产业链条，扩大产业合作，培育经济新动能。
——会宁县县域经济社会发展中存在的问题与对策建议

近年来，会宁县扎实推进扶贫攻坚，真抓实干，全县保持了经济发展、政治稳定、社会和谐的良好局面，但由于自然地理条件严酷、水资源严重缺乏、基础设施历史欠账严重等问题导致增长动力与发展支撑不足，县域经济仍然存在着亟待解决的问题，迫切需要会宁县在产品和发展模式上开拓创新，与周边县域开展产业合作、积极开发旅游通道、加快建设步伐。

## 第一节 会宁县县域经济社会发展中存在的问题

### 一 经济新动能形成较为迟缓

党的十八大以来，经济新常态成为了中国经济全新历史坐标，新常态下经济发展的老路既行不通又走不远，必须开辟新的发展路径。从会宁县的现实情况看，全县县域产业以农业、产品初级加工和传统服务业为主，其中农业产业种类较多，与周边县域产业体系雷同，特色产业规模较小、特色不突出、带动农户增收效果不明显，经济发展质量和水平不高，在旅游业深度开发、三产融合发展、特色产业培育壮大、商贸物流体系建设等方面的新动能不足。

## 二 富民产业与周边县市重合较多，特色不突出

近年来，会宁县实行"21211"农业农村产业突破行动，培育了一批多元富民产业。从当前产业培育的势头看，玉米、马铃薯、草畜、林果、蔬菜、小杂粮、中药材、亚麻、瓜果等农业产业规模必将逐渐扩大。这些产业在会宁县周边大部分县市已粗具规模，产业链条已深入市场前沿，产业发展也受产能间歇性过剩、销售困难、自然灾害、生产成本高等问题的困扰。随着会宁县相关产业的逐步发展，会宁县也一定会遇到类似的问题，因此必须提前布局，尽可能避免农产品大面积滞销或大面积受灾等影响农民收入增长的情形发生。

当前会宁县基础产业中的玉米产业，是农业部关于农业供给侧结构性改革中首当其冲的去产能产业。在注重玉米产业与草畜产业协调发展的同时，需要更多关注国内外市场玉米价格走势以及当地种植的成本效益问题。马铃薯产业发展中，定西市已形成较为完备的产业链，庄浪县已经利用农业科技生产出了可直接食用的马铃薯，会宁的马铃薯产业需要在销售和产品特色上进行更多的创新以提高其市场竞争力。小杂粮和亚麻是会宁的特色产品，但是当前仍缺乏有效的良种实验推广、市场营销体系建设以及与这些特色农产品相关的观光式、体验式经营模式。

## 三 农村低保发放容易引发社会矛盾，农民"等、靠、要"思想严重

会宁县提高农村低保对象的补助标准后，农村低保一、二类对象基本生活得到保障，实现了收入上的政策性脱贫，做到了"扶真贫"，但是在基层调研中普遍反映农村低保三、四类对象认定困难，出现了贫困户因连续拿取国家补助资金，生活状况超过了非贫困户

的情况，低保评定受到家族势力、思想观念的影响严重，基层干部在实践中容易发生实行平均主义的政策执行偏差。当前的低保发放形成了国家扶贫补助资金索取的"比学赶超"现象，农民的"等、靠、要"思想严重，有些地方农户小富即安，形成了以"吃低保为荣"的不良风气，颠倒了"荣辱观"。

### 四 科技服务不能满足经济社会发展的需要

会宁县特色产业与周边县市重合较多，要想在推动农业供给侧结构性改革的背景下脱颖而出，发挥科技的力量至关重要。当前会宁县客观上面临着资金和人才两方面的制约，但从主观上讲，会宁县也缺乏与高等院校、科研院所、高新技术产业开发区、农业科技园区等对接的主动性，企业与科研单位的合作方式还有待创新，目前尚不能调动科研单位的积极性，企业科技实力不强，无法满足产品创新的需求，产业发展必然会长期处于脆弱阶段，很难做到"扶真贫"和"真扶贫"。

### 五 非公经济发展制约因素较多，缺乏龙头企业

会宁县产业形成历史中缺乏国有企业等公有制经济，随着引洮工程等项目的实施，全县逐步有了发展工业的承载条件。当前会宁县已初步成长起来一批非公有制企业，主要以种植养殖、商业、饮食、生产加工和文化旅游为主。但全县非公经济发展基础薄弱、经济产值偏低、资源短缺、经营成本高、缺乏现代化管理运营手段，整体来看发展动力不足，尚未形成辐射带动面广、助农增收效果好、品牌效应强的龙头企业。

### 六 基本公共服务历史欠账严重

当前会宁县的基本公共服务体系虽已建立，但服务能力和水平

与人民群众的期望和政府相关规划要求相比仍有较大差距，难以满足城乡居民的基本公共服务需求，甚至有进一步拉大的风险，亟须引起高度重视。由于长期突出经济发展、社会力量参与不足，资金投入单一短缺。基本公共服务主要依靠政府力量运行，通过公办学校、医疗卫生机构、文化体育场所等机构来提供服务，社会力量参与面临各种体制机制障碍，各种优惠政策落实不畅。基本公共服务发展主要依赖于财政投入，由于会宁县自身财政自给率很低，而且教育、就业社会保障、医疗卫生、文化体育和住房保障等基本公共服务支出占全部财政支出的比重较高，会宁县政府承担配套资金压力大。部分公共服务设施无法适应城乡居民的客观需要，有些公共服务设施处于闲置状态，严重影响到基本公共服务可及性和均等化的实现。教育器材设备严重不足，乡镇卫生院的辅助设备缺乏，基层就业服务平台无法正常开展工作，就业指导、老人集中供养和生产技术培训等公共服务基本流于形式，各项社会保障的覆盖面较低，待遇标准偏低。

## 第二节 促进会宁县县域经济社会发展的对策建议

### 一 延长产业链条注重产业融合，强化特色产业的富民效应

农业同时面临着市场风险和自然风险，会宁县水资源缺乏、自然灾害频发，要稳定发挥农业对农民的增收作用，需要做好农业"21211"领域的补链强链工作，积极推动打造"接二连三"农业全产业链和培育壮大"三产融合"发展主体，高度重视农业与旅游业的深度融合，如会宁县中川镇的冬油菜产业实现了农业与旅游业高度融合，切实提高了农民收入，实现了经济和生态的双重效益。针对"21211"体系内的产业，会宁县应重视有发展实力的品牌建

设,对于当前发展实力不强的产业,可以将当地的特色农产品生产与周边县市积极接洽,融入周边县市农业产业链发展过程中,以较低的成本完成相关产品产业链条深化工作。

**二 以红色旅游资源统领整合旅游资源,与周边区县合作打造会师长征旅游通道**

目前会宁县旅游业相对以往发展较快,特别是十八大以来政治教育活动显著增加了旅游人次,但当前全县文化旅游产品主要为单一的纪念馆模式,资源整合不够,缺乏参与性、体验型的项目,过夜游客量小,消费水平低,对经济增长贡献不足。为此,会宁县应该在深入挖掘整合红色旅游资源的基础上,将窑洞民居、节约用水、爱惜粮食、会宁教育的文化特色转化为旅游项目,开拓农业领域的观光农业、体验式农业等,用会宁红色旅游资源统领文化旅游资源,创立红色旅游品牌。此外,应将会宁的红色旅游资源融入陕甘宁革命老区的旅游圈当中,积极采取措施适应当前自驾游、自助游、深度游等旅游形式,与周边县域对接打造会师长征路红色旅游通道。

**三 积极与高校等科研机构对接,提升产业发展科技水平**

会宁县产业发展过程中存在着人才和资金两方面的困难,"穷人养不起富家女,专家不会白给我们服务"的感叹令人印象深刻,而越是贫困地区,科技投入在扶贫中的边际效用越大。科技作为第一生产力,是脱贫攻坚的重要抓手和着力点。在缺钱缺人的情况下,会宁县可以积极了解科技帮扶相关的支持政策,与兰州大学、西北农林科技大学、甘肃农业大学、中国科学院等周边科研单位主动接洽,通过精准实施科技攻关、成果转化、要素对接等一系列行动,不仅让科技人员带着技术解决发展难题,也通过创新利益机制，鼓励科技人员带着农民一起干，通过科技创业在一线直接参与扶贫产业建设，成为扶贫户的"产业合伙人"。

### 四 加大非公经济龙头企业的培育，做大做强富民产业

培育壮大龙头企业，开辟农村富余劳力就业新途径，培育县域税收增长点，显著提升会宁县经济运行的质量和效益。鉴于会宁县农业产业比重高、城市化率较低的实际情况，会宁县当前需要加大产业化龙头企业税收、信贷、人才方面的扶持力度，建立与贫困户的利益联结机制，努力在技术和市场等方面发挥其带动示范作用，依托农业产业化项目，扶持农产品精深加工龙头企业，支持企业升级改造，培育一批农产品精深加工领军企业和知名品牌。在实践中，可以实行"产权变股权、资金变股金、农民变股民"为核心的"三变"改革，通过"公司+农户""公司+合作社+农户"等形式发展企业，通过推动土地流转实现产权变股权，将农户的贴息贷款入股公司，实现资金变股金，农民变成股东和农业产业工人，由龙头企业引领农业产业发展有效解决农产品销售困难、实现农业产业的集约化经营、促进农村第二、第三产业发展、将农村劳动力的就业链接在深入发展的产业链条上，达到农民稳步增收的效果。

### 五 精准扶贫过程中将"思想扶贫"提高到产业扶贫的同等地位

当前国家在扶贫资金的下达划拨过程中普遍存在资金切块下达、标准统一、资金无法统筹规划、地方缺乏自主权的现实困境，期待国家或省级政府在政策上将低保资金审批权下放。与此同时，会宁县需要将"思想扶贫"提高到产业扶贫的同等地位，加大思想扶贫观念宣传力度，切实真帮扶、扶真贫，既要授之以鱼也要授之以渔，让贫困户从"等、靠、要"思想观念中解放出来，激发贫困

户主动脱贫意识，开阔眼界，甩掉落后思想的羁绊。扶贫工作除了送钱送物和帮助贫困群众解决临时困难之外，更重要的部分要放在"扶志"和"扶思想"上，帮助贫困群众转变"等、靠、要"思想，挖掘激发贫困群众的智慧和创造力，进而引导他们主动实现脱贫致富。

**六 补齐民生短板，促进基本公共服务均等化**

把保障和改善民生摆在更加突出的位置，加快推进社会事业进步，推进基本公共服务均等化，维护社会公平正义，实现经济社会协调发展。加强社会事业建设，加快建立健全覆盖城乡居民的基本公共服务体系，不断提高基本公共服务能力和水平，力争早日达到全国平均水平，使会宁县广大群众更好地共享改革发展成果。

统筹运用各领域各层级公共资源，推进科学布局、均衡配置和优化整合，着力实现义务教育、社会保障、公共卫生、劳动就业等领域的公共服务均等化。加强对会宁县教育的投入，优化教育资源配置，改善会宁县办学条件，加强边远艰苦地区教师生活保障；推进会宁县公共图书馆、文化馆、体育场所等公共设施建设与维护；改善会宁县县级医疗卫生机构和乡村卫生院（室）的条件，提升卫生服务保障能力和重大疾病、多发病的防控能力；完善会宁县的人力资源公共服务平台，提供就业信息、政策指导、权益保障等服务。

# 第十二章

# 县域经济社会发展·政策建议篇

## 第一节 关于财政弱县、资源大县实行差异化去产能政策的建议

关于财政弱县、资源大县实行差异化去产能政策的建议。
——以甘肃省部分县域为例

资源大县经济基础薄弱，长期依赖于自然资源禀赋的产业路径和受制于人力资源的掣肘，产业结构调整缓慢、经济增长的新旧动能转换不足，财政收入主要依靠过去积淀的煤炭、钢铁、石化、水泥等产业，而这些产业已列入国家去产能的重点行业，按照国家预定的去产能在各省分配指标，搞"一刀切"执行去产能，势必会造成当地财政收入锐减、就业安置压力大等问题。去产能是手段而不是目的，目的还是通过产业结构调整和优化，适应消费市场，发展经济。

### 一 资源大县财政弱县去产能前后财政情况对比

从 2015 年 11 月提出推进供给侧结构性改革的要求以来，中央政府积极推动去产能工作。欠发达地区的农业比重较高，工业领域中煤炭、钢铁、水泥等产能过剩行业布局集中，在经济新常态背景

下经济基础非常脆弱,按中央的时间表和力度推动"一刀切"去产能势必造成经济增速下滑、社会不稳定因素增多、地方财政收入锐减,这三个方面都显著地影响着欠发达地区政府推动去产能工作的意愿、甚至会扭曲地方政府去产能的行为。

以甘肃省资源大县为例,如表12—1所示各县区工业产业布局主要以石油和煤炭工业为主,其财政收入也主要依赖于这些工业企业,去产能政策实施前后这些县区的财政收入减少的幅度较大。石油储量较多的镇原县财政自给率仅为5.7%、环县为9.4%、华池县为13.8%、庆城县为14.5%,2016年比2014年财政收入减少额分别为15154万元、7566万元、6803万元和4120万元;煤炭储量较多的平川区财政自给率为20.3%、华亭县为33.3%、宁县为6.1%,其财政收入分别减少15127万元、5838万元、4812万元。

表12—1　　甘肃省资源大县去产能政策前后财政收入情况

| 地区 | 2016年一般公共预算收入 | 2016年一般公共预算支出 | 2016年财政自给率(%) | 2014年公共财政预算收入 | 2016年比2014年财政收入减少额 |
| --- | --- | --- | --- | --- | --- |
| 镇原县 | 17259 | 303369 | 5.7 | 32413 | 15154 |
| 平川区 | 28741 | 141288 | 20.3 | 43868 | 15127 |
| 西峰区 | 60357 | 238094 | 25.4 | 68053 | 7696 |
| 环　县 | 30140 | 320923 | 9.4 | 37706 | 7566 |
| 华池县 | 22597 | 163970 | 13.8 | 29400 | 6803 |
| 华亭县 | 51391 | 154221 | 33.3 | 57229 | 5838 |
| 宁　县 | 15198 | 247783 | 6.1 | 20010 | 4812 |
| 合水县 | 14899 | 154659 | 9.6 | 19164 | 4265 |
| 庆城县 | 32906 | 227302 | 14.5 | 37026 | 4120 |

## 二 差异化去产能对资源大县财政弱县的作用

（一）差异化去产能政策可为资源大县提供稳定的财政收入来源

资源大县的产业结构严重依赖产能过剩产业，在这种情况下，要求欠发达地区步调一致地去产能，在缺乏其他造血功能的情况下，整个经济就失去支撑，关键是经济欠发达地区短期内煤炭开采、水泥制造等产业的去产能会使欠发达地区县域经济长期积累的工业基础处于消亡的边缘。产能过剩产业存在的问题固然严重，但负面影响主要在宏观经济领域，而产能过剩行业对于欠发达地区地方经济的税收贡献依然较大，这些企业是地方政府重要的财政收入来源，大力推进去产能，在短时间内政府很难找到替代性的财政收入来源，去产能导致的财政收入锐减使经常性支出及配套性支出无法保障。

（二）差异化去产能政策可为资源大县提供稳定的经济发展环境

经济欠发达地区产业结构长期依赖于资源型产业，在全球经济形势较好、中国经济高速发展时期，煤炭、钢铁、水泥、电解铝等大宗产品产销两旺，各地竞相鼓励银行给相关企业贷款扩产能。当前在短期内要求他们大量去产能，容易引发银行不良贷款率上升、相关产业链和服务业失去主业依托、新兴产业短期内无法建立等问题，缺乏其他的造血功能，整个经济就会失去支撑。

（三）差异化去产能政策可为资源大县提供稳定的社会环境

在去产能的过程中，职工分流安置工作是必须面对的棘手问题，涉及千千万万个家庭的幸福和社会的稳定。由于经济总量小、企业少，欠发达地区城市居民就业集中在政府机关、企事业单位和产能过剩行业的企业中，政府部门和企事业单位不能吸纳大量就业人员，而在产能过剩行业企业工作的员工，大多从事简单性劳动，自身文化水平不高，知识技能较少，很难在市场上找到合适的岗位，并且由于年龄、工种、习惯等原因，宁可少拿工资也不愿意离职。

（四）差异化去产能政策可为资源大县产业转型升级提供支撑

在当前经济发展背景和国家政策的影响下，资源大县所在企业也希望通过产业结构转型改善现状，但对于产能过剩企业而言，投资规模都比较大，资产专用性比较强，沉淀成本较高，转向其他行业的代价太高，以及受制于地方人才储备的限制，能够在现有企业基础上实现的转型方向并不多。以煤炭企业为例，可以通过设备、技术更新实现煤化工产业转型，但转型后的企业依然存在去产能要求。因此，企业也有可能短期内降低价格，甚至有时候亏本运营，来赢取市场份额，以等待将其他企业挤出行业。

### 三 经济欠发达地区实行差异化去产能的政策建议

建议国家针对不同区域、不同规模的企业，充分考虑经济发展惯性、区域经济发展水平、就业安置难度等因素后，对经济欠发达地区实施差异化去产能、差异化去产能奖补政策，对产业发展基础相对较好、生产成本低、就业承载能力强的优势产能要从政策上多扶持，适度保留。

（一）政府和市场共同发挥作用实现差异化去产能

政府与市场单独主导去产能都各有利弊，用行政手段去产能往往会限制产量而不是去产能，容易破坏优胜劣汰的市场规则，但政府主导的好处是可以充分考虑对社会的冲击；而单纯利用市场去产能可以利用市场的驱动力量，但耗时长、社会阵痛大，导致失业多、信贷风险累积。基于此，去产能既要发挥看不见的手的市场作用，也要发挥看得见的手的政府作用，政府维护公平正义完善社会保障，尽可能少产生负面的社会影响，并通过完善产业经济政策，发挥政府部门的职能，推动各行业规模大、效益好、科技水平高的企业展开对经济欠发达地区相关企业的兼并收购，利用龙头企业的整合力，改进经济欠发达地区企业的管理和资源利用水平，从整体上对产业进行规划、重组，实现转型升级和保持欠发达地区经济发展两不误。

例如，甘肃省灵台县的邵寨煤矿，2013 年完成"四通一平"工程井巷工程、土建、设备安装各类工程建设投资 2 亿元，若根据"一刀切"的去产能政策，灵台县邵寨煤矿则将处于刚开始出矿就被关停的尴尬境地，此后在当地政府的积极联系下，中国华能集团接手了邵寨煤矿建设工作，通过积极调剂内部减量置换指标，适时调整投资计划，尽力保证邵寨煤矿产能置换，发挥了政府和市场的作用，实现了贫困地区的差异化去产能。在保证全国完成相关产业去产能任务的同时对西北贫困地区进行一定的政策倾斜，既保证了去产能任务完成又增加了贫困地区政府的财政收入，并将催生相关产业的发展，给县域经济发展提供了造血功能。

（二）面向经济欠发达地区调整奖补资金权重

当前我国已出台《工业企业结构调整专项奖补资金管理办法》，专项奖补资金分为基础奖补资金和梯级奖补资金两部分。其中，基础奖补资金占当年资金规模的 80%，梯级奖补资金占当年资金规模的 20%。基础奖补资金按因素法分配，各因素权重分别为：化解产能任务量 50%，需安置职工人数 30%，困难程度 20%。根据经济欠发达地区工业基础非常薄弱、县级财政严重收不抵支的现实情况，应考虑将各因素权重调整为：化解产能任务量 20%，需安置职工人数 30%，困难程度 50%。

（三）去产能的同时应推动欠发达地区培育经济增长新动能

随着经济欠发达地区人民收入水平的不断提高，从以下几个方面推动经济动能转换：一是通过第一、第二、第三产业深度融合产生新动能，如甘肃省会宁县中川镇通过与甘肃农业大学合作，成功实现了万亩冬油菜种植，发展食用油工业，同时在五月盛花期全力打造旅游业，实现第一、第二、第三产业融合发展，提高农民收入，减少冬季西部黄土裸露对环境造成的影响。二是深入挖掘经济欠发达地区的文化旅游资源，如红色革命遗址、窑洞民居、节水文化、学生苦学老师苦教的教育文化都可以成为全域旅游资源开发的依托，突出文化育民、文化惠民和文化乐民，推进文化旅游产业发展。三是抓住农业供给侧结构性改革的机遇，大力发展欠发达地区的特色农业，打造高品质、绿色、放心的特色农产品，在"弥补短板"中形成内生增长和发展动力，不断增强造血功能。一方面积极去产能调整产业结构，另一方面积极谋求产业转型升级，与国家"补短板"的项目计划和措施作好对接，使欠发达地区快速缩小与发达地区的发展差距。

（四）去产能过程中做好就业培训和安置工作

资源大县解决职工安置工作难度更大，一是产能过剩企业主要集中在钢铁、煤炭、水泥等资源型行业，涉及员工众多、地方财政困难，仅靠地方政府和企业自身很难妥善解决。二是大量企业处于贫困区，基础设施建设不足、资源禀赋较差，吸纳就业能力有限，很难吸引社会资本兼并重组。三是员工普遍文化程度不高、再就业能力不强。以上三个方面对就业、社保、劳动供求双方造成巨大压力。经过近20年的逐步推动，当前我国已建立了比较完善的社会保障体系，各类托底保障使得分流人员生存压力大大降低；此次去产能国家拿出了相应的配套资金，一些分流人员危机感相对减小，当前的重要任务是对去产能剥离的职工进行劳动能力的培训提升，努力解决结构性就业矛盾，以适应当前互联网时代的要求，更多通过灵活就业、精准就业实现个性化就业，降低就业成本。同时，千方百计增加就业岗位和机会，以非农产业和小型微型企业发展带动就业，以创业促进就业。

## 第二节 关于县域财政和专项配套资金改革方案的政策建议

由于自然、社会和历史等多方面的原因，甘肃省革命老区各县的经济状况和其他地区相比仍处于较为落后的地位，而县域经济作为连接城乡经济的桥梁和纽带，其自身的发展状况直接决定着国民经济的整体发展水平，也是从根本上解决"三农"问题、协调城乡发展、实现脱贫致富、全面建成小康社会的关键。基于县域经济在国民经济发展中所处的基础地位和重要作用，决定了县域财政在发挥自身调控经济方面的杠杆作用，各级政府要充分运用预算、税收、转移支付等政策工具，支持县域经济加快发展步伐，实现区域间经济的协调发展。

近年来，在各级政府部门的大力支持下，甘肃省革命老区县域经济社会发展取得了较大进步，但县级财力弱、财政自给率低等现状仍未发生根本变化。同时，在财政支持经济社会发展过程中也出现了一些问题。

### 一 甘肃省革命老区县域财政收支现状

（一）财政收入现状

甘肃省革命老区各县的共性是经济不发达，主要依靠农业发展经济。由于自然条件恶劣，农业灌溉技术水平较低，农业每年收入状况在很大程度上由气候因素决定，严重制约了农业的发展。工业总量小、发展层次低的问题比较突出，工业项目建设达产达标不理想，企业改制资金短缺，发展后劲不足，对财政的贡献份额偏低。

由于财力所限,财源建设资金投入受到制约,对工业财源建设的投资薄弱,形成了"财政越困难,越无资金建设财源;越无资金建设财源,财政越困难"的恶性循环,由此导致县域财政收入较低。2015年甘肃省革命老区各县一般公共财政预算收入均未超过3.5亿元,其中,正宁县一般公共预算收入仅为1.80亿元;宁县一般公共预算收入仅为1.67亿元;镇原县一般公共预算收入仅为3.19亿元。

(二)财政支出现状

甘肃省革命老区各县经济发展落后,贫困程度深,公共基础设施欠账较大,以及自然灾害、国家政策及整体经济发展形势的影响,导致革命老区需要不断扩大财政支出,以促使其形成推动经济社会发展的资本。"十二五"时期,革命老区各县域财政支出不断扩大,与一般财政预算收入形成了鲜明对比。2015年绝大部分革命老区县级财政预算支出达到20亿元以上,有的甚至达到30亿元以上。其中,静宁县财政支出达29.01亿元;环县财政支出达到33.03亿元;镇原县财政支出达26.38亿元。

(三)财政转移支付现状

由于革命老区各县财政收入低,支出大,因此革命老区县级财政支出主要依赖上级政府部门的转移支付。但在财政转移支付中,专项转移支付比重过大,一般性转移支付比重过低的问题较为突出。2015年,甘肃省县域转移支付中税收返还占8.5%,专项补助29.7%,一般性转移支付占16.2%,其他部分也主要是体制补助、农村税费改革补助、增发国债补助等。

## 二 甘肃省革命老区财政运行中存在的问题

(一)财政收支差额日益扩大,财政自给率低

长期以来,甘肃省革命老区财政支出一直远远高于收入,必须由国家给予补贴才能维持发展,财政自给率均低于10%,财政支出

的 90% 以上来自上级财政转移支付及专项补助，财政收支矛盾异常突出。例如，2015 年静宁县地方财政收入仅占财政支出的 7.3%。财政困难，收支缺口大，导致革命老区各县将有限的资金基本上全部用于人头经费开支，是典型的吃饭财政，能用于经济建设的资金极为短缺。

（二）财源狭窄，财政收入渠道少

甘肃省革命老区各县总体上以发展农业为主，多数为农业大县，农业收入占整个国民收入的近 20%。同时，由于近年来，国家不断加大对农业的支农惠农政策，使得农业对财政收入贡献较低。此外，虽然甘肃革命老区存在一定数量的中小企业，但为了鼓励其发展，各级政府部门对中小企业实行较大幅度的减税、免税政策，由此也缩减了革命老区县级财政收入渠道。

（三）税收政策调整，降低县域财税收入

目前，我国各级税务部门实行"属地原则"为企业办理税务服务，虽然一些大型企业也在甘肃省革命老区从事工商业活动，但基于产业集聚的需求，这些大型企业大多选择地级以上城市作为注册地，导致企业虽在县域从事经营活动却将税收缴纳到地市一级，在一定程度上降低了甘肃革命老区县级财政收入。

（四）财政体制不够完善，县域经济发展受到制约

在目前的财力分配中，中央和省级掌握了主要财力，省以上政府在层层向上集中资金的同时，基本事权却没有上移，比如基础设施建设、环境保护、行政管理等多项地方公共事务都需要县乡财政配套，法定支出和各种配套资金逐年增加，但县乡财力薄弱，造成了"小马拉大车"模式。以镇远县域公路建设为例，2017 年下达农村公路项目 20 条，441.8 公里，总投资 66971.73 万元，其中国家投资 40225.48 万元，县级自筹 26745.89 万元，配套资金至今无着落，加上诸如教育、医疗等公共服务领域的配套资金，县级配套

资金难以兑现，严重制约了县域经济的发展。同时，财政转移支付制度建设滞后，一般性转移支付规模太小，事权与财权相分离，县乡不能在税收返还补助中得到大于本地存量的财力支持，加之部分财政管理职能发挥不到位，没有达到制度化、规范化的要求，导致出现了诸如虚增收入、随意列支、铺张浪费等问题。

### 三 甘肃省革命老区财政建设的政策建议

（一）正确把握财政在市场经济条件下的自身定位

以"五大"发展理念引领县域财政经济建设，转变观念，重新确立财政在市场经济条件下的定位和角色，做好政策服务，发挥市场主体的能动性，充当好市场配角，发挥财政政策和财政资金的导向和杠杆作用，采取贴息、垫息、借款、参股、以奖代补、社会中介机构担保、税费优惠减免等方式，引导企业、社会和个人资金投向符合地方产业发展政策，有利于地方经济发展和财政增收的项目。要按照公共财政要求，通过改善基础设施等硬环境，提高财政运转效率和服务水平等软环境，为县域各类市场主体的自我发展、自我创新，创造更加规范、公平、开放的外部环境。

（二）重点培植以特色农业为主导的基础财源

深入挖掘财源，在保证粮食安全的基础上，初步形成具有区域优势的畜牧、林果、蔬菜、中药材、草业、制种、花卉等特色产品，进一步提高品质，扩大规模，开发新品种，充分发挥比较优势，加快建设特色产业基地，发展特色农业经济。大力推进产、供、销一条龙的农业产业化发展步伐，重点扶持一批机制好、有竞争优势、带动农户致富的加工型、流通型和科技开发型龙头企业，提高农产品精深加工能力，延伸产业链条，提高其商品附加值，由此积蓄财源，从根本上改变"农业大县、工业小县、财政穷县"的现状，壮大县域经济实力，提高农业对财政的贡献程度。

### (三) 多渠道筹措资金，建立和完善多元化投资机制

按照市场筹集为主、政府补贴为辅的原则，走招商引资、政府投资、综合开发的建设新路子。采取转让基础设施经营权、入股合资、集资建设等方式，吸引社会资金参与城镇开发建设。有条件的可以采取 BOT（建设—经营—转让）、TOT（转让—经营—转让），以及资产收益抵押、股份合作等融资经营模式，筹集项目建设资金。同时，对于城镇具有投资效益的土地、市政公用事业，实行市场化运作，鼓励民间资本和外资参与城镇基础设施、公用事业建设，加快城镇基础设施建设步伐，健全城镇功能，提高城镇的集聚和辐射带动作用。大力引导县域各类企业向城镇集中，以产业聚集带动城镇发展。对国家贫困县省级参与分享的增值税、营业税、企业所得税、个人所得税比上年增加部分，实行全额返还政策，以进一步调动县乡政府抓项目、抓改革、谋发展的积极性。

### (四) 进一步加大财力性转移支付力度，努力提高县乡财政保障水平

建立最低财力保障制度，切实解决县区、乡镇财政财力不足的问题，使县域经济发展有比较宽松的环境。对不享受一般性转移支付的县，省级财政要在社会保障、城市建设、企业改革等方面继续加大投入力度，支持其加快发展。

### (五) 逐步减少并最终取消项目建设中革命老区县域配套资金

鉴于革命老区县薄弱的财政收入，2012 年财政部制定了《革命老区转移支付资金管理办法》，明确革命老区转移支付资金主要用于革命老区专门事务和民生事务。根据管理办法，中央财政在年度预算中安排革命老区转移支付资金。省级财政根据本地区实际情况，可在年度预算中安排一定资金，与中央财政补助资金一并使用。革命老区转移支付资金不要求县级财政配套，不得为其他专项资金进行配套。建议切实执行财政部制定的《革命老区转移支付资

金管理办法》，即在公共基础设施建设配套资金投入方面，县乡财政少配套或不配套，同时扩展应用到其他工农业基础设施建设项目。对于革命老区县关乎民生的乡村道路建设维护、教育、医疗等公共基础设施和公共服务项目，由上级和中央财政转移支付全额负担，免除县乡层面的财政配套，减轻县级财政压力和债务压力。

## 第三节 关于赋予县域精准扶贫专项资金整合使用权的政策建议

近年来，随着中央对于扶贫资金、项目落实结果监察力度的不断加大，过去曾一度出现的扶贫资金被冒领、侵占等问题有所减少。但与此同时，一些地区地方政府怕担责任、畏难而不去妥善落实扶贫资金，导致目前一方面资金短缺、一方面扶贫资金闲置的状况。另外，相关的扶贫资金审批、检查、审查机制也不配套、不甚完善。对于县级政府而言，在监督压力之下，扶贫资金怎么用，怎么能用好，责任重大，这也是扶贫资金闲置的原因所在。因此，就扶贫资金的闲置问题，有必要进行系统的研究和解决。

### 一 加强财政扶贫专项资金整合的目的及意义

革命老区的扶贫资金主要来源于中央财政的专项扶贫资金，扶贫资金的使用既要符合中央关于扶贫资金的管理，又要满足贫困地区精准扶贫工作的需要。本课题组根据在革命老区的实地调研，了解到划拨到县级的扶贫转移支付款项由于条块分割，不能有效整合使用，从而成了闲置资金。因此，如何有效地整合使用扶贫资金，成为县级政府扶贫工作顺利开展的实际需要，也由此反映出扶贫资金使用管理的调整方向。

为进一步加强和规范中央财政专项扶贫资金使用与管理，提升资金使用效益，2017年国家财政部、扶贫办、国家发展改革委、国家民委、农业部、林业局联合下发了《财政专项扶贫资金管理办法》修订文件，制定了《中央财政专项扶贫资金管理办法》。对于开展统筹整合使用财政扶贫资金试点的贫困县，由县级政府根据脱贫攻坚的需求统筹安排中央财政专项扶贫资金。中央财政专项扶贫资金的支出方向包括：扶贫发展、以工代赈、少数民族发展、"三西"农业建设、国有贫困农场扶贫、国有贫困林场扶贫。

**二 财政扶贫专项资金管理存在的问题**

近年来，中央在扶贫领域不断加大投入力度。2016年，中央和省级财政专项扶贫资金突破1000亿元，其中中央财政扶贫资金667亿元，同比增长43.4%；省级财政超过400亿元，同比增长50%以上。然而，一方面，我国各个省区在扶贫工作中仍面临着发展严重缺乏资金的情况，贫困地区扶贫项目、公共基础设施建设工作缺乏资金。另一方面，一些贫困县区的扶贫账户存在闲置资金，而一些县区财政支出匮乏，存在扶贫资金被挪用、套取或违规使用的问题。通过对甘肃革命老区的各县区调研，发现扶贫资金由于条块分割设置，扶贫资金不能得到有效整合，无法发挥出脱贫攻坚任务的功能。贫困县区扶贫资金的整合主要存在以下几个问题。

（一）财政扶贫账户设置条块化，扶贫资金难以整合

在中央财政扶贫账户中，扶贫发展资金、以工代赈资金和"三西"农业建设专项补助资金都用于改善贫困地区的农牧业生产条件、解决人畜饮水。由于条块分割，不能发挥出整体功能，进行较大的项目建设。甘肃革命老区的农业生产区域大都处于干旱半干旱的山区或塬区，农业水利灌溉设施建设不完善，靠天吃饭现象突出；村与村之间、农村与县城之间的公路还未修通，极大地影响了生产要素和商品的流通，因此关于基础设施建设的扶贫资金整合迫

在眉睫。

(二) 扶贫基金项目设置不能满足县域经济社会发展需要

一是扶贫专项基金中都设置了"少数民族发展资金",用于解决民族自治县、民族乡以及其他少数民族聚居的贫困地区在经济建设、发展生产中面临的特殊困难和需要。然而,大部分革命老区的县域内没有或只有少数的少数民族,没有形成民族区域自治县或者乡镇,对于这部分资金,无法整合使用。二是扶贫专项资金中,"国有贫困农场扶贫"和"国有贫困林场扶贫"这两项基金,对于一些没有国有农场和林场或者有较少的农场和林场的,无法整合使用这部分的基金。这些原因也是导致中央扶贫专项基金在一些地方使用受到限制的最主要原因。

(三) 金融扶贫资金难以整合

目前中央扶贫贷款资金只针对贫困户的生产发展进行小额贷款,额度可以达到5万元、三年以内免担保、免抵押、基准利率放贷、财政全额贴息的信用贷款。扶贫金融贷款的主要对象是农户,虽然是在一定时期免息的,但由于缺乏合适的项目,农民自身缺乏整合资金、技术和劳动力等生产要素的能力,对于市场的变化缺乏灵敏度,抵御市场风险的能力不强,对扶贫贷款的积极性也有所削弱。另一方面,对于需要资金发展的当地农业龙头企业来说,面临着无法获得资金的窘境。获得银行贷款需要一定的抵押物或有前期的收益为前提条件,而一些起步阶段的农业龙头企业无法满足这些条件,例如庄浪、静宁、会宁等地的苹果种植加工企业,短期内的收益无法实现,但急需发展资金,带动农民脱贫能力有限。中央财政基金中的"贷款财政贴息资金",是中国人民银行的有偿使用资金贴息,支持效益好、有偿还能力的、解决贫困人口温饱的农业及其加工项目,一般的农民既没有能力也没有贷款意愿,而当地的农业企业既有意愿,也有能力使用好扶贫贷款资金,但恰恰没有使用的资格。

(四) 扶贫资金整合使用的政策落实周期较长

从政策执行来看，扶贫资金"跨界"使用的政策通道虽然打开了，但革命老区的扶贫资金整合使用试点工作还没得到落实。例如，《中央财政专项扶贫资金管理办法》（以下简称《办法》）于 2017 年 4 月起就开始实施了，但要真正落实到县域的工作实际操作中，时间周期较长，半年内无法落实，有的甚至长达一年。政策落实的周期较长，这就极大地影响了扶贫资金在农业生产中的使用效率，因为农业的生产周期是固定的，甘肃革命老区在甘肃省东部地区，属于温带大陆性气候，一般都是一年一熟，政策不到位，资金无法到位，农业生产就无法正常进行，会严重影响扶贫进程的推进。

(五) 扶贫资金下达与支出时效的整合权限不足

根据《财政部关于加快地方财政支出进度有关情况的通报》和《财政部关于加强地方财政结余结转资金管理的通知》等文件要求，对上级专项转移支付安排形成的结转项目，其资金管理办法有具体规定的，按规定执行；未作具体规定且连续结转两年及以上的，一律收回资金使用方本级财政总预算安排。我国的财政预算都是在每年的四月才下达的，而财政结转的时间在年底。当县域扶贫资金在下达时，距离资金使用期限较短，留给县级部门整合扶贫资金使用的时间也较少，不能满足大多数扶贫项目的正常实施。并且在实际工作中，因为有的项目有周期性，不是当年年底都结束，扶贫资金需要结转或者产生滞留。因此，面对扶贫专项资金被收回的风险，县级财政会出现年底结算前进行突击花钱的问题。

### 三 县域经济扶贫专项资金整合办法

(一) 加强县级政府扶贫专项资金分配权

中央扶贫资金是分类实施的，是从全国的贫困省区大范围实施的，对于县域经济，应该授予县级政府对中央扶贫专项资金的二次使用分配权，根据每个县域的经济社会发展情况和实际扶贫工作需要，可以编制使用规划，设置专项扶贫资金账户，留有一定的机动扶贫款项。为了防止扶贫专项资金的挪用、占用和非法占有等情况，对于扶贫专项资金的二次分配和使用情况，省级审计部门要做好前期审核和后期跟踪工作，对于扶贫资金使用要集体决议、群众评议，做到公开、公示。

(二) 加大资金保障力度

省级部门要配合中央关于扶贫工作的资金支持，加大对革命老区县级财政的倾斜支持力度，为革命老区的县域经济发展提供资金保障。对于纳入整合范围的各项中央财政涉农资金，分配给革命老区贫困县的资金增幅不应低于该项资金的平均增幅，资金一律采取"切块下达"，不指定具体项目或提出与脱贫攻坚无关的任务要求。贫困县须认真记好资金整合账，对于用途发生调整的资金，要按程序及时调整预算指标，按实际用途列出相应支出科目。

(三) 建立完善工作协调机制

按照"中央统筹、省负总责、市县抓落实"的工作机制，省级财政、扶贫部门要在中央扶贫开发领导小组的统一领导下，完善有关部门广泛参与的工作协调机制，定期或不定期召开会议，以此交流情况，通报进展，研究问题，完善方案。各省要加强对试点贫困县统筹整合使用财政涉农资金具体办法的把关和指导，做到统一规范管理，对不符合政策要求的条款，应督促贫困县及时修订完善。建立问题反馈机制，省级财政、扶贫部门要做好上传下达工作，及时向财政部、扶贫办反馈扶贫资金整合中遇到的各类问题。

(四) 适当给予县级政府权限，整合涉农扶贫资金

首先，对于涉农扶贫资金的有效整合，各部门要放下顾虑。要给贫困县留出资金整合的余地，让县里结合精准扶贫的实际，把专

项扶贫资金、相关涉农资金和社会帮扶资金捆绑集中使用，以制订有效的资金整合计划并实施。其次，充分发挥"扩权"效率。中央强调要给贫困县扶贫资金整合使用的自主权，这就需要贫困县在上级项目资金确定之前做好各项协调工作，将涉农资金从源头上纳入整合渠道，把"零钱"变成"整钱"。

（五）改进资金整合方式，提高资金使用效率

对于扶贫贷款只针对农户，而与农户有生产关联的农业企业却缺乏发展资金的情况，可以形成扶贫贷款整合模式：由贫困户申请、贷给大户（企业），但大户（企业）必须与贫困户签订带动发展或分红的协议。该模式下可分为两种情况：一是以农业企业为主导，农户为主体，形成专业合作社，在生产、管理和销售方面，由企业按照统一标准进行综合管理，保证农户生产经营的正常进行；二是农户可以将土地以及作物、畜禽养殖等以股份的形式，对农业公司入股，农业企业对农业生产进行全权管理，即"三变"：农民变为股民、贷款资金变为股金、农业资源变为资产，采取风险共担、利益共享、年底分红的模式，农民也可以在农业企业以务工的形式参与劳动。

（六）适当调整县级政府使用专项扶贫资金的时限

县级政府在扶贫专项资金的使用进度方面，可以根据财政状况和扶贫资金的需要进行统筹安排。对于专项扶贫资金的使用期限，应该从扶贫资金下达之日算起，超过两年的，要有项目实施进度和资金使用方向等情况的说明。有合理请求的，经过省级扶贫办的审核后可适度延长一年，并进行扶贫资金使用中期考核工作。针对扶贫资金的结转和滞留问题，由于有的项目有周期性的客观原因，不是当年年底都能够结束。所以贫困地区的县级资金项目使用规划和项目库要提前建立，尽可能在扶贫资金到达前有项目计划。

## 第四节　关于精准扶贫对象动态
## 　　　　调整的政策建议

长期以来，由于难以获得住户层面可靠的收入和支出信息，以及基于管理成本的考虑，扶贫对象覆盖不完全和扶贫资金漏出问题普遍存在，因此如何更简单有效地识别、确定扶贫对象，对于建立瞄准机制、精确配置扶贫开发资源，从而提高扶贫开发的效果，具有重要的实践意义。

### 一　精准扶贫对象动态调整的目的及意义

经过40年的改革开放，我国的经济发展取得了举世瞩目的成就，扶贫能力逐渐增强，贫困人口大规模减少。然而，由于我国长期以来扶贫工作中存在着贫困对象具体数量不清、致贫原因不明、扶贫资源分配不合理等问题，贫困地区人民的生活水平依然较低，贫困地区的落后现象并未得到根本性改观。

根据《国务院关于进一步加强和改进最低生活保障工作的意见》（国发〔2012〕45号）和《甘肃省农村居民最低生活保障办法》（省政府令〔2013〕第98号）以及《甘肃省人民政府办公厅关于进一步做好农村最低生活保障工作的通知》（甘政办发〔2013〕58号），甘肃省农村最低生活保障将保障对象分为四类，随着精准扶贫的提出和实施，市县级政府将扶贫线和最低生活保障线二者合一。2016年，作为革命老区的平凉市已经连续三年提高农村最低生活保障标准和第一、第二类对象的补助水平，实现农村最低生活保障标准线与扶贫脱贫线"两线合一"。在确保最低生活保障水平第一、第二类最贫困、最需要帮助的人群待遇提高和保障能力增强的同时，随着经济社会的发展，享受第三、第四类最低生活保障的人群与没有享受最低生活保障的人群差别越来越小。因此，对农村最低生活保障不同类别人群进行精准识别，实现扶贫资金的有效利用，是当前实现快速脱贫的重要途径。

## 二 精准扶贫对象分类存在的问题

（一）扶贫对象分类格式化，扶贫效果不明显

当前革命老区农村最低生活保障对象分类办法依据《甘肃省农村居民最低生活保障办法》（省政府令〔2013〕第98号）分为四类。通过调研和走访，发现革命老区当前农村最低生活保障对象第一、第二类基本符合实际条件，确实解决了家庭经济困难，贫困家庭得到生活保障。但是，对于最低生活保障对象属于第三、第四类的人群，由于贫困身份的难以确定，介于可给与可不给之间，而且第三类和第四类的贫困程度识别差别不大，由此导致的问题是，虽然国家给予农村最低生活保障的资金总量在逐渐提高，扶贫标准也在相应提高，但扶贫资金的使用过度分散，第一、第二类扶贫标准提升有限。

（二）农村最低生活保障对象实际收入核定困难

在农村最低生活保障的申请者当中，有部分群众错误地认为这是国家的救助，不需要个人承担任何社会责任，因而通过隐报、瞒报等手段，掩盖自己的实际家庭收入。比如，农村最低生活保障的清理规范工作中，部分农村最低生活保障申请家庭有意隐瞒家庭收入，一些申请低保户家庭成员因在外地居住、打工等原因，造成车辆、房屋等家庭经济收入状况、财产状况、人口信息核对比较困难。农村最低生活保障四类边缘户大部分生产生活状况相似，贫困身份认定困难较大。对最低生活保障对象的收入核算难以进行，种植业、养殖业的收入不稳定，隐性收入大，外出务工人员的收入、银行存款、股票以及其他收入也难以查实。

## （三）有劳动能力的第三、第四类保障对象容易造成无效扶贫

随着国家对农村最低保障资金投入的加大，农村最低生活保障标准的提高，最低生活配套的优惠政策越来越好，许多农民对农村最低生活保障问题越来越关注，加之农村最低生活保障工作机制建设还不够完善，农村最低生活保障在实施过程中逐渐凸显出一些较为突出的问题，容易出现"低保养懒汉"现象。根据调查发现，第三类和第四类最低生活保障对扶贫对象的贫困身份难以识别，尤其是关于疾病的证明没有说服力，享受人群和其他未参保人群生活状况差别不大，挤占了有限的农村最低生活保障金，并且助长了不劳而获的不良风气，甚至形成了以"吃低保为荣"的价值观，使得农村社会分配不公平。

## （四）农村最低生活保障动态管理工作名存实亡

革命老区农村最低生活保障的动态管理方面，存在严重的管理对象固化情况。按照甘肃省对农村居民最低生活保障对象实行动态管理，实施对保障对象有进有出、补助标准有升有降的工作机制。对第一类最低生活保障对象每年核查一次；对第二类保障对象每半年核查一次；对第三类及以下保障对象每季核查一次。然而，实际情况是，一旦进入最低生活保障序列，不管是第一、第二类，还是第三、第四类，都很少有退出的情况，并且扶贫标准只高不低。对于已经脱贫、需要退出的保障对象，没有及时退出；对于因病致贫、因婚致贫等情况产生的贫困户，却不能及时申请获得。

## （五）基层民政经费严重不足，养老服务设施不够健全

近年来，上级拨付的民政专项资金逐年加大，操作程序日益规范，但基层民政工作经费紧缺。低保、五保、优抚、救灾资金的发放、下乡调研、各种表册印制等都需要大量的工作经费，各类民政专项资金没有配套相应的工作经费，社会救助规范化管理工作经费

严重短缺，民政部门承受着严格落实政策、工作经费紧缺的双重压力，加之基层民政干部队伍编制少、人员配备不到位，基础设施条件比较薄弱，与民政工作职能还不相适应。革命老区养老服务设施偏少，例如合水县、宁县、正宁县都存在养老服务设施项目建设资金来源渠道单一、投入不足、缺口较大、建设数量和服务设施配备相对滞后等问题，不能满足人口老龄化的发展趋势和需求。例如正宁县的养老机构目前只能服务三无老人，其他救助对象无法安排。全县三个乡镇的敬老院负责人编制仅为副科级待遇，且由乡镇干部兼任，服务人员仅有1000多元的工资，并且没有一个人有护理资质。

### 三 精准扶贫对象动态调整的政策建议

（一）建立"三方"核查机制

为了杜绝一些非贫困家庭虚报收入、依靠人情关系申请获得最低生活保障的情况，要建立"三方"核查机制，加快建立跨部门、多层次、信息共享的申请救助家庭经济状况核对机制。一是健全完善工作机构和信息核对平台，配备专职人员，安排专项工作经费，对于获得申请的准最低生活保障对象进村进社实地观察、走访调查，进行基本情况核查。二是依托社保审计部门借助"大数据"对已经申请生活保障待遇的家庭进行大额存款、消费等跟踪记录，看是否属于应保人群。三是依托信息管理系统不定期随机抽取村民代表组成评议小组，对已经申请的低保人员是否该享受社保进行评议，并公开评议结果，不符合条件的一律退出。

（二）取消农村低保第三类和第四类，实行动态的管理办法

坚持农村最低生活保障对象，保留第一、第二类，取消第三、第四类，做到应保尽保，不应保坚决不予保。农村最低生活保障要

取消第三、第四类低保，第一、第二类最低生活保障名额分配给所有真正需要的群众，随着经济的发展，百姓的生活水平的大幅度提升，真正需要最低生活保障的群体越来越少，但是十几年来农村最低生活保障不但面没有缩窄，而且资金投入有所提高。建议取消第三、第四类低保，可以把第一、第二类最低生活保障覆盖给所有真正需要的救助农民，尤其是要加大医疗救助和临时救助力度。

（三）配套社保工作经费，整合社保资金用于特殊人群

首先，在政策层面提出上级拨付各类社会保障资金时，按各类资金总量配套一定比例的工作经费，做好工作经费的专款专用，不得用于与脱贫无关的行政费用支出。其次，建议增加贫困地区社会救助资金投入。尤其是对一些因病致贫、因家庭出现重大变故致贫的情况，要有绿色通道的申请、核办机制。最后，建议建立政府购买养老等公共服务制度。为贫困县倾斜经费用于提供乡镇敬老院管理、农村分散供养人员养护、农村空巢老人管护、孤儿、留守儿童关爱保护等方面的服务。

（四）建立合理的农村最低生活保障"进入退出"机制

要建立县级为监督核准、乡镇为主导、村级管理为主体的农村最低生活保障"进入退出"机制。在每年12月初开始农村最低生活保障对象的申请、核准，真正做到全员参与，既要根据最低生活保障申请者的情况，也要结合民主评议，真正做到生活困难的人群享受最低生活保障待遇。对于因灾、因病、因学等原因当年新增贫困户、返贫户，符合贫困人口识别标准以前没纳入系统的贫困户，要及时纳入低保。

# 参考文献

[1] 朱舜：《县域经济学通论》，人民出版社2001年版。

[2] 熊耀平：《县域经济发展理论、模式与战略》，国防科技大学出版社2001年版。

[3] 戴伯勋、沈宏达：《现代产业经济学》，经济管理出版社2001年版。

[4] 王怀岳：《中国县域经济发展实论》，人民出版社2001年版。

[5] 王盛章、赵桂溟：《中国县域经济及其发展战略》，中国物价出版社2002年版。

[6] 孙瑛、刘呈庆：《可持续发展管理导论》，科学出版社2003年版。

[7] 王青云：《县域经济发展的理论与实践》，商务印书馆2003年版。

[8] 闫天池：《中国贫困地区县域经济发展研究》，东北财经大学出版社2004年版。

[9] 林毅夫：《发展战略与经济发展》，北京大学出版社2004年版。

[10] 张可云：《区域经济政策》，商务印书馆2005年版。

[11] 张秀生：《中国县域经济发展》，中国地质大学出版社2009年版。

[12] 罗哲、李树基、曲玮：《甘肃省县域经济竞争力的实证分析与

对策研究》,《开发研究》2007年第6期。

[13] 李兴文、张效忠:《振兴甘肃革命老区的财税政策建议》,《中国财政》2011年第19期。

[14] 王洋、方创琳、王振波:《中国县域城镇化水平的综合评价及类型区划分》,《地理研究》2012年第7期。

[15] 常旭、张晓欢、温锋华:《我国县域经济开发区发展及对策研究》,《特区经济》2012年第10期。

[16] 李博、石培基、金淑婷:《甘肃县域经济空间结构演化研究》,《兰州大学学报(自然科学版)》2013年第2期。

[17] 李明:《甘肃革命老区振兴中的"三农"问题研究》,《地方财政研究》2013年第9期。

[18] 范武迪、闫述乾、向路:《陕甘宁革命老区经济增长的益贫性、区域差距与地区贫困》,《新疆农垦经济》2016年第2期。

[19] 刘英、高向宇、杨会君、刘晖霞、马蕾、张志殿:《甘肃县域经济发展中存在的问题、对策和建议》,《甘肃金融》2016年第8期。

[20] 贾明霞、曲涛:《双联机制下甘肃革命老区精准帮扶策略研究——以庆阳市为例》,《淮海工学院学报(人文社会科学版)》2016年第14期。

[21] 赵先立、赵经涛:《金融支持陕甘宁革命老区经济可持续发展的长效机制研究》,《甘肃金融》2016年第12期。

[22] 郭爱君:《金融支持甘肃深度贫困地区脱贫攻坚的思考》,《甘肃金融》2018年第2期。

# 后　　记

　　2019年在全国"两会"期间,习近平总书记在参加福建代表团审议时强调:要饮水思源,决不能忘记老区苏区人民。一直以来,党中央国务院非常重视革命老区的经济社会发展工作,特别是党的十八大以来,以习近平为核心的党中央高度重视革命老区的开发扶贫工作,先后出台了针对革命老区发展的专门规划,为革命老区的发展指明方向。陇东地区作为陕甘宁革命老区的重要组成部分,甘肃历来重视该地区的经济社会发展问题,紧紧围绕国务院颁布的《陕甘宁革命老区振兴规划》制定了《关于贯彻落实陕甘宁革命老区振兴规划的实施意见》,进一步明细了甘肃革命老区的发展任务、目标和举措,并将革命老区作为甘肃省精准扶贫和脱贫攻坚的重点。

　　兰州大学坚持"做西部文章,创一流大学"的办学理念,以服务国家和地方经济社会发展为己任。2017年6月19日成立的兰州大学县域经济研究院,积极践行学校"三个主动"和"以贡献求支持、以服务促发展"的发展思路,主动为地方经济社会发展提供智力支撑。2017年7月中下旬,受甘肃省委农村工作办公室的委托,由兰州大学经济学院郭爱君教授主持的《甘肃革命老区县域经济社会振兴与跨越式发展》课题组对甘肃省16个革命老区县,进行了为期20天的实地调研,此后又多次深入革命老区县进行走访调研，收集整理了大量第一手材料。基于本课题，郭爱君教授对本书的整体思路、撰写框架、研究方法、文献资料等方面做了详细的构思与考证，注重传承性与创新性、前沿性与启发性的统一，充分吸纳甘肃革命老区已有的材料和研究成果，系统分析了甘肃革命老区经济社会发展中存在的问题，提出了针对性的对策建议和16个县区的"一县一策"及四个政策建议案，这对于促进甘肃革命老区经济社会发展、如期脱贫具有重要的现实指导意义。

本书各章编写的具体分工如下：郭爱君：第一章、第二章、第七章、第八章；龚霄侠：第九章、第十章、第十一章、第十二章；毛锦凰：第三章、第四章、第五章、第六章。本书编写过程中得到了甘肃省委农村工作办公室的大力支持，也借鉴了国内外同行的相关研究成果，在此一并感谢！由于水平所限和时间紧迫，存在的问题和不足在所难免，恳请各位专家和学者给予批评指正！